POVERTY GOVERNANCE IN THE ERA OF BIG DATA

# 大数据时代的贫困治理

谢治菊　/著

社会科学文献出版社
SOCIAL SCIENCES ACADEMIC PRESS (CHINA)

# 序　言

20世纪、21世纪之交，无论是对发达国家而言还是对发展中国家而言，技术治理都已经成为公共治理领域一种全球范围内的普遍现象，可以称之为“当代政治的技术治理趋势”，其在当代社会运行的科学技术化趋势日益彰显。在社会治理诸领域如公共治理、政府活动、企业管理以及NGO事务中，运用理性化、专业化、数字化、程序化以及智能化的技术原则和方法作为治理手段日益成为主流。[①] 当前，物联网、大数据以及人工智能等新技术的蓬勃发展，正在推动技术治理在全球范围内演进。[②] 换言之，技术治理已成为当代社会治理持续推进和加深的基本趋势，因而将技术治理应用于贫困治理领域意义重大。

新技术的发展为世界塑造了新的发展格局，为社会网络增添了新的交往途径，不仅提升了社会成员的社会认知范围，更有助于新社会关系的建立。[③] 快速膨胀的新技术驱动了知识生产者的信息输入与知识产出[④]，革新了知识传播途径，大幅度拓展了信息接收群体，拓宽了受众知识面，打破了纸媒的传播隔阂。网络技术改变了人们的交往方式，提升了交往质量，并为人们创造了更为广阔的个人社交网络。[⑤] 技术治理的逻辑是用扁平化、网格化和数据化的手段，对基层社会治理结构进行重塑，将大量隐藏在模糊公共行政任务背后的逻辑以透明化、可视化、

---

① 刘永谋：《技术治理的哲学反思》，《江海学刊》2018年第4期。

② 刘永谋、兰立山：《泛在社会信息化技术治理的若干问题》，《哲学分析》2017年第5期。

③ 王晓春：《论网络技术对个人社会化的影响》，《自然辩证法研究》1999年第8期。

④ 陆晔：《喧嚣背后：新媒介技术的社会影响与理论路径——“数码传播与社会转型：中华社会及其他地区之经验”国际研讨会综述》，《现代传播》（中国传媒大学学报）2007年第1期。

⑤ E. Gilbert, K. Karahalios & C. Sandvig, “The Network in the Garden: Designing Social Media for Rurallife,” *American Behavioral Scientist* 53 (9), 2010, pp. 1367 - 1388.

数字化的方式呈现出来，从而实现管理的精准性和科学性。①

党的十八大以来，以习近平同志为核心的党中央坚持把解决好“三农”问题作为全党工作的重中之重，把脱贫攻坚作为全面建成小康社会的标志性工程，组织推进人类历史上规模空前、力度最大、惠及人口最多的脱贫攻坚战，启动实施乡村振兴战略，推动农业农村取得历史性成就、发生历史性变化。2021 年 2 月 25 日，习近平总书记在全国脱贫攻坚总结表彰大会上庄严宣告我国脱贫攻坚战的完全胜利。8 年来，为了取得这场举世瞩目的脱贫攻坚战的胜利，中央、省、市、县财政专项扶贫资金累计投入近 1.6 万亿元，最终现行标准下 9899 万农村贫困人口全部脱贫，832 个贫困县全部摘帽，12.8 万个贫困村全部出列，完成解决区域性整体贫困和绝对贫困的艰巨任务。② 如期完成新时代脱贫攻坚目标任务后，“三农”工作就将进入全面推进乡村振兴的新阶段，这是“三农”工作重心的历史性转移。

虽然我国的脱贫攻坚战取得了举世瞩目的成绩，但在贫困人口识别精准度、扶贫资金使用、扶贫过程监管、扶贫资源匹配、扶贫考核等方面，仍然有改进的空间，具体表现在：一是贫困户识别的精准度仍有待提升，二是扶贫干部匹配的精确性仍有待强化，三是扶贫过程监管的透明度仍有待增强，四是扶贫绩效考核的科学性仍有待优化。也即，在巩固脱贫攻坚成果与乡村振兴阶段，仍然会存在相对贫困人口识别不精准、数据不真实、帮扶不匹配、监管不透明、追踪不及时、考核不科学等问题。究其原因，政策设计、社会支持、识别方法、工具技术、群众参与、内生动力等是制约因素，这些因素中的绝大部分，难以在短时间内解决，所以需要运用大数据这样的新技术来助推。大数据是一种创新技术、一种基础设施、一种生产要素、一种战略资源、一种科技产业，也是一种治理技术。大数据引擎已经成为组织创新、产业升级、经济社会发展、国家治理能力现代化的核心驱动力。③ 大数据是构建产业创新体系的基

① 李利文：《模糊性公共行政责任的清晰化运作——基于河长制、湖长制、街长制和院长制的分析》，《华中科技大学学报》（社会科学版）2019 年第 1 期。

② 习近平：《在全国脱贫攻坚总结表彰大会上的讲话》，《人民日报》2021 年 2 月 26 日，第 2 版。

③ 高亢、赵晓辉：《推进大数据战略构筑网络强国——专访国家信息化专家咨询委员会委员宁家骏》，《中国产经》2015 年第 12 期。

本要素，将改变整个社会的创新体系，为创新提供了重要支撑。实施大数据战略是推动工业化和信息化深度融合，打造产业竞争新优势、抢占未来发展先机、实现“弯道超车”的有效途径。因此，实施大数据战略必须把创新摆在国家发展全局的核心位置，不断推进理论创新、制度创新、科技创新、文化创新等各方面创新。在国际发展竞争日趋激烈和中国发展动力转换的形势下，必须把发展基点放在创新上，形成促进创新的体制架构，培育发展新动力，拓展发展新空间，实现更多依靠创新驱动、更多发挥先发优势的引领型发展。实施大数据战略必须发挥大数据的创新动能，提升政府治理的能力和水平，不断推进国家治理体系和治理能力现代化，降低脱贫地区与脱贫人口的返贫风险。

2014 年“大数据”首次被写入政府工作报告，2015 年《关于运用大数据加强对市场主体服务和监管的若干意见》、《关于积极推进“互联网 +”行动的指导意见》和《促进大数据发展行动纲要》陆续颁布，党的十八届五中全会通过的“十三五”规划也提出了“实施国家大数据战略，推进数据资源开放共享”的战略指导意见，标志着大数据战略正式上升为国家战略；2016 年的网络安全和信息化工作座谈会更是强调“要依法加强对大数据的管理”，这是对我国以法治思维和法治方式管理大数据提出的明确要求；2017 年 2 月，习近平在国家安全工作座谈会上的讲话中强调，要筑牢网络安全防线……确保大数据安全，实现全天候全方位感知和有效防护；2017 年 10 月，党的十九大更是提出了“推动互联网、大数据、人工智能和实体经济深度融合”的要求。积极实施国家大数据战略，运用大数据的思维和技术，充分发挥大数据在宏观调控、公共服务、社会治理、应急管理、风险管理等方面的作用。

脱贫攻坚与乡村振兴是社会治理最重要的领域。将大数据用于此领域，有利于促进扶贫流程再造，实现更精准的识别、更高效的帮扶、更透明的监管、更科学的评价。恰好党的十九届四中全会提出，我们即将进入大数据的高级阶段——区块链时代，要把区块链作为核心技术自主创新的重要突破口，加快推动区块链技术和产业创新发展。“区块链”的概念来源于中本聪 2008 年所写的《比特币：一种点对点的电子现金系统》一文。当时，作为最重要的底层技术，区块链为比特币构建了一套完整的去中心化的货币发行、流通和支付结算网络。① 2009 年 1 月 4 日，中本聪制作出了比特币世界的第一个区块——“创世区块”。自此以后，区块链的重要性日益得到社会的关注，被称作与人工智能、虚拟现实并列的影响未来发展的三大技术之一。2016 年 12 月，贵阳市人民政府发布的《贵阳区块链发展和应用》白皮书，则系统地对区块链技术的概念、发展、应用及支撑体系进行了阐述；2019 年 1 月，国家互联网信息办公室正式发布了《区块链信息服务管理规定》，区块链正式受到政务界和实务界的热切关注。习近平总书记在中国科学院第十九次院士大会、中国工程院第十四次院士大会上指出：进入 21 世纪以来，新一轮科技革命和产业变革正在重构全球创新版图、重塑全球经济结构。以人工智能、量子信息、移动通信、物联网、区块链为代表的新一代信息技术加速突破应用。在中共中央政治局第十八次集体学习时，习近平总书记再次强调，区块链技术的集成应用在新的技术革新和产业变革中起着重要作用。② 我们要把区块链作为核心技术自主创新的重要突破口，明确主攻方向，加大投入力度，着力攻克一批关键核心技术，加快推动区块链技术和产业创新发展。党的十九届四中全会更是明确指出，要加强和创新社会治理，完善党委领导、政府负责、民主协商、社会协同、公众参与、法治保障、科技支撑的社会治理体系。要实现这一要求，将最新科技成果应用于社会治理，区块链大有可为，因为区块链可以提升社会治理智能化水平，助推社会治理精细化和法治化。

大数据治理是技术治理最重要的内容。大数据技术开辟了社会治理的新方向，给予了传统治理方式无法比拟的高速率与高精准度，于国家层面而言，运用大数据技术进行国家治理是顺势而为，亦是大势所趋，大数据在管理决策、基层治理、智慧城市建设等多方面起到重要作用。③ 以大数据为代表的技术治理是构建社会治理新格局的重要工具，基于大数据驱动，政府管理可以从封闭式走向开放式、从静态化走向流动化、

---

① 井底望天、武源文、赵国栋、刘文献主编《区块链与大数据：打造智能经济》，人民邮电出版社，2017，序言第 3 页。

② 《习近平主持中央政治局第十八次集体学习并讲话》，中国政府网，2019 年 10 月 25 日，http://www.gov.cn/xinwen/2019-10/25/content_5444957.htm。

③ 张海波：《大数据驱动社会治理》，《经济社会体制比较》2017 年第 3 期。

从精细化走向精准化[①]；人们的生活方式、网络信息活动、运动轨迹等都在数据时代留下数据信息。[②] 不仅如此，大数据技术的发展也为社区治理提供了新的方式，给予了复杂状态下社区治理多种可能，故将其应用于易地扶贫搬迁社区的治理就成了题中应有之义。[③]

事实上，随着农村绝对贫困的消灭，农村的相对贫困问题、脱贫攻坚成果巩固问题、全面乡村振兴问题甚至农业农村现代化问题，渐渐浮出水面，并在2020年12月出台的《中共中央 国务院关于实现巩固拓展脱贫攻坚成果同乡村振兴有效衔接的意见》和2021年中央“一号文件”《国务院关于全面推进乡村振兴加快农业农村现代化的意见》中明确下来。在此背景下，政策文件对于贫困户与贫困地区的称呼，也随之变成了“脱贫户”与“脱贫地区”。在脱贫攻坚与乡村振兴实践中，在农业农村现代化的征程中，大数据与区块链技术的价值更不可低估。在此背景下，本书利用实证调查法、案例分析法、大数据分析法，对采集于2016年2月到2021年2月的数据与案例进行分析。数据采集涉及贵州、云南、四川、宁夏、青海、湖南、内蒙古、重庆、广东、广西等10多个省（区、市）50多个县的200余个村庄。调研共获取有效问卷828份，深度访谈县级领导、县职能部门负责人、乡镇干部、村干部、贫困户、非贫困户、帮扶教师等200多人（见附录），获得500余万字的访谈资料；集体座谈40多次，参与观察50多场次活动，包括工作布置、纠纷处理、物资分配、心理疏导等内容，获得基层政府的文件材料500余份，这些素材构成了本书的重要论据和支撑。

从数据可知，在828份调查问卷中，男女比例约为2∶1；年龄以31～60岁为主，合计占64.7%，60岁以上的占23.7%，18～30岁的占11.6%；民族以少数民族为主，占55.3%，汉族占44.7%；婚姻状况以已婚为主，占91.7%，其中离异、丧偶的为少数，占12.9%；文化程度以初中及以下为主，占94.2%，其中文盲比例较高，占25.7%；居住类

① 陈潭：《大数据驱动社会治理的创新转向》，《行政论坛》2016年第6期。

② 谢治菊、许文朔：《数据驱动、交通变革与智慧治理》，《云南大学学报》（社会科学版）2019年第5期。

③ 孟天广、张小劲：《大数据驱动与政府治理能力提升——理论框架与模式创新》，《北京航空航天大学学报》（社会科学版）2018年第1期。

型以世居民族为主，占66.3%，易地扶贫搬迁户仅占33.7%；调查对象以户主为主，占63.7%，户均人口数为4.62人、户均劳动力人口为2.04人、户均学生为1.45人，户均年总收入为28807元，以打工收入为主，人均24636元；致贫原因以缺劳动力与因病为主，分别占27.2%和26.8%（见表0－1）。在这些人中，不了解精准扶贫的占35%，在了解精准扶贫的被调查者中，通过村干部和扶贫干部了解的占81.5%。这些数据表明，随机抽样的调查对象完全符合贫困人口“文化程度低、收入水平低、少数民族多、劳动力缺乏”等结构特征。

**表0－1　调查对象背景变量（$N=828$）**

<table>
<tr><th colspan="2">背景变量</th><th>占比（%）</th><th colspan="2">背景变量</th><th>占比（%）</th><th colspan="2">背景变量</th><th>占比（%）</th></tr>
<tr><td rowspan="2">性别</td><td>女</td><td>33.9</td><td rowspan="2">民族</td><td>少数民族</td><td>55.3</td><td rowspan="2">婚姻状况</td><td>未婚</td><td>8.3</td></tr>
<tr><td>男</td><td>66.1</td><td>汉族</td><td>44.7</td><td>已婚</td><td>91.7</td></tr>
<tr><td rowspan="4">年龄</td><td>18～30岁</td><td>11.6</td><td rowspan="4">文化程度</td><td>文盲</td><td>25.7</td><td rowspan="2">户主</td><td>否</td><td>36.3</td></tr>
<tr><td>31～45岁</td><td>30.9</td><td>小学</td><td>43.4</td><td>是</td><td>63.7</td></tr>
<tr><td>46～60岁</td><td>33.8</td><td>初中</td><td>25.1</td><td rowspan="2">类型</td><td>搬迁户</td><td>33.7</td></tr>
<tr><td>60岁以上</td><td>23.7</td><td>高中及以上</td><td>5.8</td><td>原住民</td><td>66.3</td></tr>
<tr><td colspan="2">户均年总收入</td><td>28807元</td><td colspan="6">其中，打工收入 24636元</td></tr>
<tr><td colspan="2">户均人口数</td><td>4.62人</td><td colspan="2">其中，户均劳动力 2.04人</td><td colspan="2">户均学生 1.45人</td><td colspan="2">老人数 0.73人</td></tr>
<tr><td colspan="2">致贫原因</td><td colspan="7">1. 因病（26.8%）　2. 因学（19.1%）　3. 因残疾（10.3%）<br>4. 因缺劳动力（27.2%）　5. 因懒（1.7%）　6. 其他（14.8%）</td></tr>
</table>

上述材料一起构成了本书的素材和论据。同时构成素材和论据的，还有网络上的二手材料与信息，以及官方网站数据、相关文献。在整个书稿的写作中，我们主要采取了质性分析、文本分析、比较分析、案例分析等方法，对收集的上述材料进行加工和处理。其中，用到的典型案例较多，为让读者一目了然，特列出具体案例使用情况。

基于此，本书以贫困治理（包括绝对贫困治理与相对贫困治理）为研究对象，以大数据和区块链（一种特殊的大数据）为驱动工具，以在贵州、广东、广西、四川、云南、青海、内蒙古、湖南、重庆、宁夏等省（区、市）调查收集的典型案例为素材，对“贫困治理的数据驱动理论、数据驱动的贫困治理实践、贫困治理的技术迭代应用”三部分内容进行系统而深入的分析。本书遵循三条逻辑主线：一是将区块链作为一种特殊的迭代升级的大数据，从“数据驱动理论—贫困治理实践—技术迭代应用”三大层面来探讨大数据时代的贫困治理；二是以典型案例为素材，从“帮扶—管理—监管—评估”四个环节，对大数据驱动的精准扶贫实践进行剖析；三是以贫困治理阶段为依托，将大数据在贫困治理中的应用分为绝对贫困与相对贫困两个阶段，并对相对贫困治理阶段的大数据应用进行了展望。囿于篇幅和主题，本书虽对相对贫困治理的阐释相对粗浅，但希望能起到抛砖引玉的作用。

# 目　录

## 第一部分　贫困治理的数据驱动理论



## 第二部分　数据驱动的贫困治理实践

# 第一部分　贫困治理的数据驱动理论

# 第一章　扶贫政策工具的变迁

“逐步消灭贫困，达到共同富裕”是中国共产党始终秉持和为之奋斗的高尚目标。自中国共产党成立以来，就一直关注人民群众的贫困问题，并将取得政权让人民当家作主作为解决国家和人民贫困问题的一个根本途径，率领全国各族人民开展各种形式的反贫困斗争，不断解放和发展生产力，完善体制机制，解决了数以亿计贫困人口的生存问题，实现了几千年来的民族梦想，创造了人类减贫史上的奇迹。① 党的十八大以来，中国共产党领导的脱贫攻坚战取得了实质性胜利，至 2020 年 12 月，经过全党全国各族人民的共同努力，我国如期完成了新时代脱贫攻坚目标任务，现行标准下近 1 亿贫困人口全部脱贫，832 个贫困县全部摘帽，消除了区域性整体贫困，创造了举世瞩目的伟大成就。② 在这场人类减贫史上规模最大、力度最强的脱贫攻坚战中，我们国家采取了许多原创性、独特性的重大举措，积累了一系列科学性、可推广的减贫经验，为国际减贫事业贡献了中国特色的方案和智慧。③ 这些方案和智慧到底是什么，虽然学界已有一定的研究，但却鲜有从历史变迁与政策文本的角度进行分析。因此，回顾中国共产党领导的减贫斗争史，总结各个历史阶段的基本经验和主要特征，不仅可以科学凝练中国减贫的智慧与经验，还对巩固拓展脱贫攻坚成果、全面推进乡村振兴、促进农村农业现代化具有十分重要的意义。④

---

① 文建龙：《中国共产党与中国扶贫事业》，社会科学文献出版社，2018，第 31～254 页。

② 《国家发展改革委召开脱贫攻坚领导小组会议研究部署巩固拓展脱贫攻坚成果工作》，国家发展和改革委员会网站，2021 年 1 月 29 日，https://www.ndrc.gov.cn/fzggw/wld/cl/lddt/202101/t20210129_1266341.html。

③ 王曙光、王丹莉：《中国扶贫开发政策框架的历史演进与制度创新（1949—2019）》，《社会科学战线》2019 年第 5 期，第 24～31 页。

④ 王曙光：《中国扶贫——制度创新与理论演变（1949—2020）》，商务印书馆，2020，第 12～31 页。

## 第一节 扶贫政策工具变迁的缘起

20世纪80年代以来，倡导引入市场化、技术化要素来提高公共管理效率的“新公共管理”运动引发了人们对政策工具的关注。自此以后，学界的研究不仅关注政策本身，也倍加注重权衡、选择与评价不同政策执行方式与工具之间的成效①，先后涌现出胡德的《政府工具》、戴维·奥斯本和彼得·普拉斯特里克的《政府改革手册：战略与工具》、B. 盖伊·彼得斯和弗兰斯·K. M. 冯尼斯潘的《公共政策工具——对公共管理工具的评价》、莱斯特·M. 萨拉蒙等的《政府工具：新治理指南》等研究成果。② 在这些研究成果中，政策工具的分类尤为引人关注。德国经济学家基尔申（E. S. Kirschen）较早对政策工具进行分类研究，当时他归纳了64种政策工具，但却没有形成完整的工具体系。③ 随后，罗斯威尔和赛格费尔德划分出供给型、环境型和需求型三种工具类型，并提出政策工具形成合力时，政策成效将实现最大化；英格拉姆和施耐德基于政策要素和政策目标将政策工具分为权威型工具、激励型工具、能力建设型工具、符号与规劝型工具、学习型工具；豪利特和拉米什依据政府公共服务和产品供给水平，提出了自愿性工具、强制性工具及混合型工具三种类型。④

那么，什么是政策工具呢？学界对此有多种看法且各具特色。国外学者欧文·E. 休斯（Owen E. Hughes）认为，政府实现政策目标的手段和行为方式就是政策工具。⑤ 迈克尔·豪利特和M. 拉米什则从公共政策的过程和政策系统角度来研究政策工具。⑥ 我国学者严强在

---

① 迈克尔·豪利特、M. 拉米什：《公共政策研究：政策循环与政策子系统》，庞诗等译，生活·读书·新知三联书店，2006，第267～269页。

② 黄红华：《政策工具理论的兴起及其在中国的发展》，《社会科学》2010年第4期。

③ 陈振明、和经纬：《政策工具研究的新进展》，《东南学术》2006年第6期。

④ 黄萃等：《基于政策工具视角的我国少数民族双语教育政策文本量化研究》，《清华大学教育研究》2015年第5期。

⑤ 欧文·E. 休斯：《公共管理导论》，张成福、马子博等译，中国人民大学出版社，2015，第9～55页。

⑥ 迈克尔·豪利特、M. 拉米什：《公共政策研究：政策循环与政策子系统》，庞诗等译，生活·读书·新知三联书店，2006，第141～154页。

《公共政策学》一书中将政策工具作为政策系统的一部分来阐述，认为政策工具能回答人们怎样进行政策活动的问题，即解决社会公共问题的途径和手段。[①] 从这些定义可知，政策工具本质上就是达成政策目标的方式和手段，是政府管理公共事务、实现政策目标的方法和途径[②]，也是克服政策执行障碍的一种方法，更是应对各种政策失灵的有效途径。[③]

政策工具为各国政府制定政策、作出决策、执行方案和开展评估提供了坚实的理论基础和行动指南，一些学者也将其与实践中的应用结合起来。例如，有学者对“双一流”政策文本进行质性分析，发现“双一流”政策工具具有丰富性和多样性，但未形成科学的工具体系。[④] 有学者基于 1978～2018 年中央层面颁布的与气候变化相关的政策文本分析发现，混合型工具使用频次最高，并建议应该均衡使用各种政策工具，自愿型和强制型政策工具的比例应适当增加。[⑤] 有学者以 192 篇政策文本为案例，发现企业和地方政府的治理工具各具特色，且随时间演变展现出不同的发展特征。[⑥] 有学者对乡村教师支持政策文本进行量化分析后发现，政策工具在使用方面存在不均衡、不系统的问题。[⑦] 从现有研究情况看，政策工具理论已被广泛应用于教育、气候、土地、教师、环境等研究领域。不过，虽然这些研究在如何选择和应用政策工具方面莫衷一是，但无论在什么情况下，根据不同领域的现实情况，科学组合各类政策工具进行应用都有十分重要的意义。[⑧]

不仅如此，政策工具在扶贫领域的应用研究也日渐丰富，这些研究

---

① 严强主编《公共政策学》，社会科学文献出版社，2008，第 55～79 页。

② 陈振明主编《政策科学——公共政策分析导论》，中国人民大学出版社，2003，第 10～21 页。

③ 陈振明等：《政府工具导论》，北京大学出版社，2009，第 6～30 页。

④ 周付军、胡春艳：《政策工具视角下“双一流”政策工具选择研究——基于政策工具和建设要素双维度的分析》，《教育学报》2019 年第 3 期。

⑤ 郑石明、要蓉蓉、魏萌：《中国气候变化政策工具类型及其作用——基于中央层面政策文本的分析》，《中国行政管理》2019 年第 12 期。

⑥ 王宏新等：《政策工具视角下的中国闲置土地治理——192 篇政策文本（1992～2015）分析》，《中国行政管理》2017 年第 3 期。

⑦ 谢倩等：《新中国成立 70 年乡村教师支持政策文本量化分析——基于政策工具视角》，《现代教育管理》2020 年第 4 期。

⑧ 陆汉文：《落实精准扶贫战略的可行途径》，《国家治理》2015 年第 38 期。

主要聚焦于教育扶贫与消费扶贫领域。例如，姚松、曹远航对新时期教育脱贫攻坚政策进行统计分析发现，我国已初步形成教育脱贫攻坚政策体系，但在具体领域的供给存在偏斜等问题①；李祥基于政策要素与政策工具的二维角度对新中国成立以来民族地区教育对口支援政策文本进行分析，根据政策演进特征划分为“兜底性”发展、“追赶式”发展、“跨越式”发展、“内生型”发展四个阶段，并从政策主体、政策工具、运行机制等角度提出完善建议②；彭小兵、龙燕从政策工具角度对我国消费扶贫政策进行分析发现，消费扶贫政策存在内部结构的合理性以及政策效果的持续性不足等问题。③ 前述研究对象虽然是教育扶贫、消费扶贫政策，但政策工具在其中的应用方法与分析思路，值得本章借鉴和参考。

综上，虽然学者们对政策工具在不同领域的应用进行了探讨，且这些探讨也能够加深人们对政策工具的认识，但目前学界运用政策工具分析扶贫政策变迁的研究还比较少，更缺乏借鉴相关理论尤其是政策工具理论对扶贫政策变迁进行全面审视及其优化建议的探索。④ 因此，本章拟立足中国共产党成立 100 周年的重大历史节点，以 1921 ~2021 年与扶贫密切相关的中央政策文本为研究对象，从命令性工具、激励性工具、象征及劝诫工具、能力建设工具出发，运用 NVivo11 软件，对中国共产党成立以来的扶贫政策进行文本挖掘，分析各阶段政策文本中特定词频及词频所反映的语义信息，依托编码结果对扶贫政策工具进行分类汇总和定量分析，探索共产党成立以来中国反贫困的历史变迁，总结和分析各阶段扶贫政策的特征与模式，并对政策工具在乡村振兴阶段的应用进行探讨。

## 第二节 扶贫政策工具变迁的样本

建党以来我国扶贫政策变迁具有多样性、多变性、复杂性，因此，

① 姚松、曹远航：《新时期中央政府教育精准扶贫政策的逻辑特征及未来走向——基于政策工具的视角》，《湖南师范大学教育科学学报》2019 年第 4 期。

② 李祥：《民族地区教育对口支援政策七十年回顾与展望——基于政策要素与政策工具的二维分析》，《西南民族大学学报》（人文社科版）2020 年第 2 期。

③ 彭小兵、龙燕：《基于政策工具视角的我国消费扶贫政策分析》，《贵州财经大学学报》2021 年第 1 期。

④ 易柳：《改革开放 40 年中国扶贫政策的演化与前瞻——立足国家层面政策文本的分析》，《西南民族大学学报》（人文社科版）2018 年第 4 期。

本章拟结合麦克唐纳（McDonnell）和埃尔默尔（Elmore）、施耐德（Schneider）和英格拉姆（Ingram）关于政策工具理论的理解，从命令性工具（imperative tools）、激励性工具（motivational tools）、象征及劝诫工具（symbolic and hortatory tools）、能力建设工具（capacity building tools）角度出发，将1921～2021年与扶贫密切相关的中央政策文本分为四个时期，通过对政策工具的总体构成和组合状况进行描述，揭示政策工具的演进特征。在此，命令性工具是指党和政府凭借其政治权威，对政策执行对象及其行为进行强制性的规范，表现为标准、规定、禁令、许可等政策；激励性工具是指能够调动和激发政策执行对象主观能动性的政策，体现在工资、财政及补贴等方面；象征及劝诫工具是指通过理念和价值观的引导使得政策执行对象改变政策行为的政策工具，表现为平等、责任、是非、对错等方面；能力建设工具是指赋予或提升政策执行对象的能力，以实现政策目标的政策措施，表现为引导支持、制度建设、政策倾斜等方面。①

本章的研究样本为1921～2021年与扶贫密切相关的中央政策。数据来源主要有国务院、国家乡村振兴局②等官方网站，《中共中央文件选集》③、《建国以来重要文献选编》④、《中国共产党九十年历程（1921—2011）》⑤ 等档案材料，北大法宝法律数据库⑥等权威数据库，以及东西部协作考核官方文献等。经过几个月的努力，初步搜集到580份中央扶贫政策文献。随后基于以下标准对政策文本进行进一步筛选和优化：一是主要发文单位为国务院及其各部委；二是政策文本与扶贫密切相关，政策内容是直接规定或间接体现与扶贫工作相关的办法、措施、规定等；三是政策类型为法律法规、意见、办法、通知公告等体现政府政策的文件，未纳入有关讲话、工作报告等，最终筛选出建党100年来我国中央层面的扶贫政策文献样本428份。

为有效解剖这些文件，本章拟运用内容分析法，结合NVivo11工具

---

① 曹燕：《政策工具视角下的基础教育公平：回顾与前瞻——基于1979—2016年基础教育公平政策的文本分析》，《教育科学》2017年第4期。

② 国家乡村振兴局官方网站，http://www.nrra.gov.cn/。

③ 《中共中央文件选集》，人民出版社，2013。

④ 《建国以来重要文献选编》，中央文献出版社，2011。

⑤ 《中国共产党九十年历程（1921—2011）》，吉林人民出版社，2011。

⑥ 北大法宝法律数据库，http://pkulaw.cn/cluster_call_form.aspx? menu_item=law&Db=chl。

开展质性研究。作为一种质性研究方法，内容分析法能够系统且客观地描述政策文本的内容，揭示政策的历史变迁及特征。其中，NVivo11 软件主要用于质性研究中的数据分析，能够协助研究者完成对文字、图片、声音、视频等资料的搜集、整理、分析与呈现，从而提高质性研究的严谨性、可靠性和有效性，是目前质性研究的主要方法之一。①

借助 NVivo11 软件，本章将 428 份扶贫政策文本分类统计，按照"政策工具类型—政策文本时期—具体政策工具"的三段式编码原则，将相关政策内容转化为可量化的文本分析单元，根据工具类型和政策时间顺序，对文本分析单元进行编码，依据节点对应的特征关键词对每条编码进行归类统计，从政策工具的使用频数分析不同政策工具的使用情况。其中，编码中的"A""B""C"分别代表政策工具类型；"1""2""3"代表政策文本的时期；"a""b""c"表示某种政策工具中相对应的具体政策子工具，即具体的政策活动。例如"A-2-d"所包含的信息为：1994 年出台的《国务院关于印发〈国家八七扶贫攻坚计划〉的通知》中的命令性工具，其中具体政策工具的参考点为"坚持开发式脱贫方针：鼓励脱贫群众发扬自力更生、艰苦奋斗的精神，在国家的扶持下，以市场需求为导向，依靠科技进步，开发利用当地资源，发展商品生产，解决温饱问题进而脱贫致富"。根据编码结果，共得到 50541 个分析单元；然后，基于政策工具框架对每个文本分析单元进行内容分析，最后将各个文本分析单元归入相应政策工具，结果如表 1-1 所示。②

**表 1-1 建党 100 年来中国扶贫政策分类编码情况**

| 政策编号 | 文件名称 | 政策年度 | 内容编码 | 政策工具类型 | 政策工具 |
|---|---|---|---|---|---|
| 10 | 《党的四大讨论和领导农民运动》 | 1925 | A-1-f<br>B-1-a<br>C-1-c<br>D-1-c | 命令性工具<br>象征及劝诫工具<br>激励性工具<br>能力建设工具 | 指导指示<br>鼓励号召<br>经费补助<br>培养培训 |

① 左春伟、吴帅：《乡村振兴战略中绩效目标的价值与困境——基于中央和 17 省级区划乡村振兴指导性政策文件的 NVivo 质性研究》，《西藏大学学报》（社会科学版）2019 年第 2 期。

② 许怀雪、秦玉友：《政策工具视角下农村师资补充政策研究——基于 2001—2018 年农村师资补充政策文本的分析》，《教师教育研究》2019 年第 6 期。

续表

| 政策编号 | 文件名称 | 政策年度 | 内容编码 | 政策工具类型 | 政策工具 |
|---|---|---|---|---|---|
| … | … | … | … | … | … |
| 124 | 《国务院关于印发〈国家八七扶贫攻坚计划〉的通知》 | 1994 | A-2-a<br>A-2-d<br>A-2-e<br>B-2-a<br>B-2-c<br>C-2-c<br>D-2-b<br>D-2-f | 命令性工具<br>象征及劝诫工具<br>激励性工具<br>能力建设工具 | 鼓励号召<br>劝诫规劝<br>经费补助<br>教育学习<br>制度建设 |
| … | … | … | … | … | … |
| 228 | 《"十三五"脱贫攻坚规划》 | 2016 | A-2-b<br>A-2-f<br>B-2-d<br>B-2-f<br>C-2-a<br>C-2-b<br>C-2-c<br>D-2-a<br>D-2-d<br>D-2-f | 命令性工具<br>象征及劝诫工具<br>激励性工具<br>能力建设工具 | 标准规定<br>指导指示<br>示范典型<br>舆论宣传<br>惩戒监管<br>奖励激励<br>经费补助<br>基础建设<br>引导支持<br>制度建设 |
| … | … | … | … | … | … |

## 第三节　扶贫政策工具变迁的过程

对于改革开放以来中国扶贫阶段的划分，学界一般将1978年以前分为一个阶段，如黄承伟将1949～1977年的扶贫工作称为"实施计划经济体制下的广义扶贫战略"①；将1978～1985年、1986～1993年、1994～2000年三个阶段，分别称为体制改革扶贫阶段、大规模开发式扶贫阶段与综合性扶贫攻坚阶段②；将2001～2012年的扶贫工作称为"整村推进与两轮驱动"阶段，将2013～2020年的扶贫工作称为精准

① 黄承伟：《中国扶贫开发道路研究：评述与展望》，《中国农业大学学报》（社会科学版）2016年第5期。

② 刘娟：《我国农村扶贫开发的回顾、成效与创新》，《探索》2009年第4期。

扶贫或脱贫攻坚阶段。考虑到 1921～1949 年新中国成立前，政策数量较少，而 1978 年是中国改革开放的关键节点，所以本章将 1921～1977 年分为第一个阶段；同时，虽然学界一般认为 1978～2000 年中国扶贫工作应该分为三个阶段，但这三个阶段可统称为中国扶贫工作的成长期，且这三个阶段的扶贫政策并不多，如划分太细，不利于从政策工具的角度来分析，因此本章将其作为一个阶段来处理。为此，本章将建党 100 年来的扶贫工作，划分为 1921～1977 年、1978～2000 年、2001～2012 年、2013～2020 年四个阶段，分别命名为救济式扶贫、开发式与综合性扶贫、整村推进与“两轮驱动”扶贫和脱贫攻坚阶段。

借助 NVivo11 软件对 428 份扶贫政策进行文本分析后发现，不同时期的扶贫政策工具重点不同，其中，1921～1977 年，命令性工具占主导地位；1978～2000 年，象征及劝诫工具占主导地位，激励性工具辅之；2001～2012 年，激励性工具占主导地位，象征及劝诫工具次之；2013～2020 年，能力建设工具占主导地位，其余三种工具并驾齐驱（见图 1－1）。

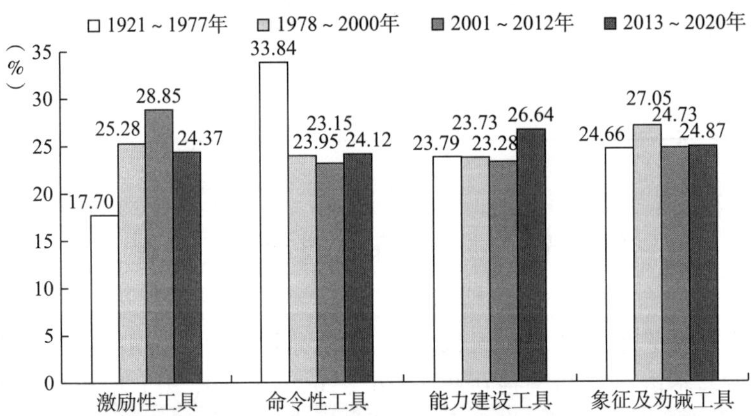


**图 1－1 建党 100 年来我国扶贫政策工具演进统计**

### 1. 救济式扶贫阶段（1921～1977 年）：命令性工具占主导地位

中国共产党成立之初，中国农民的贫困问题归根结底是封建剥削制度和帝国主义侵略造成的，因此在 1949 年以前，中国共产党发动工农群众积极投身革命事业，反抗帝国主义与封建主义，真正意义上铲除了当时贫困的根源。1949～1977 年，由于贫困人口基数庞大，财政状况较为困难，中国共产党急需解决的问题是人民的温饱问题，这一时期的扶贫策略主要是输血式策略，即依托自上而下的民政救济系统，为贫困人口提供生活救济。

落实在政策工具上，主要表现为命令性工具占主导地位，占33.84%，工具数目较少且相对单一。这一点，可以从中国共产党领导工农群众进行革命到确立计划经济体制为社会主义基本经济制度中看出。当时的社会自主性极度缺乏，需要依靠国家强力保证政策实施，所以这一阶段的扶贫政策工具带有浓厚的强制性色彩，同时兼具及时性和低成本的特征。例如，1925年1月，《对于农民运动之议决案》讨论了中国共产党与工人阶级要领导中国革命走向成功，必须运用命令性工具，必须依靠党的权威和强制力鼓动与组织广大工农群众进行经济斗争与政治斗争。该议决案在党的第四次代表大会上通过。1929年6月，《中共六届二中全会关于土地问题的报告》号召“中国要推翻帝国主义的统治，必须要根本推翻封建势力……要完成土地革命必须推翻帝国主义，只有推翻帝国主义才能彻底完成土地革命”。这说明新中国成立前中国共产党的主要斗争对象是帝国主义和封建势力，这就需要命令性工具来强制实施，领导人民群众进行革命斗争。1955年7月《1995年经济体制改革实施要点》中提到要“继续深化农村经济体制改革，促进农村经济全面发展，包括发展农业专业合作组织，规范生产者合作社，促进农业生产商品化、产业化、社会化等”。[①] 可以说，这一时期是广义扶贫，不仅在全国进行了大规模农田水利基础设施建设，初步构建了农村基本公共服务体系，还逐步建立起以社区“五保”制度和农村特困人口救济为主的农村社会基本保障体系。[②]

但是，这一时期毕竟既经历了革命战争，又经历了新中国成立初期的财政困难，因此扶贫政策只能以成本低、效率高、服从性强的命令性工具为主。在当时的环境下，这一工具有成效但并不显著，以致1977年农村的贫困人口还高达2.5亿人，占全国人口总数的25.97%，占世界贫困人口总数的1/4，农村贫困发生率达到30.7%。[③] 这说明，计划经济体制下的救

① 胡鞍钢、童旭光：《中国减贫理论与实践——青海视角》，《清华大学学报》（哲学社会科学版）2010年第4期。

② 张岩松：《发展与中国农村反贫困》，中国财政经济出版社，2004，第35页。

③ 《我国扶贫工作的历程、经验与持续推进的着力点》，张掖市人民政府网站，2019年10月17日，http://www.zhangye.gov.cn/nyj/dzdt/gzdt/201910/t20191017_336649.html。

济式扶贫策略，虽然暂时保证了贫困人口的基本生存需求，但从长远来看，贫困人口的脱贫问题仍然得不到根本性解决。

2. 开发式与综合性扶贫阶段（1978～2000 年）：象征及劝诫工具占主导地位，激励性工具辅之

1978 年是改革开放的重要时刻，随着党的十一届三中全会的召开，我国进入了社会主义现代化建设新时期。在此背景下，市场经济体制改革逐步开展，贫困人口慢慢减少，这一时期的扶贫工作出现了一些新的特点，即贫困人口逐步向西部边远地区、深山地区、高海拔地区、少数民族地区集中，东部和西部地区贫富差距逐渐拉大。

此时，我国扶贫政策工具表现为象征及劝诫工具占主导地位，占 27.05%。象征与劝诫工具主要发挥扶贫政策的象征性功能，主要聚焦扶贫政策对贫困人口观念、思想与意识的影响，希望通过价值观的改变来达成政策目标。① 由于象征及劝诫工具实施门槛低，适用范围广，不需要投入大量的资源，因此，从 1984 年开始，政府有计划、有组织出台的反贫困政策，大都以象征及劝诫政策工具为主。② 例如，1984 年 9 月中共中央发出了《关于帮助贫困地区尽快改变面貌的通知》；1986 年 4 月制订的经济社会发展“七五计划”专门将“老、少、边、穷地区的经济发展”单列一章；1987 年 10 月《国务院关于加强贫困地区经济开发工作的通知》提出，要在坚持改革的基础上，千方百计提高开发资金的使用效率，扎扎实实实现“七五”期间解决贫困地区大多数群众温饱问题的目标。不过，这一时期的激励性工具也有体现，占 25.28%，其中有两个标志性事件，一是 1986 年成立的国务院贫困地区经济开发领导小组，这是专门的扶贫机构；二是 1994 年 4 月出台的《国务院关于印发〈国家八七扶贫攻坚计划〉的通知》，这是中国历史上第一个有明确目标、明确对象、明确措施和明确期限的扶贫开发行动纲领。这两个激励性政策工具的出台标志着中国扶贫事业步入组织化、制度化与规范化轨道。③

---

① 许建兵等：《公共政策分析》，吉林大学出版社，2016，第 10 页。

② 谢治菊、朱绍豪：《民族教育政策实施效果评估：理论基础、指标设计与应用反思》，《民族教育研究》2017 年第 5 期。

③ 孙建北：《贫困与扶贫》，中共中央党校出版社，2004，第 57 页。

激励性工具可以促使人们自觉采取行动、激发内生动力，因此这一阶段的扶贫成效比上一阶段明显。到2000年底，国家“八七”扶贫任务基本完成，农村贫困人口数量减少到3200万人。但是，扶贫开发工作仍然面临严峻的挑战，从根本上改变贫困地区的经济落后状况，仍是一个长期而艰巨的历史任务。

3. 整村推进与“两轮驱动”扶贫阶段（2001～2012年）：激励性工具占主导地位，象征及劝诫工具次之

经过各级党委和政府的不懈努力，绝大多数贫困群体的温饱问题已经基本解决，农村地区赤贫现象基本消除，接下来如何科学有序应对新形势下农村贫困的新问题，进一步巩固和扩大扶贫开发成果，是21世纪新阶段扶贫开发工作面临的艰巨历史使命。为此，国家进行了战略转移，把以县域的整体帮扶为主转向了整村推进，当时在全国确立了15万个贫困村。2007年，我国开始推行最低生活保障制度，扶贫开发也走向了与最低生活保障制度衔接的“两轮驱动”阶段。

根据政策文本编码，这一时期的政策工具主要采用激励性工具和象征及劝诫工具，分别占28.85%和24.73%。这说明本阶段的扶贫工作，一方面靠政策的激励，另一方面也要延续对人民群众价值观念的引导，坚持两个方面的辩证统一。激励性工具能更好地引导贫困群众增强主体性意识、打破个人对国家的依赖，具有社会动员和社会整合的作用。为此，2001年6月，中央政府在“八七计划”成效显著的基础上颁布了《中国农村扶贫开发纲要（2001—2010年）》，将贫困村作为扶贫基本单位，同时运用激励性政策积极引导农村人力资本投资和软实力建设，关注贫困地区的科学、教育、文化和卫生事业，该纲要的实施使得我国农村贫困人口数量持续减少。2011年，中央又制定了《中国农村扶贫开发纲要（2011—2020年）》，该纲要重新确立了我国扶贫的总目标，包括多维度减贫目标即从基本生存需要到基本能力提升、利贫性增长目标即贫困地区人均纯收入增长幅度高于全国平均水平、包容性发展目标即主要领域的公共服务指标接近全国平均水平。在这些目标的示范作用下，我国逐渐开始构建政府、市场、社会“三位一体”的扶贫格局，并出台了涉及教育、产业、金融、土地等领域的各种具体优惠政策，进行了大量的舆论宣传来助推贫困地区发展，如2002年4月颁布的《教育部关于做好对口支援新疆高

等师范学校工作的通知》指出，应积极发展西部地区高等教育，引导东中部地区高校对口支援西部地区高校，采取经费补助、奖励激励等多种形式的支援与合作，加快中西部地区发展，促进中国现代化建设。

这一时期，我国脱贫工作取得重大成效。按照我国2010年发布的1196元绝对贫困线标准，全国贫困人口减少到2688万人，贫困发生率下降到2.8%。绝大多数贫困人口的温饱问题已经得到显著解决，国民经济也随之持续健康发展，区域与城乡的贫富差距问题得到缓解。但是，即便如此，我国仍然有大量的贫困人口，贫困地区经济落后、人民生活水平低下，以及贫困人口识别不精准、内生动力缺乏等问题仍然明显。

4. 脱贫攻坚阶段（2013～2020年）：能力建设工具占主导地位，其余三种工具并驾齐驱

党的十八大以来，习近平总书记对精准扶贫、精准脱贫有一系列论述，党中央于2014年正式下发精准扶贫文件，2015年作出打赢脱贫攻坚战的决定，明确“到2020年现行标准下贫困人口全部脱贫，贫困县全部摘帽，解决区域性整体脱贫”的目标，全面实施精准扶贫、精准脱贫战略，确保各项政策落到实处。

这一时期的政策文本编码显示，政策工具数量显著上升，呈现多样化、均衡化、丰富化等特征，其中占主导的是能力建设工具，为26.64%，其余三种工具并驾齐驱，分别占比24.37%、24.12%与24.87%。之所以这一阶段以能力建设工具为主，是因为经过几十年的发展，中国的减贫策略正由大水漫灌式扶贫向精准滴灌式扶贫转变，要坚持分类、因人因地、因贫困原因、因贫困类型来施策，所以，贫困户的能力建设、贫困地区的能力发展就显得特别重要。在这一阶段，政府通过一系列引导性和支持性举措、供给性与建设性政策来广泛动员全社会支持中国扶贫事业的发展，通过扶持生产和就业发展一批、易地搬迁安置一批、生态保护脱贫一批、教育脱贫一批、低保政策兜底一批等“五个一批”举措来激发贫困群体的内生动力，通过为贫困人口建档立卡、向贫困村派驻第一书记和工作队、开展志智双扶举措来源源不断地释放脱贫攻坚的红利。这一时期体现能力建设的政策有教育扶贫政策如《国务院关于加快发展现代职业教育的决定》《深度贫困地区教育脱贫攻坚实施方案（2018—2020年）》，就业扶贫政策如《关于切实做好就业扶贫工作的指导意见》，

语言扶贫政策如《推普脱贫攻坚行动计划（2018—2020）》，产业扶贫政策如《关于加大贫困地区项目资金倾斜支持力度促进特色产业精准扶贫的意见》，志气扶持政策如《关于开展扶贫扶志行动的意见》等。

当然，由于脱贫攻坚是党中央、国务院面向全国人民的庄严承诺，打赢脱贫攻坚战是各级政府必须完成的政治任务，所以这一时期的命令性工具如《中共中央 国务院关于打赢脱贫攻坚战的决定》也不少，不仅如此，这一时期自上而下的精准扶贫体制、驻村工作机制、扶贫动员体系等都带有明显的强制性与权威性。当然，要在较长时期内培育贫困人口的政策执行力和建设能力，激励性工具、象征及劝诫工具、能力建设工具协同共用，才能起到更好的促进作用。[①] 因此，国家出台了一系列支持和鼓励灵活参与扶贫的政策如《创新扶贫开发社会参与机制实施方案》《关于支持社会工作专业力量参与脱贫攻坚的指导意见》等，也同时出台了象征及劝诫政策如《关于做好易地扶贫搬迁集中安置社区治理工作的指导意见》《国务院扶贫开发领导小组关于建立防止返贫监测和帮扶机制的指导意见》等。这与何玲玲、付秋梅的研究相似，她们指出，我国精准扶贫阶段的政策工具呈现以“能力型建设工具为主，其他工具并存”的特点。[②] 为进一步印证脱贫攻坚阶段政策工具的特点，本章专门针对脱贫攻坚阶段的政策文本做了词频分析，结果如图 1－2 所示。

图 1－2 显示，“地区、发展、建设”等高频词表明这一阶段扶贫的基本方式是针对不同贫困地区、不同贫困户状况，运用科学有效的手段加强贫困地区建设、促进贫困地区发展；而“农村、资金、教育、农业、就业、医疗、搬迁、建档立卡、金融、网络、残疾人”等词则体现了脱贫攻坚阶段扶贫工作的重点领域和目标对象，“服务、创新、帮扶、定点、对口、协作”等词则表明了这一时期扶贫工作的方式方法。这说明，词频分析结果和编码分析结论基本一致，即这一阶段的政策工具表现为以能力建设工具为主，命令性工具、激励性工具、象征及劝诫工具并驾齐驱。[③]

---

① Lewis Oscar, *The Culture of Poverty*, New York, Scientific American, 1966.

② 何玲玲、付秋梅：《政策工具视角下中国精准扶贫政策文本量化分析》，《江汉大学学报》（社会科学版）2020 年第 4 期。

③ 李晓园、钟伟：《中国治贫 70 年：历史变迁、政策特征、典型制度与发展趋势——基于各时期典型扶贫政策文本的 NVivo 分析》，《青海社会科学》2020 年第 1 期。

**图 1－2　脱贫攻坚阶段词语云**

由于政策工具多样、类型丰富、数量均衡，这场以解决贫困人口“两不愁”“三保障”为基本目标的脱贫攻坚战，在 2020 年底取得了全面胜利，现行标准下 9899 万农村贫困人口全部脱贫，832 个贫困县全部摘帽，12. 8 万个贫困村全部出列，区域性整体贫困得到解决，我国完成了脱贫攻坚的艰巨任务，创造了又一个举世瞩目的奇迹。[①] 为此，联合国秘书长古特雷斯评价指出，过去 10 年，中国是为全球减贫事业作出最大贡献的国家。此外，中国的减贫方略也为全球减贫事业提供了中国方案和中国经验，尤其对其他发展中国家具有很大的参考价值和借鉴意义。[②]

---

① 习近平：《在全国脱贫攻坚总结表彰大会上的讲话》，《人民日报》2021 年 2 月 26 日，第 2 版。

② 谢治菊：《共同体视域下教育精准扶贫的实践探索与行动逻辑》，《苏州大学学报》（教育科学版）2019 年第 4 期。

## 第四节 扶贫政策工具变迁的特点

从扶贫政策文本各节点的参考数来判定，在文本总量一致的前提下，编码参考点数越多，表明政策工具使用的次数越多，所占比例也就越大。如表1-2显示，象征及劝诫工具和命令性工具是建党100年以来使用频率最高的扶贫政策工具，参考点分别是12610个和12807个，占比24.95%和25.34%；其次是激励性工具，参考点是12240个，占比24.22%；最后是能力建设工具，参考点是12884个，占比25.49%。由此，建党100年来我国扶贫政策工具呈现如下特征。

**表1-2 建党100年来我国扶贫政策文本编码分析结果**

单位：个，%

| 政策工具分类 | 政策工具名称 | 参考点 | 占比 | 合计 |
|---|---|---|---|---|
| 命令性工具 | 必须应当 | 2629 | 25.34 | 12807 |
| | 标准规定 | 2512 | | |
| | 禁止 | 392 | | |
| | 履行遵守 | 3228 | | |
| | 许可 | 946 | | |
| | 指导指示 | 3100 | | |
| 象征及劝诫工具 | 鼓励号召 | 3628 | 24.95 | 12610 |
| | 评估评价 | 420 | | |
| | 劝诫规劝 | 1068 | | |
| | 示范典型 | 3747 | | |
| | 信息 | 696 | | |
| | 舆论宣传 | 3051 | | |
| 激励性工具 | 惩戒监管 | 3105 | 24.22 | 12240 |
| | 奖励激励 | 2670 | | |
| | 经费补助 | 3575 | | |
| | 权力下放 | 9 | | |
| | 社会声誉 | 427 | | |
| | 诱导 | 2454 | | |
| 能力建设工具 | 基础建设 | 251 | 25.49 | 12884 |
| | 教育学习 | 3880 | | |
| | 培养培训 | 3174 | | |
| | 引导支持 | 4100 | | |
| | 政策倾斜 | 32 | | |
| | 制度建设 | 1447 | | |

## 一 政策工具数量呈上升趋势，分布相对均衡

将不同历史阶段政策文本所构成的政策工具数量进行统计，可以得到图 1-3 的对比分析情况。从图 1-3 可知，第一，虽然扶贫政策工具在不同时期特点不同、表现各异，但随着时间的推移，政策工具的数量整体呈上升趋势，2013~2020 年的数量大规模增长，是原来的几倍；第二，同一时期内，不同政策工具的数量基本均衡，没有太大的差距；第三，象征及劝诫工具、激励性工具和能力建设工具随着时间的推移呈上升趋势，这彰显我国扶贫政策工具使用越来越科学与合理。当然，这也与 1986 年国务院贫困地区经济开发领导小组及其办公室成立，并制定一系列扶贫开发政策密切相关。为坚决打赢脱贫攻坚战，党的十八大以来，党中央、国务院出台的政策数量更是创历史新高。正如习近平总书记曾指出的那样，消除贫困、改善民生、逐步实现共同富裕，是社会主义的本质要求，是中国共产党的重要使命。[①]

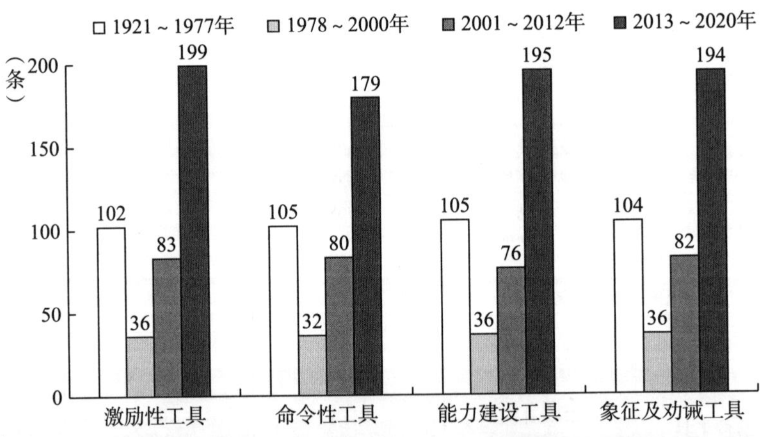


图 1-3 建党 100 年来我国扶贫政策工具数量特征

## 二 重象征及劝诫工具和命令性工具，轻激励性工具

陈大超和迟爽对我国高校师德政策变迁进行文本分析后发现，随着

① 《习近平论扶贫工作——十八大以来重要论述摘编》，中国共产党新闻网，2015 年 12 月 1 日，http://theory.people.com.cn/n/2015/1201/c83855-27877446.html。

时间的推移，权威工具始终处于主导地位且不断强化，激励性工具、象征及劝诫工具和能力建设工具使用频次逐步提高，并呈现综合化趋势。[①]从本章的分析也可知，从建党100年来我国反贫困的征程来看，象征及劝诫工具和命令性工具占据主导地位，这体现了党在政策制定中的主导地位以及我国的制度优越性。相比之下，激励性工具使用频次和所占比例都处于较低状态，尤其是“权力下放”类子工具的参考点仅为9，“社会声誉”类子工具的参考点仅为427，属于不足状态。激励性工具能够通过奖励激励、经费补助、惩戒监管等手段来缩小东西部贫富差距，增强贫困人口内生动力，促使贫困人口自我觉醒与自我发展，在温饱的基础上追求高品质生活，这对巩固脱贫攻坚成果、实现全面乡村振兴必不可少。

## 三 激励性工具和能力建设工具存在偏斜现象

在428份政策文件中，激励性工具中的“经费补助”类子工具的参考点为3575个，明显高于其他具体政策工具，涉及“权力下放”类子工具的政策文本仅有8份，参考点仅为9，处于相对缺乏状态。在能力建设工具中，“政策倾斜”和“基础建设”类子工具的政策文本分别为21份和101份，参考点分别为32个和251个，也处于相对缺乏状态。而涉及“引导支持”类子工具和“经费补助”类子工具的政策文本分别为404份和412份，参考点分别为4100个和3575个，比例较高。比例过高一方面可能表示政策制定以政府主导为主，公众认定的社会问题难以进入政策议程，导致扶贫政策无法全面深刻反映底层贫困人口的真实需求。[②]另一方面“引导支持”和“经费补助”类子工具比例过高，表明百年扶贫历史中，输血式扶贫是主要手段，这虽然在一定时期内能够帮助贫困群众改善生活，但难以持久，还会导致一些贫困群众对扶贫资金产生依赖，形成更难应对的精神贫困。

---

① 陈大超、迟爽：《改革开放以来我国高校师德政策变迁的文本分析——基于政策工具视角》，《现代教育管理》2020年第7期。

② J. Jensen, T. N. Rasmussen, “Allocation of CO2 Emissions Permits: A General Equilibrium Analysis of Policy Instruments,” *Journal of Environmental Economics & Management* 2 (2000).

### 四 政策工具组合应用较多，但系统化程度不高

在428份政策文本中，命令性工具和象征及劝诫工具得到了大量的使用，能力建设工具和激励性工具使用频次相对较少，这表明我国扶贫政策工具总体上呈现多样化与丰富性特点，组合使用较多。在具体的政策工具中，运用较多的则是引导支持、教育学习、示范典型、鼓励号召等工具，参考点分别为4100个、3880个、3747个和3628个。事实上，现在大多数领域单一、孤立使用政策工具的现象较少，多样政策工具组合应用更为常见。[①] 根据麦克唐纳尔和艾莫尔的观点，政策工具的优化组合要基于政策目标并根据不同的政策环境与政策资源而定。不过从目前的数据来看，建党100年来不同扶贫政策工具之间优化组合的程度相对较低，没有很好地融合，分散在资金、教育、就业、医疗、建档立卡、金融等各个领域，政策之间的连贯性、系统性和科学性还有待提升。[②]

## 第五节 扶贫政策工具变迁的趋势

尽管建党100年以来我国扶贫政策工具变迁呈现上述特点，但这些变迁的政策工具对乡村振兴及未来的农村农业现代化也具有重要的价值。为此，探讨这些扶贫政策工具在乡村振兴阶段的应用，很有必要。[③]

### 一 提高政策工具匹配度，注重工具实施的连续性

脱贫攻坚是乡村振兴的基础，乡村振兴是脱贫攻坚的深化。根据脱贫攻坚阶段使用政策工具的经验，乡村振兴阶段应考虑政策工具与振兴目标之间的匹配度问题。乡村振兴除了满足产业振兴、生态振兴、人才振兴、组织振兴、文化振兴的要求之外，还应关注普惠型公共服务的供给以及脱贫群众的可持续发展。同时，乡村振兴不适合搞“一刀切”，

---

① Anne Schneider, Helen Ingram, “Behavioral Assumptions of Policy Tools,” *The Journal of Politics* 2 (1990): pp. 514 – 523.

② 阿班·毛力提汗：《中国共产党反贫困理论与实践》，《毛泽东邓小平理论研究》2006年第11期。

③ 徐月宾等：《中国农村反贫困政策的反思——从社会救助向社会保护转变》，《中国社会科学》2007年第3期。

应该分批次分层次进行，对于有振兴基础的乡村进行振兴，对于暂时不符合振兴条件的乡村，还是应该以巩固脱贫攻坚成果为主要目标。基于此，一方面，为让脱贫地区与脱贫群众巩固脱贫成果，公平获取可持续发展资源，政府应出台相应的激励性、引导性、能力增长性政策，注重对脱贫人口的金融扶持、教育帮扶与就业培训，构建志智双扶长效机制；另一方面，对于有条件振兴的乡村给予更多的发展资源与鼓励其发展的政策，引入市场机制与社会力量撬动政府资源，对帮扶企业提供税收优惠，鼓励多方参与，形成多方协同机制。此外，政府还要注意乡村振兴政策与脱贫攻坚政策的连续性，使其在大政方针上保持一致，注意相互衔接，切不可让政策断层发展。令人欣喜的是，2020 年 12 月通过的《中共中央 国务院关于实现巩固拓展脱贫攻坚成果同乡村振兴有效衔接的意见》中已经明确指出，为巩固脱贫攻坚成果，要对脱贫群体与脱贫地区做到"不摘帮扶、不摘监管、不摘政策、不摘责任"的"四不摘"，同时要加强"财政投入政策衔接、金融服务政策衔接、土地支持政策衔接、领导机制衔接、工作体系衔接、规划实施与项目建设衔接、考核机制衔接"。[①] 这为保持乡村振兴政策工具的连续性提供了政策支持。

## 二　优化政策工具组合结构，增强工具功能的互补性

政策工具的优化组合与科学配置，对实现乡村振兴目标具有重要的价值。具体而言，以教育、培训、赋能为主的能力建设工具适于培育乡村发展的内生动力，为脱贫地区设置远景规划，阻断贫困的代际传递；强制性色彩浓厚的命令性工具，因见效快、成本低，对于构建自上而下的乡村振兴动员体系、发挥集中力量办大事的制度优势必不可少；以经费支持、政策倾斜、荣誉奖励等为主的激励性工具可以激发驻村干部、基层组织更多的主动性与积极性，也是乡村人才振兴的保障机制，使用恰当，可以引导大学生、外出务工人员、社会有为青年到农村创业就业；象征及劝诫工具可以让脱贫群众树立正确的价值观与人生观，克服依赖

① 《中共中央 国务院关于实现巩固拓展脱贫攻坚成果同乡村振兴有效衔接的意见》，中国政府网，2021 年 3 月 22 日，http://www.gov.cn/zhengce/2021-03/22/content_5594969.htm。

心理，真正达到“扶信念、扶勇气、扶志向”之目的。为此，乡村振兴阶段的政策工具组合，应当从结构、功能上予以优化，建立政策工具网络体系，提高各工具之间的协同性，使之形成一条科学的政策工具链，防止出现工具冲突现象。具体来说，应更加注重能力建设工具的作用，深度激发脱贫地区的内生动力，有效培育脱贫地区的发展能力，构建巩固脱贫攻坚成果的长效机制；应适当运用命令性工具，强化对乡村振兴工作的执行监管与考核评估，发挥政策杠杆对乡村振兴工作的调节优化作用；应加大激励性工具的使用力度，通过构建赏罚分明的奖惩体系，激发多元主体参与乡村振兴的动力与活力，引导和鼓励青年大学生到乡村去创业就业；应加强宣传引导，继续发扬脱贫攻坚精神、讲好中国扶贫故事，以更多的象征及劝诫工具鼓励广大青年自强不息、自力更生，积极投身于乡村振兴的伟大历史洪流中。

另外，要实现乡村振兴战略，推进农村农业现代化，还应有层次、有梯度地增加农村投入，加快农村产业结构调整，完善农民增收机制与乡村人才培育体系，这就要求进一步优化政策工具组合，构建满足乡村振兴需求的政策体系。

# 第二章　建党百年技术变迁与贫困治理

贫困是人类社会的顽疾，是全世界面临的共同挑战。贫困及其伴生的饥饿、疾病、社会冲突等一系列难题，严重阻碍人类对美好生活的追求。消除贫困是人类梦寐以求的理想，也是中国共产党不懈奋斗的目标。100 年来，中国共产党团结带领各族人民，以坚定不移、顽强不屈的信念和意志与贫困做斗争，先后历经了新民主主义时期的翻身解放、新中国建立时期的解决温饱、改革开放时期的基本小康、脱贫攻坚时期的全面小康四个战略阶段。[①] 党的十八大以来，在以习近平同志为核心的党中央坚强领导下，中国组织实施了人类历史上规模空前、力度最大、惠及人口最多的脱贫攻坚战。2021 年 2 月 25 日，习近平总书记在全国脱贫攻坚总结表彰大会上庄严宣告，脱贫攻坚战取得了全面胜利，中国完成了消除绝对贫困的艰巨任务。占世界人口近 1/5 的中国全面消除绝对贫困，提前 10 年实现《联合国 2030 年可持续发展议程》中的减贫目标，不仅是中华民族发展史上具有里程碑意义的大事件，也是人类减贫史乃至人类发展史上的大事件，为全球减贫事业发展和人类发展进步作出了重大贡献。

## 第一节　贫困治理中的技术变迁

中国是拥有 14 亿人口、世界上最大的发展中国家，基础差、底子薄，发展不平衡，长期饱受贫困问题困扰。中国的贫困规模之大、贫困分布之广、贫困程度之深世所罕见，贫困治理难度超乎想象，能够取得如此瞩目的成就，这得益于中国共产党坚持以人民为中心的发展理念，并把减贫摆在治国理政突出位置，用发展的办法消除贫困；也归功于中

---

① 黄少安：《改革开放 40 年中国农村发展战略的阶段性演变及其理论总结》，《经济研究》2018 年第 12 期。

国共产党立足实际推进减贫进程，发挥贫困群众主体作用，汇聚各方力量形成强大合力。[①] 当然，在贫困治理实践过程中，也离不开技术支持的作用。[②] 例如新中国刚成立时，陈云同志便提出要在落后贫困的基础上建设好我们的国家，提高中国人民的生活水平，需要集中物力财力发展工业技术。[③] 然后利用“建档立卡”这一技术，提升扶贫的瞄准精度[④]，从而充分挖掘信息资源，带来扶贫生产力。[⑤] 可见，技术对贫困治理具有重要价值。

从社会发展的历史来看，技术是人类认识、改造世界的方式，驱动着生产方式、生活方式和治理方式的变革，促进社会不断迭代升级，倒逼国家治理的革新与发展，显然，技术已日益成为国家治理现代化必不可少的力量。技术的应用可追溯到中国古代的国家治理，那时运用计量技术的税务管理并未占主流，主要靠儒学经典治国，这造成国家治理的困难。[⑥] 这一点，正如黄仁宇所说，道德代替技术是近代中国失败的根源，而没有发展出理性化的数字管理则是古代中国长期处于落后状态的重要原因。[⑦] 及至今天，我们的国家治理也面临一些问题，所以需要将技术引入治理过程，从而创造更好的社会秩序。那么何谓技术治理呢？这个问题目前尚无定论。普遍认为，技术治理不仅包括新技术成功嵌入现有治理体制的治理术[⑧]，还包括国家施加于个体之上的策略、技巧、程序和制度来实现国家对社会的控制与操作。[⑨] 当前，各个领域都可以发现技术嵌入治理实践过程中的影子，如在国家治理领域，任剑涛认为

---

① 《〈人类减贫的中国实践〉白皮书》，中国政府网，2021 年 4 月 6 日，http://www.gov.cn/zhengce/2021-04/06/content_5597952.htm。

② 任超、谢小芹：《论精准扶贫的技术治理》，《长白学刊》2018 年第 1 期。

③ 《陈云文稿选编（1949—1956 年）》，人民出版社，1982，第 39 页。

④ 李棉管：《技术难题、政治过程与文化结果——“瞄准偏差”的三种研究视角及其对中国“精准扶贫”的启示》，《社会学研究》2017 年第 1 期。

⑤ 沈费伟：《技术能否实现治理——精准扶贫视域下技术治理热的冷思考》，《中国农业大学学报》（社会科学版）2018 年第 5 期。

⑥ 马克斯·韦伯：《支配社会学》，康乐、简惠美译，广西师范大学出版社，2010。

⑦ 黄仁宇：《万历十五年》，生活·读书·新知三联书店，1997。

⑧ 黄晓春：《技术治理的运作机制研究：以上海市 L 街道一门式电子政务中心为案例》，《社会》2010 年第 4 期。

⑨ M. Foucault, *The Birth of Biopolitics: Lectures at the Collège De France, 1978-1979*, Palgrave Macmillan, 2010, p. 108.

技术革命为国家治理提供新的手段、新的预期、新的愿景、新的局面，从而促成国家治理的喜人局面[①]；在社会治理领域，韩志明认为区块链等信息技术是社会治理的重要支撑，其共识性、可信性以及共享性等技术特征，可以有效解决社会治理信息共享、信息安全和信任缺失等问题[②]；在市场治理领域，胡业飞等认为市场与社会主体应积极发挥自身数据管理能力，与政府供给的数据要素进行对接，匹配市场自身的劳动力、技术与资本要素，对公共数据资源进行开发，激发社会创新，从而实现新经济价值的创造。[③] 可见，国家、市场以及社会等领域均因技术的应用而凸显和潜含极大的效益，同理，将技术植入贫困治理中也能产生相同的效益，使得国家的愿景、方式以及指令清晰化，提升政府行政的效率，确保治贫的流程化、信息化以及网络化，实现贫困治理领域中国家与社会的良好互动。

农村扶贫开发需要一系列资源，应着重从全局出发，强调区域发展的优势互补，促进多种扶贫方式的有机结合，最大限度地配置扶贫资源。[④] 正所谓"资源下乡必然伴随着技术下乡，而技术治理就成为国家资源向下输出的主要治理模式"。[⑤] 参照技术治理的定义，技术镶嵌于贫困治理体制具有两层含义，一层是将特定技术加以运用形成一套集先进思维、规范化程序与标准化制度于一体的运行机制，可将复杂化的贫困治理任务，进行具体量化、打分评比，以便实现对基层基本情况的"全景敞视"[⑥] 式的了解和总体性控制[⑦]，如家庭联产承包责任制、包保责任制度、数据动态管理制度等以及搞经营、立军令状、指标化和做作业[⑧]

① 任剑涛：《曲突徙薪：技术革命与国家治理大变局》，《江苏社会科学》2020 年第 5 期。

② 韩志明：《从"互联网 +"到"区块链 +"：技术驱动社会治理的信息逻辑》，《行政论坛》2020 年第 4 期。

③ 胡业飞、孙华俊：《政府信息公开与数据开放的关联及治理逻辑辨析——基于"政府—市场—社会"关系变迁视角》，《中国行政管理》2021 年第 2 期。

④ 郑瑞强、王英：《精准扶贫政策初探》，《财政研究》2016 年第 2 期。

⑤ 渠敬东等：《从总体支配到技术治理——基于中国 30 年改革经验的社会学分析》，《中国社会科学》2009 年第 6 期。

⑥ 米歇尔・福柯：《规训与惩罚》，刘北成、杨远婴译，生活・读书・新知三联书店，1999，第 109 页。

⑦ 孙立平：《改革前后中国国家、民间统治精英及民众间互动关系的演变》，《中国社会科学季刊》（香港）1994 年第 1 期。

⑧ 任超、谢小芹：《论精准扶贫的技术治理》，《长白学刊》2018 年第 1 期。

等技术运转形式；另一层则是偏向工具性，即治理手段的技术化。有学者认为，传统自上而下反贫困治理模式，会因贫困数据失真、“信息黑箱”、信息不对称、被动救助等因素，造成贫困治理成效不佳①，而互联网、大数据、区块链等信息技术的应用，可以推动政府、市场与社会的多元协同帮扶②，可以助推对贫困治理对象的精准识别、扶贫资源的精准对接③、资源输送程序的全面监督④以及扶贫绩效的多方考核，塑造良好贫困治理环境，解决贫困治理难题，如贵州省为扶贫而设计的大数据扶贫云系统等。可见，技术应用于贫困治理能够在很大程度上摆脱人格化特征，简化扶贫程序，提高治理效率。回顾建党 100 年以来我国的扶贫史不难发现，从翻身解放、解决温饱、基本小康到全面小康，技术治理植入到不同时期农村基层社会实践过程中，呈现不同的表现形式，每种形式都发挥着不可或缺的作用。

在既往的研究中，已有学者按照自己的标准为建党 100 年来的扶贫战略与政策划分了阶段。例如，蒲实、袁威以马克思主义贫困与反贫困理论为视角，将扶贫划分为四个阶段：聚焦土地斗争推动反贫困阶段、计划经济体制下的广义反贫困阶段、常态化反贫困工作机制逐步建立阶段、决战脱贫攻坚确保全面建成小康社会阶段⑤；汪三贵、胡骏以追求的社会生活水平为依据，将扶贫划分为保障生存、体制改革、解决温饱、巩固温饱、全面小康五个阶段⑥；雷明等人则以扶贫政策为对象，将扶贫划分为救济式扶贫、改革开放以工代赈式扶贫、以县为中心区域式扶贫、“八七”扶贫攻坚、整村推进式扶贫、集中连片特困区式扶贫、精

---

① 季飞、杨康：《大数据驱动下的反贫困治理模式创新研究》，《中国行政管理》2017 年第 5 期。

② 秦立公、王清荣：《数字化技术支撑的广西精准扶贫网格化管理模式》，《社会科学家》2020 年第 4 期。

③ 徐京平、邢兰若：《精准扶贫的现实困境与治理逻辑——基于互联网 + 视角》，《经济问题探索》2021 年第 2 期。

④ 谢治菊、范飞：《区块链扶贫监管：优势、风险和路径展望》，《电子政务》2020 年第 10 期。

⑤ 蒲实、袁威：《中国共产党的百年反贫困历程及经验》，《行政管理改革》2021 年第 5 期。

⑥ 汪三贵、胡骏：《从生存到发展：新中国七十年反贫困的实践》，《农业经济问题》2020 年第 2 期。

准扶贫、深度扶贫八个阶段。[①] 这些划分阶段侧重点各有不同，其共同特征是把扶贫放在历史大背景中，极力追求特定阶段与历史宏观趋势的高度契合，却往往忽略了行政技术、工业技术、信息技术等在贫困治理过程中起到的关键作用。事实上，自 1921 年以来，工业革命驱动着生产力的提升，由此驱动着技术的变迁与政府治理的改革，经历了新中国成立初期工业化的行政技术、1990 年的政务电子化、2010 年政务移动化以及 2015 年以来的政务信息化的改革阶段。[②] 当然，不同技术变迁阶段，也会以不同的表征镶嵌在政府贫困治理过程中，释放出其潜在的价值。因此，结合其他学者关于扶贫阶段与技术在政府治理变迁阶段的划分，本章认为，将技术应用于贫困治理过程，可以划分为贫困治理的工业技术尝试阶段（1921～1949 年）、贫困治理的工业技术发展阶段（1949～1986 年）、贫困治理的信息技术应用阶段（1986～2021 年）。

## 第二节　技术变迁下的贫困治理历程

人类社会的演进，历经了使用石器工具的狩猎社会、以铁器与农耕技术为主的农业社会、蒸汽机催生的工业社会、电子化的信息社会以及以大数据、人工智能为代表的超级智能社会[③]五个阶段。第一阶段，石器、骨器工具的制造和火的使用，推动了人类向狩猎社会转变；第二阶段，铁犁、铁铲等工具的出现，使人类步入作为食物生产者的农业社会；第三阶段，蒸汽机、内燃机的发明，机器生产方式取代了传统手工业生产，推动了农业社会向工业社会转变；第四阶段，计算机、互联网的出现，推动了工业社会向信息社会转变；第五阶段，大数据、区块链、人工智能、类脑计算、虚拟现实等技术的快速发展，促进物理空间与虚拟

① 雷明、李浩、邹培：《小康路上一个也不能少：新中国扶贫七十年史纲（1949—2019）——基于战略与政策演变分析》，《西北师大学报》（社会科学版）2020 年第 1 期。

② 孟天广：《政府数字化转型的要素、机制与路径——兼论“技术赋能”与“技术赋权”的双向驱动》，《治理研究》2021 年第 1 期。

③ 日本日立东大实验室：《社会 5.0：以人为中心的超级智能社会》，沈丁心译，机械工业出版社，2020，第 27～31 页。

空间高度融合，推动了数据、信息、知识之间的快速转换，从而实现了信息社会向超智能社会的转变。这说明，技术一直以某种显现或隐藏的强力方式或形态，推动着社会的变迁，逐渐制造出维持社会秩序的“利维坦”，从而保证人们的正常生活与生产。[①] 如今，技术以肉眼可见的速度迭代升级，生产力在极大推动社会向前发展的同时，也引发了新的危机。正如马克思所说：“机器具有减少人类劳动和使劳动更有成效的神奇力量，然而却引起了饥饿和过度的疲劳，财富的新源泉，由于某种奇怪的、不可思议的魔力而变成贫困的源泉。”[②] 本着因技术产生的问题应由技术予以解决的原则，一直以来，我国的贫困治理都与技术变迁有着千丝万缕的联系。

1. 贫困治理的工业技术尝试阶段（1921～1949 年）

1921 年 7 月中国共产党成立后，以毛泽东同志为核心的第一代中央领导集体，领导中国人民进行土地革命，推翻了压在人民身上的三座大山，即帝国主义、封建主义和官僚资本主义，最终取得了新民主主义革命的胜利，建立了新中国，使农民翻身做主人，实现了民族独立和人民解放，为中国摆脱贫困创造了根本政治条件。最开始，当时先进分子都看到了解决土地问题是摆脱贫困的基础，而在如何解决旧中国土地问题上产生了分歧，争论的议题主要是围绕技术中心论与生产关系影响论两方面展开。1877～1933 年，中国工业产值处于平稳上升阶段[③]，因此，持技术中心论观点的先进分子，普遍坚信中国的土地问题，不是因为地主土地所有制，而在于不能应用科学知识去破除天然的障碍，以发挥土地最大的价值。[④] 他们认为，农民大多生长在封建制与宗法制农村环境中，知识浅陋和迷信守旧，不懂用机器耕种，生产不能进步。更甚的是，他们提出，处于封建经济制度下的中国由于农业与手工业占主流，而大工业发展程度不足，无法将技术、劳动力、原料、便宜的地价与丰富的天然资源相结合，无法吸引先进国的投资来发展国民经济，从而无法改

---

① 霍布斯：《利维坦》，黎思复、黎廷弼译，商务印书馆，1985，第 1～3 页。

② 《马克思恩格斯选集》第 1 卷，人民出版社，1995，第 775 页。

③ 管汉晖、刘冲、辛星：《中国的工业化：过去与现在（1887—2017）》，《经济学报》2020 年第 3 期。

④ 龙鼎：《解决土地问题的讨论》，《革命评论》第 13 期，1928 年 7 月。

变国家落后与国民贫困的现状。[①] 然而，以上论断站不住脚，因为其没有站在中国历史因素与当时国情的角度来思考，此时抗日战争和国内战争使得工业发展缺乏稳定的政治环境，工业生产能力受到破坏，如1933~1949年，中国工业产值迅速下降到原先的1/5；另外也并未置身于农民问题的内部来思考解决农民问题。20世纪30~40年代，毛泽东同志进行了大量的农村社会调查，对当时农村现实状况进行分析，他清晰地发现，当时农民问题并非对于技术的掌握程度不够，而更多来源于封建主义的超级剥削，如地主压迫、师傅制度以及帮行等。正是这些剥削和宰割，使中国农民处于不可持续的农业恐慌和普遍的贫困之中，要改变这种境遇，只有进行革命。通过革命，一来可以消灭农村中超经济剥削性质的生产关系，将土地归生产者来支配；二来可以推翻帝国主义与官僚资本主义，建立稳定政权，为工业技术带动国民经济提升奠定基础。为此，以毛泽东同志为核心的第一代中央领导集体，把实现农民翻身解放作为革命的基本目标，领导人民进行土地革命、实行“耕者有其田”，推翻了帝国主义、封建主义和官僚资本主义的反动统治，取得新民主主义革命的胜利，建立了新中国，为中国摆脱贫穷落后、实现繁荣富强扫清了障碍、创造了根本政治条件。

2. 贫困治理的工业技术发展阶段（1949~1986年）

1949年10月1日，新中国成立，中国共产党通过高度集权的政治经济体制，进行大规模社会主义建设，推翻了封建土地制度，破除了持续几千年的贫困根源，完成了土地所有制变更，积累了深入推进反贫困的物质基础。[②] 然而，此时工业发展极度不平衡，仅占12%国土面积的东部地区却拥有全国70%的工业产值。西方国家对中国实施的长期禁运把中国经济与国际市场相隔离，再加上自然灾害频发，我国农业农村发展水平总体低下，大工业基础极其薄弱，粮食紧缺问题严重，贫困和落后成为新中国成立后亟须解决的重大问题。中国共产党深入分析当时中国贫困根源后指出，要将大力发展工业与完善制度相结合，一方面走独立

① 严灵峰：《中国是资本主义的经济，还是封建制度的经济？》，《动力》第1卷第1期，1930年7月。

② 蒲实、袁威：《中国共产党的百年反贫困历程及经验》，《行政管理改革》2021年第5期。

自主的工业化道路，将中国从落后的农业国建设成为一个先进的工业国最终通过工业反哺农业，实现四个现代化，进而消除中国的贫困。只有顺利实现工业化，才能解放生产力，将中国建设成为社会主义工业化强国，才能真正地带领中国人民特别是农民群众实现反贫困的战略目标，最终实现“共同富裕”，使全体农民达到中农和中农以上的生活水平。另一方面，技术能够推动新制度的建立，制度则是技术的呈现与表达。[①]通过农业和手工业合作社让农民联合起来，提高生产效率，在农村中消灭富农经济制度和个体经济制度，使全体农村人民共同富裕起来。除了推行发展经济的一些策略，为保障特殊人群的利益，国家大办农村教育和合作医疗，探索建立以集体经济为基础、以“五保”制度[②]和特困群体救济为主干的农村初级社会保障体系。改革开放初期，面对中国农村贫困人口基数大、贫困发生率高的严峻形势，以邓小平同志为核心的第二代中央领导集体，作出“贫穷不是社会主义，社会主义要消灭贫穷”的重要论断，提出到20世纪末人民生活达到小康水平的目标，制定了“三步走”发展战略[③]，提出“两个大局”的战略构想，实施一系列农业农村重大改革，从国家层面开展大规模、有计划、有组织的扶贫开发。在农村实施以家庭联产承包为主的生产责任制和统分结合的双层经营体制，理顺了农村最基本的生产关系，调动了农民生产积极性，使农业生产迅速扭转了长期徘徊不前的局面。实施农产品流通体制改革，大力发展乡镇企业，促进了农民整体收入水平提高。随着中国经济的快速发展与改革开放的到来，民众的经济实力得到较大提升，国力也极大增强，中国正式步入常态化脱贫阶段，从1986年开始，扶贫开发被正式确立为国家战略，国家确立了开发扶贫的总方针，并确定了国家重点扶贫县，

---

① 韩志明：《治理技术及其运作逻辑——理解国家治理的技术维度》，《社会科学》2020年第10期。

② 《1956年到1967年全国农业发展纲要》明确提出，农业合作社对于社内缺乏劳动力、生活没有依靠的鳏寡孤独的社员，在生活上给予适当照顾，做到保吃、保穿、保烧（燃料）、保教（儿童和少年）、保葬，使他们的生养死葬都有指靠。

③ 党的十三大提出，党的十一届三中全会以后，中国经济建设的战略部署大体分三步走。第一步，实现国民生产总值比1980年翻一番，解决人民的温饱问题。第二步，到20世纪末，使国民生产总值再增长一倍，人民生活达到小康水平。第三步，到21世纪中叶，人均国民生产总值达到中等发达国家水平，人民生活比较富裕，基本实现现代化。

国务院设立国务院贫困地区经济开发领导小组，并设立日常工作办公室（简称“扶贫办”）；后来，随着分税制改革的推进和农业税的取消，中央转移支付能力开始增强，国家扶贫开发逐步拓展治理维度，由最开始以区域为贫困治理对象转为整村推进，参与扶贫的主体也拓展到社会、市场以及民众。这阶段的贫困治理，多方资源如何整合、输送以及匹配成为亟须解决的棘手问题，而此时，恰逢第三次工业革命浪潮袭来，政务电子化、移动化、智能化的逐渐演进，为该问题的解决提供了一定的契机。

3. 贫困治理的信息技术应用阶段（1986～2021 年）

随着扶贫开发的深化、细化，经历了无区域扶贫、综合性扶贫攻坚、“两轮驱动”扶贫以及脱贫攻坚阶段，贫困治理对象从以往的全区域扶贫、贫困县、贫困村，再到脱贫攻坚时期的贫困户，扶贫正从粗放式逐渐转换为精细化，2013 年精准扶贫成为贫困治理的重要准则。2015 年《中共中央国务院关于打赢脱贫攻坚战的决定》指出：“坚持精准扶贫，提高扶贫成效。扶贫开发贵在精准，重在精准，必须解决好扶持谁、谁来扶、怎么扶的问题，做到扶真贫、真扶贫、真脱贫，切实提高扶贫成果可持续性，让贫困人口有更多的获得感。”为使扶贫达到精准的境界，除了人性化制度安排，还需要非人格化的技术介入，从而使扶贫固有模糊、非理性的社会问题化约为清晰、理性的社会秩序。精准扶贫通过精准识别、精准监管、精准匹配等一套操作程序，将那些低于贫困线的贫困户识别出来，把这些贫困户纳入贫困名单[①]，然后将扶贫资源输送给这些测定出来的贫困户，最终让这些贫困户脱贫致富。进入 21 世纪以后，以大数据为代表的新技术成为新时代政府治理变革的深刻动因，通信和信息储存技术水平的提升，更是强化了行政力量监控社会的实际能力[②]，将新技术嵌入扶贫过程中，其一，能够较快地对“贫困”进行界定。一般来说，农村并不存在精确的信息，有关资产、牲口、土地、家庭成员等方面的信息即使存在，界定者也具有很大的主观性。因此，将

① 谢治菊、范飞：《大数据驱动民生监察的价值、逻辑与图景——以“T 县民生监察大数据平台”为例》，《中国行政管理》2020 年第 12 期。

② 安东尼·吉登斯：《民族—国家与暴力》，胡宗泽等译，生活·读书·新知三联书店，1998，第 214 页。

复杂的贫困信息进行表格化处理，以技术手段解决信息模糊的问题，成为扶贫工作考虑的重要手段。其二，扶贫资源的精准匹配。通过大数据、区块链技术将实际的扶贫资源进行程序编码，然后通过匹配贫困户数据库与扶贫数据库，使二者数据达到相应的阈值，便可实现自动化资源匹配，减少人格化操作，减少贪污的存在。其三，扶贫过程的精准监管。利用区块链的多中心化与透明化的特征，相关主管部门、业务部门、审计监察部门、社会公众等多元主体，都可以成为区块链条上的网络节点，通过区块链的分布式账本，实时、深度查看与追踪职能部门权力运行痕迹、扶贫资金的使用明细及扶贫项目的运行情况。通过分布式账本技术实现信息保真（信息源的真实、信息传播和信息更改的保真），进而获得参与主体、参与节点的信任，实现平权理念，这能改变帮扶方过去对资金使用的不信任问题，利用被帮扶机构重视信誉进而获得持续帮扶的心态，以技术的刚性创造双方的信任关系。

2021 年 2 月 21 日，《中共中央国务院关于全面推进乡村振兴加快农业农村现代化的意见》明确指出，力争 2021 年启动实施农业农村现代化规划，实现脱贫攻坚政策体系和工作机制同乡村振兴有效衔接、平稳过渡。力争到 2025 年农业农村现代化取得重要进展，现代乡村产业体系基本形成。加快推进农业农村现代化，就是要实现农业产业体系、生产体系、经营体系、营销体系的现代化。这就要求引入大数据、区块链、人工智能等新技术，开展数字下乡，推行智慧农业。

综上，一直以来，技术都以它不同的助推形式参与中国的贫困治理，工业技术提升了国家整体实力，家庭联产承包责任制等制度作为技术的一方面，提升了农民的经济水平。随着国家实力的增强、社会发展水平的提升、民众生活的改善，国家开始自上而下对农村进行反哺，以往对农村资源的汲取型政策转变为给予型政策。此时，要使资源给予更为规范化、专业化、系统化，则需要人工智能、区块链等最新的技术来介入。

## 第三节　技术变迁驱动贫困治理关系重塑

进入智能时代，随着大数据、区块链、物联网以及人工智能等技术快速发展与应用，人类社会可被收集、记录的数据量呈爆炸式增长，海量、结构化、非结构化数据的动态采集、实时储存、即时分析成为可能，数据渗透至社会的各个领域、各个主体、各个方面，成为一种无形的创新驱动力。① 技术的掌握程度与数据治理能力影响政府对社会的掌控能力，相反，也增强了社会对政府的监督能力。贫困治理是国家治理体系的重要组成部分，成败与否，直接影响着国家治理现代化的程度。因此，技术变迁的过程，也是对贫困治理主体、对象、手段以及结构进行重塑的过程（见图 2－1）。

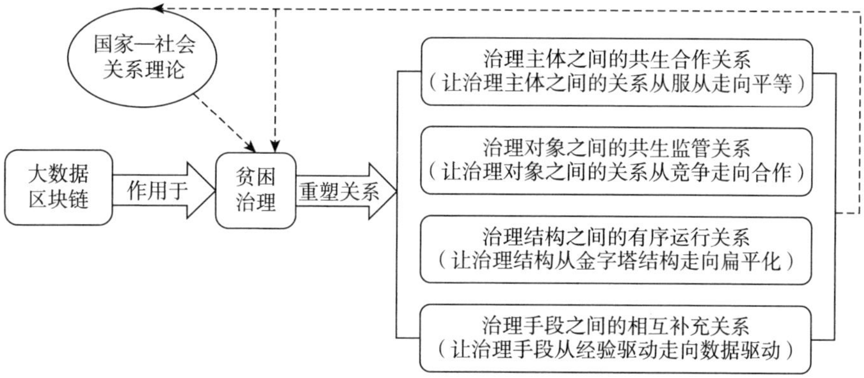


**图 2－1　技术变迁与贫困治理关系的重塑**

## 一　贫困治理主体由单一化向多元化转变

在常规化扶贫开发阶段，贫困治理主体单一，一般情况下由政府进行扶贫资源的输送，而社会等其他主体由于自身力量薄弱，参与力度不足，很难形成合力。随着市场化的推进，国民经济得以持续增长，社会、市场以及公众等主体开始参与到扶贫开发大格局中来，“合力”虽已产生，却远远不够。因为，一方面，政府各部门之间存在信息壁垒，各主体的数据没有实现充分共享，难以调动社会和市场的数据，使得政府很难整合扶贫数据为贫困治理服务；另一方面，政府、市场、社会、公众等多元扶贫主体之间缺乏有效协作机制，仍然会存在以政府为主，其他主体动员不足的情况。大数据、区块链等技术的介入，能为各贫困治理

① 刘泽、陈升：《大数据驱动下的政府治理机制研究——基于 2020 年后精准扶贫领域的返贫阻断分析》，《重庆大学学报》（社会科学版）2020 年第 5 期。

主体提供参与的渠道，充分调动其参与积极性，形成多元化贫困治理格局。具体来说，从政府内部来看，可以将大数据与区块链相结合，开发一个具有多中心化、能进行数据分析等特征功能的贫困信息管理系统，如此一来，政府各个部门便可实现数据共享、交互，实现政策衔接。比如“云上贵州”就是一个采用区块链多中心化思维搭建的大数据系统，截至2017年底，“云上贵州”平台横向互通65个省直部门，纵向贯通9个市州，完成了20朵云、72个应用系统以及108家网站数据交换①，与扶贫相关的省级部门和市（州）政府各个应用系统在该平台上汇聚，各个部门与扶贫部门均可以在同一个数据池里获取数据，进行跨部门数据交互，从而消除了部门间信息壁垒，实现了政府内部资源的调用。从政府外部来看，社会、市场企业、爱心民众等主体，可以通过大数据系统了解贫困地区、贫困对象的需求，精准对贫困村、贫困户进行智能匹配、资源对接及后续服务，这扩大了扶贫资源的动员范围。当然，也可以通过大数据系统对政府行政行为进行监督，推进政府部门公开信息，从而实现全面扶、多主体帮的贫困治理主体新模式。

## 二 贫困治理对象由“瞄不准”向“瞄精准”转变

自扶贫工作开展以来，国家不断缩小帮扶的实施单位，从最初的区域扶贫，到后来的县域扶贫，再到现在的村域扶贫、户域扶贫，贫困治理对象范围不断缩小，扶贫资源的输送要求越发严格。然而，由于存在各种人格化的影响因素，实践中的贫困治理对象有瞄准偏差。一方面，无论是以往的区域扶贫还是现如今的户域扶贫，财产分布情况、致贫原因、贫困标准等信息，都很难精确地统计出来，基层政府又没有足够的资金请第三方专业机构进行统计，从而导致原始数据不精准；另一方面，由于存在扶贫压力体制、行政指标等因素，在资源下发过程中，容易出现行政偏差，具体表现在地方政府为提升政绩，并未识别真正贫困村，另外，基层干部在贫困识别上，“帮亲而不帮弱”的现象时有发生。为提高贫困治理的精准性、资源匹配的精准性，需引入新技术进行辅助，

① 周雅颂：《数字政府建设：现状、困境及对策——以“云上贵州”政务数据平台为例》，《云南行政学院学报》2019年第2期。

从而提升信息识别的能力，弱化贫困治理的人格化特征，使扶贫资源的输送更加合理公正。为此，可以针对贫困治理对象识别偏差的痛点，借助大数据支撑平台，对接公安、卫生、教育、人社、民政等部门和单位相关数据；实现基层数据与国家部委数据交换互通，进行数据比对和综合评估，减少人为因素干扰，精准识别贫困对象；利用大数据分析技术，对民众的致贫原因、财产状况以及致贫风险等数据进行分析，筛选出符合贫困标准的民众，并为他们设立跟踪机制，动态监测贫困变化，降低返贫率的比重；最后，针对常规化的扶贫项目、扶贫资金，可先制定相应的发放规则，将其部署在区块链的智能合约上，自动将资源发放到对应的贫困对象手中，避免了基层人格化偏私现象的发生。综上，将新技术应用于贫困治理过程，可以精准识别贫困治理对象，从而构建脱贫退出、返贫预警以及返贫阻断的信息化动态精准管理机制，切实改变以往传统贫困治理“瞄不准”的现象。

### 三 贫困治理手段由经验向数据驱动转变

传统贫困治理方式以主观经验决策为主，一方面政府部门决策者长久以来习惯基于主观判断与历史经验进行决策，这样一来，政策在执行过程中，容易执行领导者偏好的决策，从而导致没办法精准识别把握致贫原因和无法把握脱贫的进度与状况；另一方面，政府部门的数据没有进行高度整合，无法对海量的数据进行分析，没有发现数据潜在的价值，从而没有作出符合实际的决策，造成资源的浪费。以大数据为代表的新技术的运用，能够提高政府的数据使用能力，驱动政府经验决策的转变，一方面，大数据能够精准刻画返贫人口的致贫原因，包括因病、因残、因学、因灾、缺土地、缺水、缺技术、缺劳力、缺资金、交通条件落后、自身发展动力不足等，通过致贫原因分析，协助制定精准的扶贫措施。此外，大数据能让我们动态准确掌握扶贫项目的效益和发挥作用的情况，以便及时调整政策，避免项目失误和资金浪费。另一方面，大数据能让资源配置更加精准，通过采集整合扶贫数据，在运用大数据技术分析比对、综合评估基础上进行分析决策，因人因地精准施策，精准选择最佳帮扶方式；针对每个贫困村致贫的不同情况选派不同帮扶责任人；分析贫困户的能力需求，精准发展林业、牧业、养殖业、种植业等项目。动态采集、整合、分析扶贫政策的整体落实状况数据，动态化配置扶贫资源，从而保证扶贫政策措施和扶贫资源使用的效率与效益。贵州省针对扶贫开发的新特征和新问题，积极搭建大数据“扶贫云”平台，针对不同贫困程度和类型贫困户实现差异化精准帮扶、动态化科学管理和社会扶贫资源的精准化配置。在技术驱动决策能力提高的同时，也应该建立动态项目库，如改善群众生活生产条件、支持社会事业发展、发展特色优势产业以及支持基层组织及政权建设等项目，所有项目申报、资金拨付、项目跟踪以及智能审批等操作程序均在该模块实现，方便政府管理。

## 四 贫困治理结构由金字塔式向扁平化式转变

马克斯·韦伯认为，从纯技术的角度看，官僚制是最高效的组织形式。[①] 在实践过程中，由于存在条块分割壁垒、规章冗繁、程序严苛等问题，官僚制变得僵硬和效率低下。在传统社会结构中，政府与社会的关系由少数人掌控，“少数人掌握多数人的权力，且外来人很难在这个结构中发出声音”。随着信息技术的崛起，数字通信技术和网络实现了信息存储、处理以及传输的数字化，极大降低了组织内部的协调成本，原有科层式治理结构受到冲击，从根本上改变了政府的组织结构。正如拉塞尔·M. 林登（Russell M. Linden）提出“无缝隙政府”的概念，其认为利用信息技术将“串联式”业务流程变成“直接面向公众”的“并联式”业务流程，政府效率就会大大提升。[②] 区块链的分布式网络特征，正在使工业社会强结构、强标准、强控制的“中心化社会结构”，变成弱控制、扁平化、网络化的“多中心社会结构”。因此，将以区块链为代表的新技术应用于贫困治理过程，链上可公开项目的进展计划、资金发放情况以及批复情况等均应实时更新，相关部门和人员可登录系统实时查看，起到共同监督的作用，使贫困治理结构更加透明化、多元化和平等化。而从政府与社会关系角度看，区块链技术赋能作用将会彰显，能解决传统金字塔治理结构的问题，因为，一方面，向社会、市场、爱

① 《马克斯·韦伯社会学文集》，阎克文译，人民出版社，2010，第 188 页。

② 拉塞尔·M. 林登：《无缝隙政府——公共部门再造指南》，汪大海、吴群芳等译，中国人民大学出版社，2002，第 18 页。

心人士以及非正式组织等多元化主体赋能，使其更容易主动参与到贫困政策议程和扶贫资源输送中来，而不仅是被动者、旁观者和接受者；另一方面，向政府赋能，政府决策和行为在受到更多制约、监督的同时，区块链的多中心化，使得政府管理幅度增加，压缩中间层级冗余，实现组织扁平化、弹性化和透明化，科层制从横向业务流程上，真正实现"面向公众"的"一站式服务"，这都会使贫困治理主体的运作效率和回应公众诉求的能力大大提升。

## 第四节　技术变迁驱动贫困治理的未来

技术的变迁，推动了中国经济发展，也推动了社会结构的转变，使得中国共产党不同历史时期的贫困治理活动呈现不同的特征。与以往专注于宏观层面上国家总体实力提升不同的是，步入智能时代的贫困治理，则更关注中微观层面上的治理运行效率的提升，在一定程度上重塑了贫困治理关系。然而，在现实中，新技术嵌入贫困治理的成效，仍有较大的提升空间。

一是村民信息贫困导致参与度不足。一直以来，国家扶贫资源自上而下给予农村时，农民经常处于被动接受状态，不能甄别、汲取适合自身发展的资源，这是因为农民大多生活在信息基础建设薄弱的山区，缺乏获取外界信息与知识的渠道，获取信息的范围和深度不足，进而引起他们在政治、社会、经济方面参与度不足，导致话语权缺失。而贫困治理是政府、市场与农民互动的过程，村民自身信息化能力强弱，决定自身是否能最大化利用政府资源发展自己，决定自身是否能够共享数字红利。因此，需要构建以政府为主导，联合学校、科研院所、企业等主体的合作模式，共同对村民进行信息技术的宣传、培训，增强农民的数字内生动力。

二是技术变迁没有真正促进扶贫大格局的形成。我国政府与社会组织等主体存在一定的依赖与控制关系，一方面，政府赋予社会组织参与扶贫活动的合法性，提供合理的制度保障，但在扶贫过程中，有些地方政府利用行政化手段控制社会组织帮助其完成"政治任务"，使得社会组织资源不能输送到真正需要它的地方。[①] 这些问题的根源在于，政府主导扶贫主体/客体结构、规模数据的收集、挖掘、分析，却在实际贫困治理过程中未完全公开贫困实际数据，进而使社会组织等主体无法获得足够的信息资源，导致社会组织成为贫困治理的博弈工具。另一方面，有些企业之所以参与扶贫，只是为了获得扶贫资金、税收优惠以及低利率贷款政策。这样，扶贫无法形成真正的合力，也无法真正达成多元治贫格局。

三是基层工作人员新技术运用程度不足。基层是党和政府联系群众、服务群众的最前线，也是贫困治理的最前线，基层工作人员对大数据等新技术的运用程度，在较大程度上决定了贫困治理的效率。然而，在扶贫实践中，基层工作人员仅负责数据录入、收集、汇总等工作，并未完全发挥出大数据等新技术的功能优势，以致他们在贫困治理前线，进行识别贫困对象、资源落实、返贫监测等工作时，纯靠自身经验，从而导致资源瞄准偏差、工作费力却无效的现象发生。由于存在以上因素，新技术在贫困治理中的运用未能达到理想的状态，但它已经在一定程度上重塑了贫困治理关系，对贫困治理起到了很大的推动作用，相信其也一定会对接下来的脱贫攻坚成果巩固与乡村振兴的实现起到同样的作用。

从 2021 年 3 月 22 日发布的《中共中央国务院关于实现巩固拓展脱贫攻坚成果同乡村振兴有效衔接的意见》中可知，脱贫攻坚与乡村振兴有效衔接有两个关键点：一是巩固拓展脱贫攻坚成果；二是加快推动农业农村现代化。而要实现这两个关键点，以往贫困治理的技术应用经验与大数据、区块链、物联网等新技术仍大有可为，具体表现为以下几方面。

一是在巩固拓展脱贫攻坚成果层面，需要健全防止返贫动态监测和帮扶机制，通过对精准扶贫阶段的大数据扶贫系统进行适时的升级和完善，实现各部门之间的数据共享与交互，新增返贫风险监测子系统，将脱贫不稳定户、边缘易致贫户的收支情况纳入系统，进行动态管理、重点监测，一旦出现返贫，就可通过数据分析出致贫原因，从而采取精准帮扶。

---

① 季飞、杨康：《大数据驱动下的反贫困治理模式创新研究》，《中国行政管理》2017 年第 5 期。

二是需要加强扶贫项目资产管理和监督，利用区块链技术对各类扶贫项目进行管理，对扶贫资产的涉及方按利益划分群体，依据区块链的多中心化、信息共享的特点，让多部门同时进行扶贫资产登记造册，资产信息上链，如此一来，可使监管部门和不同利益群体之间的监管链和资产信息链实现跨链整合和信息互信，起到相互制衡、相互监督的作用，在资产状况发生变化时，各方自觉提交信息和证据，资产信息链与监管链自动识别、比对以及稽查，从而明确资金的来源和使用情况，确保扶贫资产的产权、责任、利益的清晰化。

三是探索推动农业农村现代化的关键技术支撑。中国乡村传统业态以农业生产为主导，随着现代信息技术的发展，乡村呈现多元产业并存的样态。[①] 数字乡村治理亟须根据新形势、新情况、新变化重建新业态，从而促进乡村产业振兴：一方面，发展“大数据 + 物联网 + 现代生物技术”的智慧农业，现代生物技术能生产出最高产量且绿色的农产品，通过“大数据 + 物联网”可以实时监测农产品的生长情况以及进行温度的调节，并且能够对每一种农产品的播种、生长、成熟以及转运过程进行追溯，生产出来的农产品能够让消费者放心，价格也能得到提升，如此一来，能够带动整个乡村的经济发展；另一方面，推动电商赋能乡村增收，通过打造电商平台，建立“农户 + 企业 + 市场 + 电商”的乡村商业运行模式，培养乡村农民直播带货、运营微商等能力，拓展农村产品的销售渠道，同时，也将不同乡村的特色产品通过互联网传播出去，增强乡村文化的溢出效应，从而提升乡村的总体收入。

① 吴业苗：《乡村业态演变与共享新业态建构》，《天府新论》2019 年第 3 期。

# 第三章　精准扶贫中的大数据驱动

从性质来看，精准扶贫的首要标准就是“识别精准”，即按照统一的标准，通过规范的方法和流程，对贫困群体的基本状况、致贫原因和帮扶需求进行精确瞄准的过程。但受识别指标单一、标准不统一，以及民主评议中的情感倾向、建档立卡中的造假行为、数据统计中的信息壁垒等因素的影响，识别不精准的情况时有发生。识别不精准也被称作“瞄准偏差”，这在全世界都是一个极富挑战性的议题，粗略来讲，识别不精准包括“应保未保”的排斥性偏差和“不保却保”的内含性偏差。[①] 无论是哪种偏差，大数据在其中发挥的作用都不可小觑。

## 第一节　大数据驱动贫困治理的缘起

经过40多年的努力，中国农村贫困人口已实现全脱贫，扶贫工作成效显著。但与此同时，扶贫成效的边际效益日益递减，扶贫工作的瓶颈越来越明显，急需新的模式来提升扶贫的效益。为此，自2012年以来，以“扶持对象精准、项目安排精准、资金使用精准、措施到户精准、因村派人精准、脱贫成效精准”为核心要义的精准扶贫应运而生。因其数据化、动态化与网格化等特点，而与大数据高度契合。自2015年《促进大数据发展行动纲要》发布以来，各地政府纷纷意识到精准脱贫的可行路径之一就是运用大数据开展扶贫。同年，习近平总书记提出了要充分发挥数据精准定位、守护民生的应用价值，用数据重新诠释精准扶贫理念。此后，甘肃省在全国率先开始探索建设精准扶贫大数据管理平台，贵州、四川、广东、广西等地相继开始将大数据技术应用于贫困治理之

---

① R. Walker, *Social Security and Welfare: Concepts and Comparisons*, Maindenhead: Open University Press, 2005, p. 200.

中，构建“大数据”精准扶贫应用平台。[①] 何谓大数据？维克托·迈尔－舍恩伯格与肯尼思·库克耶认为：“大数据是一种符合科技发展的日新月异的时代潮流，它最终目的主要是通过对所采集的巨量数据库数据进行相对应的软硬件分析、处理，以便获得具有巨大价值的产品信息、服务信息或更为深刻的洞见。”[②] 作为数据服务的有效工具，大数据对公共管理的冲击是巨大的，不仅会带来管理思维、管理对象、管理结构、管理效能的变革，也会使公共管理彻底革新。[③] 具体到扶贫领域，大数据能够揭示传统技术方式难以展现的关联关系，建立“用数据说话、用数据决策、用数据管理、用数据创新”的管理机制，实现基于数据的精准扶贫决策，推动构建精准扶贫工作长效机制，为科学扶贫奠定坚实基础。[④] 正因为大数据在精准扶贫中具有如此重要的作用，近年来，学界已对此展开了一定的讨论，这些讨论主要集中在实践层面，且以报刊上的新闻居多，学术层面的探讨屈指可数。尽管如此，莫光辉的《大数据在精准扶贫过程中的应用及实践创新》与任亚杰等的《大数据时代精准扶贫实践探析》还是为本书提供了重要的思路。前者认为，传统扶贫开发模式正面临技术落后难以开展有效的精准扶贫信息比对分析、数据失真难以形成有效的精准扶贫治理参考、资源分散难以产生精准扶贫的整体性治理成效等发展困境，需要从大数据技术与精准扶贫有机结合的视角来探讨精准扶贫绩效提升机制。[⑤] 后者则指出，大数据更有利于实现扶贫中的“精准识别、精准帮扶、精准管理、精准考核”。[⑥] 当然，作为大数据扶贫的示范区，贵州贵安新区搭建的基于大数据及 GIS 的精准扶贫“1 + N + 8”云平台也对本书有重要的启示。所谓“1”指的是 1 个空间地理信息大数据平台，“N”指的是包括教育、易地搬迁、农旅综合体等各类专题在内的 N 个分析模块，“8”即八个精准：对象识别要精准、措施到

① 莫光辉：《精准扶贫：中国扶贫开发模式的内生变革与治理突破》，《中国特色社会主义研究》2016 年第 2 期。

② 维克托·迈尔－舍恩伯格、肯尼思·库克耶：《大数据时代——生活、工作与思维的大变革》，盛杨燕、周涛译，浙江人民出版社，2013，第 4 页。

③ 胡键：《大数据与公共管理变革》，《行政论坛》2016 年第 6 期。

④ 王茜：《关于运用大数据助推精准扶贫的提案》，《中国科技产业》2016 年第 4 期。

⑤ 莫光辉：《大数据在精准扶贫过程中的应用及实践创新》，《求实》2016 年第 10 期。

⑥ 任亚杰等：《大数据时代精准扶贫实践探析》，《大连民族大学学报》2016 年第 6 期。

户要精准、项目安排要精准、资金管理要精准、退出机制要精准、干部选派要精准、考核评价要精准、督促检查要精准。[①] 不管大数据推动的扶贫是“四个精准”还是“八个精准”，均传递出这样的信息：大数据对提升精准扶贫的成效具有十分重要的意义，能贯穿“识别—决策—匹配—帮扶—管控—服务—退出”的全过程。大数据不仅能对扶贫对象实现信息管理、能与民政部门实现信息对接、能对扶贫过程进行全方位监管，还能精准施策与动态管理。作为全国贫困人口最多的省份以及国家级大数据中心，一方面，参照现有的农村贫困线标准，2015 年贵州的贫困人口为 493 万人，占全国的 8.57%，居全国第一，全省 88 个县（市、区）贫困发生率在 10% 以上的有 61 个[②]；另一方面，贵州尤其是贵安新区汇聚了众多世界知名企业和公司，已建立起区域性的“大数据精准扶贫运营管理云平台”，而根据《贵州省大数据产业发展应用规划纲要（2014—2020 年）》，到 2020 年，贵州省大数据带动相关产业规模达到 4500 亿元，以大数据引领和支撑贵州经济社会转型发展，将成为重要议题。[③] 但大数据技术在精准扶贫领域的效能亟须进一步开发。在此背景下，以贵州省为重点，探讨农村精准扶贫领域的大数据思维，有利于为大数据在全国精准扶贫中的运用提供经验与决策参考。

## 第二节　大数据驱动精准扶贫的逻辑

在大数据背景下，扶贫也逐渐走向数据化、精准化与个性化。与传统背景下的扶贫相比，大数据有利于构建区域联网的贫困信息库、强化贫困问题的科学分析、建立扶贫管理的动态机制、完善贫困评估的数据支撑。[④] 大数据对精准扶贫的最大影响在于其可以通过建立扶贫信息系

① 曾洁、贺书：《基于大数据及 GIS 的贵安新区精准扶贫“1 + N + 8”云平台设计与分析》，《智能计算机与应用》2016 年第 4 期。

② 姚东：《贵州省共有 66 个贫困县 去年贫困人口有 493 万》，《贵州都市报》2016 年 10 月 12 日。

③ 岳振：《大数据、大扶贫推动贵州新跨越》，《当代贵州》2015 年第 44 期。

④ 莫光辉、张玉雪：《大数据背景下的精准扶贫模式创新路径——精准扶贫绩效提升机制系列研究之十》，《理论与改革》2017 年第 1 期。

统，平衡扶贫中的供需关系，做到精准识别、精准帮扶、精准管理与精准脱贫。

## 一　大数据对贫困人口的识别更准确

大数据是对复杂系统的一种把握工具，运用大数据来把握社会经济的复杂系统，有助于贫困区域找到最适合自己特殊情况的发展方式，促进该地区长远、持续和平衡发展。[①] 传统的扶贫对象识别是按照“县为单位、规模控制、分级负责、精准识别、动态管理”的原则，以民主评议、建档立卡为方式，经过群众评议、入户调查、公示公告、抽查检验、信息入库等工作程序来完成的，传统方式有两个明显的不足：一是民主评议带有明显的情感倾向，评议出的贫困人口与科学方法评估出的贫困人口可能有差异，二是建卡过程中存在不足。这就需要运用大数据来优化民主评议机制，使贫困人口的识别更加科学与透明。之所以认为大数据能更精准地识别贫困人口，首先是因为大数据能动态掌握贫困人口情况。目前，我国对贫困人口的认定实行的是绝对贫困线标准，也就是对物价指数、生活指数等作出综合分析以后得出的贫困线，这条线是动态变化的，从 1986 年的 206 元到 2010 年的 1274 元再到 2015 的 2800 元。[②] 但是，由于农村家庭收入构成比较复杂且难以核算，按前述标准不能有效筛选出真正的贫困户。有了大数据之后，贫困人口的确定标准更加精准。以贵州省为例，全省依据云平台信息系统，将贫困户的相关信息量化，根据“一看房、二看粮、三看劳动力强不强、四看有没有读书郎”的一级指标建立了包括 18 项二级指标 48 项三级指标在内的扶贫脱贫指标体系，分为 60 分以下、60～80 分以及 80 分以上三个档次。其中，60 分以下的为绝对贫困户，也是需要真正扶贫的对象；60～80 分的为可能贫困户，根据需要开展扶贫工作；80 分以上的为稳定脱贫户，不再需要扶贫。这意味着，大数据信息平台建立后，可以直接把贫困人口人均纯收入和其他相关信息录入系统，能清楚看到贫困户最新各项指标

① 郑瑞强、曹国庆：《基于大数据思维的精准扶贫机制研究》，《贵州社会科学》2015 年第 8 期。

② 《扶贫标准大幅提高 上亿贫困人口受益》，新华网，2012 年 6 月 23 日，http://news.xinhuanet.com/politics/2012-06/23/c_112273956.htm。

变化情况，让各级政府适时掌握贫困人口的动态情况，使相关精准扶贫领导能在第一时间作出科学合理的决策，进一步实现贫困人口识别的精准化。

## 二　大数据对贫困人口的需求更了解

传统信息分析的不足在于就事论事、头痛医头、脚痛医脚，对此，大数据的优势比较明显。大数据能发现信息之间的相关性，清晰地了解扶贫对象的需求，将扶贫资源最优化地配置在最需要帮扶的贫困户身上，例如，甘肃省运用大数据技术对6220个贫困村101万个贫困户417万贫困人口进行实名管理，通过分析整理其致贫原因，准确了解贫困户扶贫需求。[①] 同时，大数据提供的海量信息使各级政府在制定脱贫政策时更有针对性和个性化，更能激发贫困主体的主动性和内生活力，找到长期有效的脱贫路子；此外，大数据还能通过评估判断扶贫项目或扶贫措施是否符合贫困人口需求，了解项目存在的问题和不足，及时进行修正与完善，以更好地发挥项目的脱贫作用，提高项目实施效果；最后，大数据的综合分析能预测扶贫问题，及时做好针对防范工作，降低返贫率的比重。也就是说，在精准扶贫过程中，大数据可以让精准扶贫政策得到及时传递、让贫困人口的需求得到及时关注，让精准扶贫信息得到及时更新。

## 三　大数据对致贫原因的分析更到位

找到致贫原因是帮助贫困人口脱贫的关键，只有正确地找出每一户的致贫原因，分析他们的情况，才能通过精准帮扶提高帮扶效果。如果致贫原因寻找不准确，后续的政策制定、措施实施、资金使用都易产生失误，不仅浪费大量人力、物力和财力，造成扶贫效果不理想，还会使精确帮扶错位，达不到预期目标。根据全国建档立卡数据，42.1%的贫困户因病致贫，35.5%的贫困户因资金致贫，22.4%的贫困户因技术致贫，16.8%的贫困户因缺乏劳动力致贫，患疾病、缺资金、缺技术、缺

---

① IUD中国领导决策案例研究中心：《甘肃精准扶贫大数据平台建设走在最前列》，《领导决策信息》2015年第47期。

劳动力是当前主要的致贫原因，且多数贫困户的贫困情况是几个致贫因素综合作用的结果。[①] 大数据是一个多维的数据系统，通过几种相关的量化指标来分析数据，这样就比只看单一的致贫原因更加有效度。因此，大数据背景下的精准扶贫，地方政府会根据上级指示，加紧开展对贫困户的筛选和识别，很多地方还多次进行“回头看”，以确保上报数据的信度和效度。识别出贫困户后，大数据可以帮助处理这些贫困人口数据，确保致贫原因分析精准。前面述及，我国的贫困标准是由家庭人均纯收入来决定的，在贫困标准之下的人口就是贫困人口。关于致贫的原因，常见的有疾病、残疾、劳动力缺乏、文化水平不高、机会不多、地理位置欠佳等。用大数据来分析贫困户的致贫原因，可以先找出主因再找出次因，同时还可以预测在未来可能导致返贫的一些原因，这样就可以更清晰地了解每一户的情况，有针对性地消除贫困人口，提高扶贫资源的使用效率。

## 四　大数据对扶贫资源的整合更合理

2015 年，我国已进入脱贫攻坚阶段，致贫原因更复杂、扶贫成本更高、脱贫难度更大，这就需要多方参与，需要更多社会资源加入扶贫行列。这意味着，原有的以政府为主的自上而下的扶贫模式已不合时宜，急需社会力量的参与。社会力量加入扶贫可以补充政府能力的不足，也可以从新的视角看待贫困，帮助脱贫。扶贫中的社会力量主要分为非政府组织和企业，非政府组织具有非营利性、公共性等特点，它们参与扶贫可以帮助发展村庄集体经济，利用社会资源对贫困户进行产业化扶贫，也可以提供就业岗位，对贫困儿童实行帮扶教育。企业是以营利为目的的社会主体，具有优秀的发展思维和方法，企业可以帮助贫困户规避市场风险，提高销售收入。[②] 其实，一直以来，社会力量参与扶贫的情况都是存在的，但有些社会力量较弱小，扶贫的范围狭窄，效果也较差，社会力量发挥作用的领域有限；而另一些社会力量，尽管实力雄厚，但囿于对贫困地区情况的不了解，也没有多余的精力去做相应的调查研究，

---

① 大数据战略重点实验室：《块数据 3.0：秩序互联网与主权区块链》，中信出版社，2017。

② 苟天来等：《国外社会组织参与扶贫的经验和启示》，《经济社会体制比较》2016 年第 4 期。

不能制定良好的扶贫方案，发挥不出作用。大数据可以实现政府和社会力量之间的贫困信息数据共享，让社会力量了解贫困地区的具体情况，清楚贫困户的致贫原因，动态跟踪贫困户的贫困情况，然后根据自身的特点、专长和实力来制定切实可行的帮扶方案和帮扶举措，打造多方共举的扶贫场面。

## 第三节　大数据驱动精准扶贫的困境

大数据具有信息量大、高速、多样、价值高等特征，让人们可以通过更便捷的方式、更低的成本获取数据中隐藏的价值和信息。更准确地说，“大数据时代”的到来让人们摒弃了传统抽样分析数据的方式，这种方式分析结果的准确性在很大程度上取决于样本选取的随机性，但在实际的抽样过程中我们又很难确保样本的随机性。大数据能将所有数据充分利用并加以分析，能让人们在掌握贫困人口基本情况的基础上对其实际需求和利益诉求进行深入、透彻的分析，提高扶贫工作的精确性和科学性。可以说，精准识别、有效帮扶、动态管理、及时脱贫是大数据背景下精准扶贫的四大特征，但是，在精准扶贫中，大数据并不是万能的，也会面临数据失真、识别无效、确认困难、指标错位等问题。

### 一　大数据难以核算家庭收入，精准识别基础不牢

衡量贫困户最重要的指标是家庭收入，与城市居民以工资收入为主的收入结构不一样，农村家庭收入来源比较复杂，调查和收集相关信息比较困难。农村居民的收入主要分为两部分：农业生产经营收入、不规则收入。即使是农业生产经营收入，受市场行情、模糊投入和自然环境的影响，也不太容易测算，更不要谈不规则收入，这些收入是农村居民收入的大部分，其中包括务工收入、经营性收入、借贷收入、政府补偿、捐赠收入等，这些收入信息既不能通过观察走访得知，也不能通过数据资料获取，这些收入信息只有当事人自己清楚，具体的收入数字很难通过各种评估测算获得，询问当事人具体收入时，当事人也会出于隐私、保护自己、获得利益或获得各项优惠扶贫政策而故

意少报、瞒报、谎报。也就是说，即使运用大数据方法，农村居民家庭收入难以核算的问题仍然得不到有效解决，而收入核算不精准则让精准识别基础不牢固，难以识别出真正的贫困户，不利于识别工作的顺利开展。

## 二　大数据难以关注其他指标，精准识别标准不全

目前，虽然各省区市的精准识别标准不一，但其中有几项指标是共同的，如住房结构、家庭电器、受教育情况、劳动力强弱，这些指标都是评价农户是否为贫困户的重要参数，所占比重比较高。与原来相比，这些指标更加细化，但有些重要指标如住户存款额度、住户贷款额度、住户居住分散程度、留守儿童情况等没有考虑在内，这会让识别标准有所偏颇。如果只是看家庭的家用电器、房屋条件等，有些住户会因为节俭而把钱存入银行或借给亲友，而不用来购买家用电器或修建房屋，对于这部分人，现有的指标无法识别。也有一些村民，居住比较分散，居住地交通不便，要了解他们的具体情况，花费的时间成本较高，数据采集人员到达后，若无人在家或只有老人和小孩在家，信息收集难度较大，因路途遥远或交通不便，他们会放弃再次上门收集信息，即使在大数据背景下，这些分散的贫困户仍无法被精准识别。再加上，农村中有些家庭虽有打工收入，也有读书郎，但为了打工，父母将孩子留在村庄，这些留守儿童长期缺乏父母关爱，会产生自卑心理，长此以往，部分孩子读到初中后厌学情绪较高，退学、辍学现象时有发生，这就会形成恶性循环，通过教育来实现家庭资本扩大再生产难度较大。这意味着，即使在大数据背景下，按照现有的标准对贫困户进行精准识别，仍然会有一部分贫困群体被排斥在外。

## 三　大数据难以甄别临界贫困户，精准帮扶定位不准

在精准识别过程中，最难以识别和确定的是临界贫困户。所谓临界贫困户，是指农村居民人均纯收入在国家贫困线周围波动的一群人。这些人中有的收入在贫困线之上，但由于子女入学、家庭成员患病等，家庭经济负担较重，成为贫困人口或是返贫人口。临界贫困户的识别难题是客观存在且在学界基本达成共识的，这会给和谐村庄的构建带来一定

的负面影响。在评定贫困户时，临界贫困户的出现会引发村民“不患寡而患不均”的心态：一方面是村民之间的矛盾，本来和谐的邻里关系，最后因为贫困户指标而成为竞争对手；另一方面就是村民与政府之间的矛盾，评估确定贫困户以后，与贫困户条件差不多甚至认为比贫困户还差的村民可能没有得到这个指标，进而引发村民对政府工作人员不满，最终造成政府公信力下降。为了处理这些问题，有些村庄采用轮流享受帮扶、抽签享受帮扶等办法，其结果可想而知。本来，大数据技术会对临界贫困户有一定的甄别作用，但大数据毕竟是机器产物，难以做到人性化服务。因此，即使有大数据思维，临界贫困户的识别仍然面临困境，这使得一些村庄的贫困数据不准确，难以形成有效的治理和精准帮扶。

## 四　大数据难以辨识人为排斥，精准管理信息不畅

大数据在精准扶贫中的运用处于起步阶段，相关机制和法规还不完善，相关标准和意见还未统一。例如，贵州省主要通过“一看房、二看粮、三看劳动力强不强、四看有没有读书郎”等措施甄别脱贫对象，通过观察法来识别贫困户的显性资源，为贫困村贫困户建档立卡提供科学依据；云南省主要通过“评住房、评生活、评生产、评劳力、评健康、评教育、评负债”等七评法来开展精准识别工作，识别过程更多强调过程控制以及程序上的合理性；宁夏主要通过“户申请、组提名、入户查、村初评、乡复核、县审批、三公示、一公告、系统管、动态调”等十步法来强调识别中的过程控制。[①] 但不管是哪个地区的标准，均强调过程控制，均存在评价过程的人为性。在精准识别过程中，由于识别干部的个人情感或利益关系，一些该识别的贫困户没有被识别出来，而不应被识别为贫困户的却被识别成贫困户，这样的识别是不精准甚至是错误的，其结果就是扶贫管理错位、扶贫资金缺位。邓维杰把精准识别中的识别不精准归为两类：一类是恶意排斥，就是指主导或者承担精准识别工作的人员，为了私利优亲厚友，不严格执行“两项制度衔接”政策中的有

① 汪磊、伍国勇：《精准扶贫视域下我国农村地区贫困人口识别机制研究》，《农村经济》2016年第7期。

关要求，人为将贫困指标分配到乡（镇）、村和户的现象；另一类是过失排斥，就是指在精准识别贫困群体过程中，由于操作失误等造成的对贫困户精准识别的客观排斥现象，这种有意无意的疏忽，使部分真正的贫困户在精准识别的最后一个环节也被排斥掉了。[①] 不管是恶意排斥还是过失排斥，均有明显的人为痕迹，这样的痕迹是大数据不能有效辨识的，进而影响精准扶贫的管理效果。

## 第四节　大数据驱动精准扶贫的优化

与传统的粗放式扶贫方式相比，精准扶贫具有明显的精细化、科学化和高效性特征。农村精准扶贫是典型的“一村一策、一村一品、一户一计、一户一业”的订单式、点菜式的强针对性帮扶模式，是滴灌式扶贫方式。[②] 将大数据应用于精准扶贫，首先要求数据信息的采集要真实，要将贫困地区的人口、经济、资源、基础设施建设等相关情况以及贫困户的真实信息采集到数据中心；其次，对信息进行数字化、信息化、网络化处理，建立精准扶贫基础数据库；再次，围绕产业、教育、健康、众创、科技等建立专项扶贫项目和工程，实现数据的统筹利用；最后，完成区域内精准扶贫的数据融合，为政府决策提供参考（见图 3－1）。

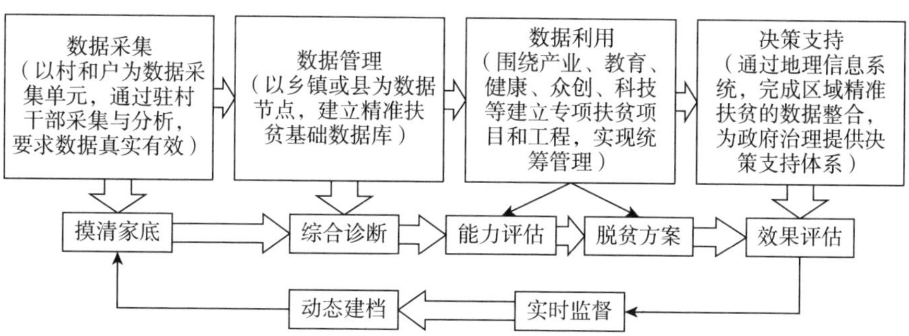


**图 3－1　大数据驱动精准扶贫的过程**

① 邓维杰：《精准扶贫的难点、对策与路径选择》，《农村经济》2014 年第 6 期。

② 龙永华：《精准扶贫视域下湘西州农业产业扶贫模式创新研究》，硕士学位论文，吉首大学，2015。

## 一　通过提高认识和搭建平台来摸清家底，确保数据采集的真实性

虽然大数据有助于扶贫中的精准识别，但信息来源一定要真实、可靠。为此，第一，应提高干部对大数据的认识。基层干部是落实大数据应用于精准扶贫的主体，他们的认识和态度决定着政府能否科学合理地运用大数据服务精准扶贫，这就要求提高干部对大数据应用于精准扶贫的认识，让他们领悟到农村精准扶贫中大数据的重要性。同时，开展相应的培训，给基层干部介绍大数据的价值及使用规范，加深他们对大数据的了解；可带领基层干部参观大数据中心及实践场所，让他们直观感受大数据促进农村精准扶贫的过程与效果。此外，也可请专家学者讲解大数据应用于农村精准扶贫的优势和特点，使干部提高扶贫认识、转变扶贫观念，探索扶贫新机制。

识别指标是精准确定贫困户的关键因素，由于识别指标不完善，识别中恶意排斥和人为排斥的现象比较突出。为此，构建识别指标时应坚持定性与定量相结合的原则，避免仅靠分值决定贫困户的情况；应加大宣传力度，对少报、瞒报各项指标者给予相应的处理与惩罚，提高数据的真实性，避免出现优亲厚友和恶意排斥的现象；应多部门合作，共同制定更加科学合理的评分标准，优化评分内容，完善指标体系。

要摸清农村贫困户的家底，还应成立专门的数据核查小组，以村和户为采集单元，收集、整理、审核和完善数据，打造数据平台。为保证平台中的数据真实有效，应提升各级干部深入村组收集数据的技巧，按照属地原则，逐一到贫困户中完成调查工作，收集贫困户的家庭情况、真实收入、致贫原因、扶贫计划等相关信息，并将这些信息录入数据平台，定期反馈调查、更新数据，高度关注返贫群体，实现数据资源的动态化管理。为保证数据采集的公正性，还应强化非政府组织的参与。非政府组织具有客观性、公益性、服务性等特点，其参与信息收集可提高贫困户数据信息的准确性，进一步确保数据采集的真实性。

## 二 通过更新基础数据库来综合诊断，保证数据管理的动态性

为提升大数据精准扶贫的效果，应以乡镇或县为数据节点，建立精准扶贫基础数据库，对扶贫信息进行综合诊断，动态调整数据信息。为此，应做到以下几条。一是动态更新扶贫数据，动态监管扶贫过程。利用大数据信息系统开展精准扶贫，可以搭建各级政府与贫困村、贫困户、贫困人口之间的纵向扶贫信息管理平台，以及贫困户与金融机构、行业部门、帮扶单位之间的横向信息管理平台，对扶贫工作中的人、财、物与贫困户的基本情况、致贫原因和帮扶措施进行动态监管，确保扶贫工作的实时观测与动态分析，实现帮扶的精细化。二是动态调整扶贫资源。动态掌握贫困人口的需求，了解贫困人口的心理变化，根据扶贫阶段性成效及扶贫过程中存在的问题，有针对性地改变扶贫资源配置方向，确保资源配置的精准性与高效性，提升贫困人口需求与扶贫项目的契合度。三是动态跟进扶贫对象。大数据能全方位、多层次监督扶贫信息系统，农户满足精准扶贫要求就可纳入信息管理系统，经过帮扶的贫困户达到脱贫条件就应从信息系统中移除，扶贫对象可动态调整。四是动态掌控外部环境。大数据能动态应对外部环境的变化，根据资源情况搜寻有利于本地区发展的扶贫项目，有针对性地制订扶贫计划，调整扶贫方案，探索出符合当地发展需求的扶贫新路径。

## 三 通过能力评估和专项项目来精准脱贫，凸显数据利用的科学性

运用大数据进行精准扶贫，不仅能量化分析贫困户的贫困程度与致贫原因，找到精准扶贫的方向，还可根据贫困人口对待贫困的态度，有针对性地制定脱贫方案，实现精准脱贫的技术突破。为此，一是应培养和引进大数据人才。大数据工作队伍的强弱会影响大数据运用于精准识别的信度，强大的工作队伍可以提高工作效率，圆满完成工作任务。大数据信息的收集、处理、管理、利用是一项技术性较强的工作。考虑到基层大数据人才严重短缺，一方面可培训现有的大数据和扶贫工作人员，打造高素质大数据脱贫人才队伍；另一方面可培养有发展潜力的应届大学生，强化其对大数据应用于精准扶贫的认识，避免出现人才断层。二是通过税收减免或财

政补贴的方式，鼓励或帮助贫困地区自主研发大数据精准扶贫信息管理系统，着力攻克核心技术，完善硬件设施，拓展大数据应用于贫困治理的广度与深度。[①] 三是整合资源，实现精准扶贫信息共享。基层政府应重视扶贫信息的筛选与加工，对贫困户的实际情况与脱贫需求进行诊断，对贫困户的脱贫能力进行评估，有目的地建立产业、健康、教育、科技、旅游等专项扶贫项目，通过大数据扶贫平台，制定有针对性的扶贫方案，带动扶贫产业的综合发展。四是打破信息壁垒，拓宽精准脱贫方式。在大数据背景下，政府可动态监控贫困户信息，对贫困户的不同致贫原因进行个性化帮扶，有意识地引导资金流向，使扶贫资源的效益实现最大化。同时，可利用网络信息平台，对脱贫经验进行适时推广，促进精准脱贫工作的协调发展，凸显利用大数据进行精准扶贫的科学性。

## 四　通过效果评估完成精准扶贫数据融合，保障决策支持的有效性

为提升扶贫效果，扶贫数据应逐步向所有的参与主体开放，这样做的好处是可以将贫困户、贫困村的需求信息与社会各界的扶贫资源、帮扶意愿进行有效对接，提高社会力量参与精准扶贫的有效性，实现社会扶贫资源的精准化配置。[②] 为客观、公正评价扶贫效果，应引入第三方评价。第三方评价能为评价的真实性提供重要的保障，能够避免评价中相互包庇、随意性强等现象，杜绝部分官员因追求政绩而虚报数据。为强化第三方评价，可将其评价结果按照一定的权重与比例纳入评估体系。此外，应建立精准的考核机制，考核主体除上级部门外，还应有扶贫对象、扶贫干部、第三方；应完善考核评价指标，此指标应是多维的，既有定性指标也有定量指标，既注重当前又考虑长远，既考虑扶贫又考虑扶智，既增加收入又提升能力。最后，实行责任追究制。在农村精准扶贫的过程中，通过项目套取国家资金的情况时有发生。为避免这种现象，就需要把项目申请人的项目情况进行存档，并动态评估，不但要动态评估项目要求，还要评估他所带动的贫困户情况，一旦出现套取项目资金的行为就进行追责，使扶贫

---

① 莫光辉：《大数据在精准扶贫过程中的应用及实践创新》，《求实》2016 年第 10 期。

② 莫光辉、张玉雪：《大数据背景下的精准扶贫模式创新路径——精准扶贫绩效提升机制系列研究之十》，《理论与改革》2017 年第 1 期。

资金能够真正用到需要的贫困人口身上。不仅如此，还应对工作开展不力的单位和个人进行问责，强化帮扶人员的责任意识，鼓励村民参与民主监督，使扶贫工作在公正透明的环境下运行，确保扶贫项目顺利开展，保障决策支持的有效性。

## 第五节　大数据驱动精准扶贫的思考

大数据强调把数学算法运用到海量数据上来以预测事情发生的可能性，数学算法是数据、技术和思维三足鼎立的产物。[①] 大数据正在对社会生活的各个层面产生巨大的影响，个人、企业、政府和市场都在享受大数据时代的福利。但是，到目前为止，人类形成的大数据，更多的是以领域、行业为单位，这些数据往往是彼此割裂、互不相通的。[②] 的确，大数据时代，新一代信息技术为社会和政府治理提供了新的视角与支撑，但海量数据带来数据激增的同时，数据的复杂性与分析的不确定性也在增长。海量数据的复杂性不仅体现在数据的量上，更多体现在多源异构、多实体和多空间之间的交互动态性上，以至于人们不能用传统的方法去描述与度量这些数据。[③] 海量数据分析的不确定性让研究者、决策者与分析者再一次陷入结构性短缺、集团化占有、分散化使用和有限性分享等新的数据困惑中，这直接影响大数据预测的准确性与客观性。[④] 如果说在数据匮乏的年代，人们如同处在黑暗中，辨不清方向，难以对事物作出准确的判断和预测。[⑤] 那么，进入大数据时代，数据从作为事物及其关系的表征地位走向了主体地位，成为独立于人类社会的客观数据世界，数据的状态则从短缺变为过剩。[⑥] 面对数据过剩，人们对数据的期

---

① 维克托·迈尔-舍恩伯格、肯尼思·库克耶：《大数据时代——生活、工作与思维的大变革》，盛杨燕、周涛译，浙江人民出版社，2013，第 33 页。

② 大数据战略重点实验室：《块数据：大数据时代真正到来的标志》，中信出版社，2015，序言第 1 页。

③ 大数据战略重点实验室：《块数据 2.0：大数据时代的范式革命》，中信出版社，2016，第 29 页。

④ 高书国：《大数据时代的数据困惑——教育研究的数据困境》，《教育科学研究》2015 年第 1 期。

⑤ 肖峰：《论信息技术时代的三大认识论悖论》，《创新》2016 年第 1 期。

⑥ 黄欣荣：《大数据时代的哲学变革》，《光明日报》2014 年 12 月 3 日。

待也由多多益善变为越精确越有序越好，对优质数据的获取度不是提高反而降低了。[①] 在此背景下，需要运用新的数据观来打破数据孤岛和数据垄断，就此块数据应运而生。块数据是大数据发展的高级形态和必然趋势，是大数据的核心，是我国地方政府在探索大数据建设过程中提出的一种构想，是我国地方政府发展大数据的重要尝试，是贵阳大数据理论创新的重大成果。[②]

2015 年，大数据战略实验室创造性地提出“块数据”的概念，研究出版了《块数据：大数据时代真正到来的标志》一书；2016 年和 2017 年，该研究团队探索性地提出了“块数据理论”，先后出版了《块数据 2.0：大数据时代的范式革命》与《块数据 3.0：秩序互联网与主权区块链》，指出块数据是大数据发展的高级形态，是大数据时代的范式革命，是大数据时代真正到来的标志。所谓块数据，是与来源单一、数据孤立、数据垄断的“条数据”相对应的一个概念，意指把各种分散的点数据和分割的条数据汇聚在一个特定的平台上，使之发生持续聚合效应的数据。[③] 块数据的聚合效应可以通过数据多维融合和关联分析对事物作出更加快速、更加全面、更加精准和更加有效的研判与预测，从而揭示事物的本质规律。[④] 就此而言，块数据将带来一场以人为原点的数据社会学革命，核心是用数据技术而不是人的思维去分析和把握社会规律、预测未来。甚至有学者提出，块数据的产生颠覆了传统的世界观、价值观和方法论，进而改变和形成了新的知识体系、价值体系和生活方式，标志着人类真正进入大数据时代。[⑤] 块数据能克服“条时代”大数据发展面临的共享难度大、垄断程度高、融合能力差、应用价值低以及安全风险高等一系列制约因素，具有主体性、高度关联性、多维性、强活

---

① 大数据战略重点实验室：《块数据 2.0：大数据时代的范式革命》，中信出版社，2016，第 29 页。

② 彭知辉：《论我国地方政府大数据建设的方式、困境及对策：以块数据建设为例》，《广东行政学院学报》2016 年第 2 期。

③ 大数据战略重点实验室：《块数据 3.0：秩序互联网与主权区块链》，中信出版社，2017，序言第 1 页。

④ 大数据战略重点实验室：《重新定义大数据——改变未来的十大驱动力》，机械工业出版社，2017，第 2 页。

⑤ 大数据战略重点实验室：《重新定义大数据——改变未来的十大驱动力》，机械工业出版社，2017，第 2 页。

性以及开放性等特征。块数据可以从三个层次来理解：在前端，围绕人、事、物的各类活动产生数据；在中端，通过数据的开放和共享，聚集数据；在末端，以解构、交叉、融合等多种方式，依靠数据抓取、比对、封装等多种技术手段分析数据，寻找更高更多的实践价值。[①] 块数据能实现从“数据”到“数聚”的聚合，从多维数据到共享数据的转变。[②]

与离散系统的点数据、单维度的条数据不同，块数据打破了行业领域、物理区域和信息不对称的限制，极大地改变了数据的采集、传输、分析和应用方式，进而给各行各业的创新发展带来新的驱动力，推动各类产业彻底变革与再造。[③] 块数据在城市治理、“数据铁笼”、服务行业、政府效率、农村精准扶贫等方面具有重要的应用价值。在城市治理方面，有城市将平台和智能手机连接起来，构建起了一个以地图为基础的可视化平台，实时反馈城市生活中的垃圾、治安、市政、交通等各类问题，并督促相关单位处理这些问题，使城市生活的安全性、便捷性、舒适度提高到一个新的维度。[④] 在“数据铁笼”方面，块数据打破了原有公权力对数据传播的垄断与控制，通过权力数字化与数字权力化来达成政府流程再造和制度安排优化，监控行政执法中的风险，实现权力流程数据化、权力数据金融化与权力数据监察化。例如，贵阳市 2015 年首批试点，通过过程监控、云计算大数据、构建诚信体系三条举措对贵阳市交管局、住建局实施权力制约的“数据铁笼”计划，实现全程办公的网络化和透明化，让权力在阳光下运行。[⑤] 在服务行业，中介机构越来越少，“互联网 +”的模式正在逐步解构传统的商业、金融与娱乐行业，服务行业的精细化、网络化特征越来越明显。[⑥] 在民生服务方面，贵阳市利

---

① 陈刚：《块数据的理论创新与实践探索》，《中国科技论坛》2015 年第 4 期。

② 大数据战略重点实验室：《重新定义大数据——改变未来的十大驱动力》，机械工业出版社，2017，第 25 ~ 26 页。

③ 大数据战略重点实验室：《重新定义大数据——改变未来的十大驱动力》，机械工业出版社，2017，第 8 页。

④ 涂子沛：《数据之巅：大数据革命、历史、现实与未来》，中信出版社，2014，第 315 ~ 324 页。

⑤ 陈刚：《块数据的理论创新与实践探索》，《中国科技论坛》2015 年第 4 期。

⑥ 赵国栋等：《大数据时代的历史机遇——产业变革与数据科学》，清华大学出版社，2013，第 154 ~ 160 页。

用块数据的整合共享功能，对贵阳就业、教育、医疗等重大问题提供个性化、在线化、定制化、综合化的解决方案。[①] 在政务领域，块数据可优化政府资源配置，对政府组织形态进行流程再造，促进政府组织结构扁平化、服务过程透明化，切实提升政府行政效率与公信力。[②] 在农村精准扶贫领域，块数据让扶贫逐渐走向数据化、精准化与个性化。与以前的扶贫方式相比，块数据数据质量高、可靠性强、成本低与可追溯性等特点，使其具备了重构诸多重大领域基础框架的潜力，引起了政府部门的高度重视并将其应用到农村精准扶贫领域。[③] 我们知道，利用大数据开展农村精准扶贫，有利于构建区域互联的贫困信息库、强化贫困问题的科学分析、建立扶贫管理的动态机制、完善贫困评估的数据支撑。[④] 而利用块数据进行农村精准扶贫，不仅可以实现上述目标，还可以通过建立扶贫信息系统，平衡扶贫工作中的供需关系，做到更加精准识别扶贫对象、精准安排帮扶项目、精准使用脱贫资金、精准落实措施到户、精准选派驻村干部与精准评定脱贫成效。[⑤] 尤其是面对农村精准扶贫实际操作中的“脱靶”现象，比如全国贫困人口建档失准问题、扶贫数据掌握不准确问题、扶贫数据缺乏动态监管和及时追踪问题等，块数据都能以其共享、共识、共监管、防篡改和可追溯等特点，提高高度复杂环境下农村扶贫的精准度，更加精准地掌握贫困人口、贫困程度与致贫原因，更加精准地解决好“对谁扶贫、怎么扶贫、扶贫效果”等问题，从理念与技术上为农村精准扶贫提供重要的支撑。

块数据之间彼此交错、相互连接，具有高度的关联性，能够对事物的发展作出精准的研判；块数据来源广泛、主体多元、领域交叉，每增加一条数据信息，都会对原数据的分析和判断带来影响，甚至可

① 克里斯·安德森：《长尾理论 2.0》，乔江涛、石晓燕译，中信出版社，2009，第 5~13 页。

② 大数据战略重点实验室：《块数据 3.0：秩序互联网与主权区块链》，中信出版社，2017，第 173 页。

③ 大数据战略重点实验室：《块数据 3.0：秩序互联网与主权区块链》，中信出版社，2017，第 173 页。

④ 莫光辉、张玉雪：《大数据背景下的精准扶贫模式创新路径——精准扶贫绩效提升机制系列研究之十》，《理论与改革》2017 年第 1 期。

⑤ 大数据战略重点实验室：《块数据 3.0：秩序互联网与主权区块链》，中信出版社，2017，第 174~177 页。

能带来颠覆性的结论；块数据有很强的活动性，既可在增量上也可在存量上随时随地发生更新；块数据强调点、线、面的全面集成，可全程记录人的活动过程，能够提供更精准化的个性服务；块数据能在不同部门、个人和行业之间建立起数据交换与共享的桥梁，让各主体能以更常态化的方式来利用数据，具有很强的开放性。① 此外，块数据背后形成的跨企业、跨组织、跨个体的区块经济体系，具有防篡改、去中心化和智能合约的特性，精准扶贫是区块链在民生应用中的典型表现。② 与“条时代”的大数据相比，块数据能够为农村精准扶贫中的精准识别、精准帮扶、精准管理、精准脱贫提供更精确的技术支撑和决策参考。

## 一　块数据能够降低农村精准识别中人为操控的可能性

传统的农村精准扶贫对象识别是按照“县为单位、规模控制、分级负责、精准识别、动态管理”的原则，以民主评议、建档立卡为方式，经过群众评议、入户调查、公示公告、抽查检验、信息入库等工作程序来完成的，传统方式有两个明显的缺陷：一是民主评议带有明显的情感倾向，评议出的贫困人口与科学方法评估出的贫困人口有脱节；二是建卡过程中可能存在明显的造假行为。这就需要运用块数据来优化民主评议机制，排除不合格的贫困人口，使贫困人口的识别更加科学与透明。事实上，块数据确实对精准识别贫困人口有很大的帮助。也就是说，块数据通过多维度、广参与的运行机制，对精准识别的每个环节——从民主评议到建档立卡——进行实时监控，将符合农村精准扶贫条件的村民信息记录在数据链上；同时，整合税务、工商、民政、社保等领域的扶贫数据，通过指纹识别等生物技术，摸清扶贫对象的贫困情况、致贫原因和帮扶需求，防止记录被篡改与随意阅读，保护扶贫对象的隐私，从根本上保证识别数据的完整性、可靠性与科学性，降低人为操控的可能性。

---

① 陈刚：《块数据的理论创新与实践探索》，《中国科技论坛》2015 年第 4 期。

② 大数据战略重点实验室：《块数据 3.0：秩序互联网与主权区块链》，中信出版社，2017，第 59～70 页。

## 二 块数据能够提高农村精准扶贫项目安排的针对性

传统的农村精准扶贫项目往往不能到户，其主要原因在于扶贫项目缺乏有效地到户机制，以及对贫困户的致贫原因和扶贫需求不甚了解。例如，移民扶贫中的“搬富不搬穷”问题，极贫人口因无法承担配套资金而不能让项目落户的问题，金融扶贫中贫困户的抵押和担保权被排除在外的问题，等等。块数据能在一定程度上解决这些问题，能使农村精准扶贫项目的安排更具有针对性、差异化和个性化。之所以能做到这一点，是因为块数据对贫困人口的致贫原因和扶贫需求更了解。根据全国建档立卡数据，42.1%的贫困农户因病致贫，35.5%的贫困农户因资金致贫，22.4%的贫困农户因技术致贫，16.8%的贫困农户因缺乏劳动力致贫，患疾病、缺资金、短技术、缺乏劳动力是当前主要的致贫原因，且多数贫困户的贫困状态是几个致贫因素综合作用的结果。[①] 这意味着，在农村精准扶贫时，应准确了解贫困户的致贫原因，有效进行资源配置。块数据的价值关联性决定了数据的组合过程并非简单地堆砌，而是呈空间网状分布，并具有明显的网线、节点、脉络及其自身内在的逻辑运行规律。[②] 也就是说，块数据能发现信息之间的相关性，清晰地了解扶贫对象的需求，将扶贫资源最优化地配置在最需要帮扶的贫困户身上。例如，甘肃省运用数据技术对6220个贫困村的101万个贫困户，共417万贫困人口进行实名管理，通过分析整理其致贫原因，准确了解贫困户扶贫需求。[③] 同时，块数据提供的海量信息使各级政府在制定脱贫措施时更有针对性和个性化，更能激发贫困主体的主动性和内生活力，找到长期有效的脱贫路子；此外，块数据还能通过评估判断扶贫项目或扶贫措施是否符合贫困人口需求，来了解项目存在的问题和不足，对扶贫项目的开展情况进行及时反馈，以更好地发挥项目的脱贫作用，提高项目实施效果。另外，“块”是一个多维的数据系统，通过几种相关的量化指

---

① 大数据战略重点实验室：《块数据3.0：秩序互联网与主权区块链》，中信出版社，2017，第175页。

② 大数据战略重点实验室：《块数据2.0：大数据时代的范式革命》，中信出版社，2016，第35页。

③ 郑瑞强、曹国庆：《基于大数据思维的农村精准扶贫机制研究》，《贵州社会科学》2015年第8期。

标来分析数据，这样就比只看单一的贫困原因更加具有效度。块数据的综合分析能预测扶贫问题，及时做好防范工作，降低返贫率的比重。进一步分析，在农村精准扶贫过程中，块数据的可追溯机制可实时记录扶贫数据，关联分析各项致贫指标的关系，聚合各致贫原因的信息流，让农村精准扶贫政策得到及时传递，让贫困人口的致贫原因、扶贫需求得到及时关注，让农村精准扶贫信息得到及时更新，从而提高扶贫项目安排的针对性。例如，在产业扶贫中，可重点探索将贫困户纳入产业链，创新产业组织模式，解决贫困人口面临的资金、技术短缺及市场不对称等困境；在移民扶贫中，可采取差异化的补贴形式，增加对贫困户的建房补贴；在金融扶贫中，可利用块数据构建网络信任关系，破除农民抵押和担保权被排除的障碍。总之，块数据能够让基层政府建立更为有效的贫困受益机制和帮扶机制，实现因村施法、因户施策。

## 三　块数据能够增强农村精准帮扶资源配置的有效性

资金和人是农村精准扶贫的重要资源，但无论是资金还是人，块数据都能增强其配置的有效性。就资金而言，传统的农村精准扶贫容易出现资金使用的“优亲厚友、违法违规”现象，块数据的共监共管、可追溯机制能实现资金使用过程的全程监控，实时记录每笔扶贫资金的流动信息，提高扶贫资金使用的透明度。也就是说，在块数据背景下，相关参与方可通过分布式的数据网络深度查看与追踪扶贫资金使用明细，真正实现扶贫资金使用的公开化与透明化。同时，块数据的智能特性能使扶贫项目与帮扶资金自动匹配，实现资金流动的全程追踪。为使追踪更加有效，可通过计算机专门设计的程序代码附着到农村精准扶贫资金使用的程序中，设定扶贫资金使用的转换规则及限制条件，实现扶贫资金的自动化拨款功能。还可以建立扶贫资金使用的监管机制和责任追究机制，规范扶贫资金管理，做到专款专用。就农村精准扶贫中的人力资源而言，驻村干部是最重要的资源。由于致贫原因和精准帮扶机制有差异，上下级政府之间沟通不畅，干部的个人信息和扶贫经验不能有效转化为脱贫资源，以致选派的脱贫干部不具有针对性。块数据可将干部的工作经历、专业特长、扶贫经验等记录在区块链上，结合贫困地区的实际情况与要求，细化驻村干部的帮扶机制，强化帮扶干部的责任意识，强化驻村干部的技术能力，为农村精准扶贫输送更精准的人才。例如，对于基础设施比较薄弱的村庄，可重点选派块数据记录中在交通、水利、财政系统有工作经历的干部；对于生态移民村，可重点选派块数据记录中在国土、住建、规划系统有工作经历的干部；针对集体经济比较发达的村庄，可重点选派块数据记录中有管理、金融和技术背景的驻村干部帮助扶贫。

## 四 块数据能够促进农村精准脱贫效果评估的科学性

农村精准扶贫的宗旨在于精准脱贫。在传统模式下，由于缺乏科学的考量标准、客观的评价依据和系统的检测手段，“被脱贫”“假脱贫”现象时有发生，不能实现贫困人口有序退出，以致扶贫的时效性不强，影响脱贫成效的精准性。块数据自身所具有的平台化、关联度高、聚集力强、价值密度高、开放性等特点，决定了其可以挖掘出更多更高的价值。[①] 块数据可以防止伪造数据、虚假指标等问题的产生，让农村精准扶贫从身份识别、项目确定、资金下发、措施匹配、干部选派、动态监管等方面形成一组真实、可靠、可追溯的数据，实现对扶贫工作的全过程记录，确保每一阶段的扶贫效果。同时，块数据能将评估结果置于公众的监督之下，将民众的想法纳入评估体系中，以提高评估结果的公正性、透明性与客观性。当然，块数据还有利于引入第三方评价。第三方评价能为评价的真实性提供重要的保障，能够避免评价中出现的相互包庇、随意性强等现象，杜绝部分官员因追求政绩而虚报数据。为强化第三方评价，块数据可将评价结果按照一定的权重与比例纳入评估体系。此外，块数据还有利于建立精准的考核机制，考核主体除上级部门外，还应有扶贫对象、扶贫干部、第三方；可完善考核评价指标，此指标应是多维的，既有定性指标也有定量指标，既注重当前又考虑长远，既考虑扶贫又考虑扶智，既增加收入又提升能力。最后，块数据可实行严格的责任追究制。建立基于块数据的问责机制，有利于贫困人口参与到扶贫工作的共同监管中，并随时将意见和建议反馈到数据系统中，通过量

① 大数据战略重点实验室：《块数据 2.0：大数据时代的范式革命》，中信出版社，2016，第 35 页。

化指标考核评估帮扶人员的绩效，调整扶贫工作思路。[①] 在农村精准扶贫的过程中，通过项目套取国家资金的情况时有发生。为避免这种情况，就需要把项目申请人的项目情况进行存档，并动态评估，不但要动态评估项目要求，还要评估他所带动的贫困户情况，一旦出现项目资金套取的行为就实行追责制，使扶贫资金能够真正用到贫困人口身上。不仅如此，还可对工作开展不力的单位和个人进行问责，强化帮扶人员的责任意识，鼓励村民参与民主监督，使扶贫工作在公正透明的环境下运行，确保扶贫项目顺利开展，保障决策支持的有效性。

块数据是新生事物，是大数据战略重点实验室这一研究团队根据“条时代”大数据信息量庞大、垄断程度高、封闭性强、共享程度低等特点而提出的新概念，是贵阳市政府根据大数据发展中面临的问题而提出的创造性构想。按照研究团队的假设，开放、共享、连接是块数据形成的基本机制，在一个个“块”内形成开放、共享、连接的块数据，再把一个个块数据聚合起来，就会产生更大的块数据网状结构。[②] 但是，这仅仅是研究者的假设，块数据在安全监管、标准确立、技术支撑、利益分成、隐私保护等方面还缺乏系统的顶层设计，在不同格式、不同来源、不同主体的数据标准化方面还未达成一致，在数据的安全保护、道德自律、法律约束等方面还基本上处于空白状态。故此，块数据一旦发生数据泄露，对社会造成的危害会更大，将是对某些人、企业、单位乃至政府信息的全面泄露，对个人隐私、企业机密可能会造成重大伤害。[③] 更何况，在面临人类建立各类金融、证券交易市场以来最大的不确定性、失控和不均衡正在成为常态的情况下，经过网络平台交易的块数据也将会面临一系列不确定因素。[④] 在此背景下，不同行业领域的块数据共享将要克服一系列体制机制障碍。“块数据的商品化实际上非但不会促进共

① 大数据战略重点实验室：《块数据 3.0：秩序互联网与主权区块链》，中信出版社，2017，第 182 ~ 184 页。

② 大数据战略重点实验室：《块数据：大数据时代真正到来的标志》，中信出版社，2015，第 15 页。

③ 维克托·迈尔 - 舍恩伯格、肯尼思·库克耶：《大数据时代——生活、工作与思维的大变革》盛杨燕、周涛译，浙江人民出版社，2013，第 193 ~ 196 页。

④ 马梅等：《支付革命——互联网时代的第三方支付》，中信出版社，2013，第 270 ~ 279 页。

享，反而会造成新的垄断。”[①] 甚至有人提出，块数据并不是真正的大数据。[②] 的确，尽管块数据是推动农村扶贫从输血式、粗放式、被动式向造血式、精准式、参与式扶贫转变的重要工具，但将块数据应用于农村精准扶贫中，仍然会面临数据失真、识别无效、确认困难、指标错位等问题。具体来说，即使将块数据运用到扶贫领域，农村居民家庭收入难以核算的问题仍然得不到有效解决，而收入不精准则让精准识别基础不牢固，难以识别出真正的贫困户，不利于识别工作的顺利开展；同时，块数据让临界贫困户的识别仍然面临困境，这使得一些村庄的贫困数据不准确，难形成有效的治理参考；此外，尽管能够防止篡改、优化民主评议程序，但块数据还是难以辨别人为排斥现象。人为排斥有两类，一类是恶意排斥，就是指主导或者承担精准识别的人员，为了私利优亲厚友，不严格执行“两项制度衔接”政策中的有关要求，人为将贫困指标分配到乡（镇）、村和户的现象；另一类是过失排斥，就是指在精准识别贫困群体的过程中，由于操作失误等造成的对贫困户精准识别的客观排斥现象，这种有意无意的疏忽，使部分真正的贫困户在精准识别的最后一个环节也被排斥掉了。[③] 不管是恶意排斥还是过失排斥，均有明显的人为痕迹，这样的痕迹是块数据不能有效辨识的，进而影响农村精准扶贫的管理效果。更何况，将贫困户每个“条领域”的数据都纳入块数据平台，一旦平台被恶意攻击或平台管理者道德败坏，贫困户的所有信息都会泄露，这对贫困户个人隐私的保护和去“污名化”是极其不利的。

虽然将块数据运用到农村精准扶贫中也会存在一些问题，但块数据对农村精准扶贫中精准识别、精准帮扶、精准管理、精准脱贫的技术支撑和决策参考作用是明显存在的，对农村精准扶贫的生命周期管理、诚信体系建设和精准脱贫路径的拓展亦有重要的帮助。第一，应利用块数据建立健全农村精准扶贫体系。首先，可利用块数据可追溯、防篡改和集体维护等特征，促进扶贫数据录入、民主评议、公示公告和评估审核

---

① 利求同：《大数据卖的就是隐私》，国匠城网站，2015 年 7 月 30 日，http://bbs.caup.net/read-htm-tid-32736-page-1.html。

② 彭知辉：《论我国地方政府大数据建设的方式、困境及对策：以块数据建设为例》，《广东行政学院学报》2016 年第 2 期。

③ 邓维杰：《精准扶贫的难点、对策与路径选择》，《农村经济》2014 年第 6 期。

的规范化；其次，可利用块数据对扶贫数据进行关联融合、深入分析，寻找致贫原因，制定差异化、个性化的帮扶措施，落实扶贫资金、帮扶责任人，进行精准帮扶；再次，可通过块数据对农村精准扶贫过程进行全方位、参与式、动态式监管，有效解决扶贫精准考核、动态管理等问题；最后，可利用块数据精准识别脱贫人口，确保贫困户有序退出。第二，利用块数据建立农村精准扶贫诚信体系。块数据时代，贫困户之间的信任关系主要依赖网络来建立。一旦在网络中建立起信任关系，参与者就难以随意篡改。因此，可利用块数据平台，对农村精准扶贫的对象和参与者设定诚信积分的原则和标准，利用诚信积分对扶贫对象和帮扶责任人进行综合评价。同时，农村精准扶贫中的诚信体系可以作为贫困人口申请贷款的依据，让贫困人口享受更多的金融服务，实现资源的再分配与利用。第三，利用块数据拓宽精准脱贫方式。在块数据背景下，政府可动态监控贫困户信息，对贫困户进行个性化帮扶，有意识地引导资金流向，使扶贫资源的效益实现最大化。同时，可利用网络信息平台，对脱贫经验进行适时推广，促进精准脱贫工作的协调发展，凸显利用块数据进行农村精准扶贫的科学性。

无论是在精准扶贫领域还是在其他领域，块数据的研究和应用都处于起步阶段，应当正确认识块数据的概念，它与点数据、条数据共同构成大数据的三种基本形态。因此，准确地说，块数据并不是脱离于大数据的一个独立概念，而是代表大数据发展的一种高级形态，是大数据的“块时代”。正如前所述，“块时代”的大数据能克服“条时代”大数据共享难度大、垄断程度高、融合能力差、应用价值低以及安全风险高等一系列制约因素，降低农村精准识别中人为操控的可能性，提高农村精准扶贫项目安排的针对性、资源配置的有效性和效果评估的科学性，因此，建设好块数据对中国各级政府深化精准扶贫改革有重要的作用。而要做好大数据从“条时代”向“块时代”的转移，应明确政府的角色为大数据规则的制定者、氛围的营造者、使用的倡导者和发展的协调者。同时，还应做好块数据建设工作，推动公共数据开放共享，激活数据资源的自由流动。当然，在精准扶贫领域，一旦块数据建立起来，贫困户个人隐私的保护和操作者伦理道德的培育是一定要重点考虑的问题。

# 第二部分　数据驱动的贫困治理实践

# 第四章　大数据驱动教育扶贫精准开展

教育扶贫理论起源于西方的反贫困理论，在研究反贫困的历史演进里，学者由研究单一的收入致贫转向多元分析，逐渐提出要从人的角度出发来消除贫困。人们消除贫困的最终目的绝不是赋予权利、增加收入和提高能力，而是通过这三种举措来实现人自身的全面发展，从根上消除贫困。[①]以习近平同志为核心的党中央深刻认识到了这一点，提出了“内源式扶贫”，注重贫困地区及人口发展的内生动力，将物质扶贫与精神扶贫相结合，提出“扶贫先扶智，治贫先治愚”的理念。确实，贫困人口集聚区长期形成的贫困文化，不仅会让贫困户形成胆怯、懦弱的不良习性，还会影响其下一代的人生发展轨迹，这种贫困文化一日不消除，就无法阻断精神贫困所造成的贫困代际传递。而要根除这种贫困文化，教育的作用就极为重要。让贫困地区的孩子们接受良好的教育，具有“教育一人，影响一家，带动一村”的功效，是扶贫开发的重要任务，也是阻断贫困代际传递的重要途径。当然，教育扶贫有很多特点，如覆盖广、效果深、周期长、见效慢、投入大等，但最大的特点是，可以从五个层级来阻断贫困的代际传递，即教育可通过提升贫困学生的神经认知水平、心理认知水平、语言认知水平、思维认知水平和文化认知水平来阻断贫困的代际传递。[②]

## 第一节　大数据驱动教育精准扶贫的缘起

“扶贫先扶智，治贫先治愚”，缺乏人力资本是不少地区贫穷、落后的重要原因，研究显示，教育对多维贫困的贡献率高达 47.27%。[③] 正是

---

① 谢治菊：《论贫困治理中人的发展——基于人类认知五层级的分析》，《中国行政管理》2018 年第 10 期。

② 谢治菊：《教育五层级阻断贫困代际传递：理论建构、中国实践与政策设计》，《湖南师范大学教育科学学报》2020 年第 1 期。

③ 胡兰：《农村教育精准扶贫推进策略研究》，《中国成人教育》2018 年第 16 期。

认识到教育在脱贫中的基础性、先导性和关键性作用，早在2013年，国务院就下发了专项通知，正式启动教育扶贫工程；2015年，习近平总书记在全面深化改革领导小组会议上明确指出，要大力发展乡村教育，有效阻止贫困的代际传递，定向施策，精准发力；2015年审议通过的《中共中央 国务院关于打赢脱贫攻坚战的决定》，更是明确将“发展教育”作为“五个一批”脱贫的重要举措，坚决阻止贫困的代际传递。在此背景下，2013年出台的《关于实施教育扶贫工程的意见》、2016年出台的《教育脱贫攻坚“十三五”规划》和2018年出台的《深度贫困地区教育脱贫攻坚实施方案（2018—2020年）》，成为教育扶贫领域最重要的三大纲领性文件。[①] 这说明党中央、国务院高度重视教育扶贫工作，提出针对贫困户就业能力和自我发展能力专项培训的扶贫举措，在义务教育阶段改善学生营养、学校硬件设施，提升教师能力的专项举措，以及关于精准招生、精准资助和精准就业的职业教育举措。[②]

关于教育精准扶贫的概念与内涵，有两种不同的理解。一种认为，教育扶贫是“扶教育之贫”，即将教育当成扶贫的关键领域之一，扶贫的任务和目标是实现教育领域的脱贫、促进教育的均衡发展。例如，高莉娟、王斌认为，教育扶贫是精准扶贫的下位概念，重点是对教育扶贫对象——学校、教师和学生的精准识别和精准帮扶；[③] 肖庆华、毛静认为，教育扶贫的主要对象是在校的各级各类贫困学生，教育扶贫就是要在学习和生活上给予他们帮助。[④] 实践中，政府从20世纪80年代就将教育作为扶贫开发的重要领域，尤其是将对贫困地区普及九年义务教育作为教育扶贫的重要手段。另一种认为，教育扶贫是“依靠教育扶贫”，即将教育作为扶贫开发的手段与工具，通过发展教育来带动贫困地区的发展、阻断贫困的代际传递。一般而言，贫困可划分为收入贫困、能力

① 谢治菊：《教育五层级阻断贫困代际传递：理论建构、中国实践与政策设计》，《湖南师范大学教育科学学报》2020年第1期。

② 张俊、赵丽汝：《精准扶贫下的农民工继续教育机制创新》，《中国成人教育》2018年第7期。

③ 高莉娟、王斌：《贫困地区精准教育扶贫的实现机制探究》，《未来与发展》2017年第11期。

④ 肖庆华、毛静：《贵州省集中连片特困地区教育扶贫的现状、问题及路径》，《经济与社会发展》2014年第3期。

贫困、权利贫困、心理贫困四类。[①] 其中，收入贫困是经济学领域的贫困，权利贫困是政治学与社会学领域的贫困，心理贫困是心理学领域的贫困，但无论是收入贫困、心理贫困还是权利贫困，均和个人能力不足有关，教育的落后则是能力不足的关键致因。[②] 这一点，经典理论均有所涉及。以贫困文化理论著称的刘易斯，认为贫困是贫困群体在成长环境中长期脱离社会主流文化的结果，教育的落后是贫困群体脱离主流文化的主因；[③] 以人力资本理论著称的舒尔茨，认为贫困产生于人力资本的匮乏，教育则是改善人力资本匮乏的关键；[④] 以能力贫困理论著称的阿马蒂亚·森，认为贫困不是收入低下，而是可行能力不足，教育的落后是可行能力不足的主因。[⑤] 这说明，教育有反贫困的功能，即通过发展教育来提高贫困地区人口素质，可以消除贫困。[⑥] 因此，教育在扶贫中兼具目标与手段、任务与工具的双重属性，彼此之间密不可分。一方面，教育领域的扶贫开发隐含着对教育扶贫功能的预设与期待；另一方面，开发教育的扶贫功能可以促进教育事业的发展。故此，政策层面侧重的“扶教育之贫”追求的是公平正义的价值观，实践层面的“依靠教育扶贫”强调的是扶贫的效率，主要聚焦于职业教育领域并偏好于人力资本理论，二者是相辅相成的。[⑦] 为此，习近平总书记曾指出，“建设教育强国是中华民族伟大复兴的基础工程，必须把教育事业放在优先位置，加快教育现代化，办好人民满意的教育”[⑧]。党的十九大报告再次将农村的义务教育提到了一个新的高度，提出公平而有质量的教育是每个孩子都应该享受的。“扶贫先扶智，治贫先治愚”，教育扶贫是能让贫困地区

---

① 张克中：《贫困理论研究综述》，《减贫与发展研究》2014 年第 4 期。

② 李兴洲：《公平正义：教育扶贫的价值追求》，《教育研究》2017 年第 3 期。

③ 顾明远：《教育大辞典》，上海教育出版社，1998，第 12 页。

④ 刘维忠：《新阶段新疆农村扶贫开发模式与对策研究》，博士学位论文，新疆农业大学，2010。

⑤ 阿马蒂亚·森：《以自由看待发展》，任赜、于真译，中国人民大学出版社，2002，序言第 3 页。

⑥ 林乘东：《教育扶贫论》，《民族研究》1997 年第 3 期。

⑦ 刘军豪、许锋华：《教育扶贫：从“扶教育之贫”到“依靠教育扶贫”》，《中国人民大学教育学刊》2016 年第 2 期。

⑧ 《习近平在中国共产党第十九次全国代表大会上的报告》，中国共产党新闻网，http://cpc.people.com.cn/n1/2017/1028/c64094-29613660.html，最后访问日期：2023 年 5 月 10 日。

的孩子改变命运、造福家庭的精准扶贫举措，是解决家庭精神贫困的重要手段，把教育扶贫纳入精准扶贫战略中，既有模式创新也有理论创新，为家庭彻底脱贫带来巨大的希望。因此，在国务院正式下发的《"十三五"脱贫攻坚规划》中将"教育扶贫"作为与"保障兜底""社会扶贫"并驾齐驱的扶贫方式，共同构成精准扶贫的主要内容。

本章所探讨的教育精准扶贫，主要是第一种理解，即"扶教育之贫"，其理论逻辑在于通过改善贫困地区的办学条件促进教师的专业发展，通过教师的专业发展改变贫困地区的教育理念，进而提升贫困地区学生的核心素养，阻断贫困的代际传递。[①] 此意境下的教育精准扶贫有三个核心内涵：一是通过精准的物质帮扶改善贫困地区的办学条件；二是通过精准的激励、培训机制提升教师的教学能力，促进教师的专业发展；三是通过精确的帮扶手段提高学生的学习效果，促进学生的全面发展。调查发现，硬件建设、经费资助、师资培训、招生政策倾斜是目前我国"扶教育之贫"的重要举措，但随着国家经济水平的提升和教育扶贫投入的增加，大部分地区的办学条件已有所改善，师资和学生反而成为明显的短板。虽然国家在师资培训方面已出台了一系列新政，如 2010 年的"中小学教师国家级培训计划"、2015 年的《乡村教师支持计划(2015—2020 年)》等，但教师培训的科学性、针对性、目标性不强，培训效果不理想，不利于教师的专业发展。[②] 至于对学生的帮扶，目前的举措以赠送营养餐、学习用品等外在的手段为主，鲜有提升学生学习效果的精准帮扶举措，更谈不上促进学生的全面发展。

在此背景下，要想把教育精准扶贫的"精准"二字落到实处，就应使用新工具，正所谓"工欲善其事，必先利其器"，大数据是实现这一目标的有效手段。所谓大数据，是指需要新处理模式才能具有更强的决策力、洞察发现力和流程优化能力的海量、高增长率和多样化的信息资产。[③] 也即，大数据不能靠传统的处理软件在短时间内完成数据

---

① 陈恩伦、郭璨：《以教师精准培训推动教育精准扶贫》，《中国教育学刊》2018 年第 4 期。

② 俞建芬：《精准扶贫视域下乡村教师培训的困境与出路》，《教育科学论坛》2018 年第 13 期。

③ 和云等：《大数据时代企业人力资源管理变革的思考》，《经济研究参考》2014 年第 63 期。

集合，超过了任何一个计算机的处理量，具有数据量大、类型多、处理速度快、价值密度低等特点。[①] 根据这些特点，大数据在教育精准扶贫方面必将有所作为。事实上，与传统的扶贫方式相比，大数据能够让教育扶贫实现资助对象精准、资金发放精准、招生对象精准、培养过程精准、就业辅助精准、脱贫成效精准等六个“精准”，助力贫困学生无后顾之忧地完成学业。[②] 大数据拥有强大的分布式存储能力，能够实现传统常规软件无法处理的海量数据的统计、挖掘和分析，可以迅速、高效而稳定地采集、处理、共享海量的数据信息。在与其他技术相配合的情况下，大数据平台的优势更为明显，例如，与区块链技术的深度融合可以提升大数据平台的安全性，与云计算技术相结合可以提升大数据平台的运行效率，与人工智能技术相结合可以大幅提升大数据技术的生产力。[③] 因此，借助大数据开展教育精准扶贫，能够建立“用数据说话、用数据决策、用数据管理、用数据创新”的长效扶贫机制[④]，实现精准识别、精细管理、精确监控和科学评估，可以为贫困地区受扶老师、学生提供更具针对性、个性化、差异化、智能化的帮助和服务。

近年来，大数据在教育部门得到了广泛应用。从国外的经验来看，大型教育数据集的分析可以通过两种方法来完成，即教育数据挖掘（EDM）和学习分析（LA）。EDM 和 LA 通常用于研究向学习者提供不同教学支持的效果[⑤]，EDM 还可用于支持学习者的反思并向学习者提供积极的反馈。[⑥] 一如 Baradwaj 和 Pal 所认为的，这两种方法都可以用来发现信息，帮助教师识别学生中的早期辍学者，并确定在学习中哪些学生的

---

① 谢治菊：《大数据时代公务员心态建设探讨》，《中南大学学报》（社会科学版）2018 年第 4 期。

② 王钰：《以大数据分析技术促教育精准扶贫》，《电子技术与软件工程》2017 年第 23 期。

③ 冀昊悦等：《基于大数据技术的精准教育扶贫研究》，《科技风》2019 年第 22 期。

④ 王钰：《以大数据分析技术促教育精准扶贫》，《电子技术与软件工程》2017 年第 23 期。

⑤ H. Jeong, G. Biswas, Mining Student Behavior Models in Learning-by Teaching Environments (Educational Data Mining 2008, The 1st International Conference on Educational Data Mining, Montreal, June 20 - 21, 2008).

⑥ M. Agathe, Y. Kalina, Educational Data Mining: A Case Study (Conference on Artificial Intelligence in Education: Supporting Learning Through Intelligent & Socially Informed Technology. IOS Press, 2005).

行为需要特别关注。[①] 为达到这些目的，需要运用大数据对教育行为进行预测与评估。例如，可运用 EDM 和 LA，预测学生在学习活动中的成绩和收益，以反映学生在特定课程中的表现和留存；[②] 可运用 EDM 和 LA，评估学生行为和他们的学习效果，并对发现的不良习惯进行深度剖析。[③] 按此逻辑，如将大数据运用于教育扶贫领域，也可对学生成绩和教师教学水平进行精确评估，进而推动教育扶贫的精细化与科学化。[④]

事实上，各地纷纷开展实践探索，将大数据应用于教育精准扶贫领域，先后开发了大数据学生资助系统、大数据教师帮扶系统、大数据学生营养餐系统、大数据学生心理服务系统、大数据教学督导系统等 10 多个大数据与教育精准扶贫有关的系统，涌现大数据教育精准扶贫的“甘肃模式”和“贵州模式”。例如，甘肃省已借助大数据分析技术形成教育扶贫“大数据”应用格局，对全省 88 万建档立卡贫困户子女进行清单式管理和动态监控，真正为教育贫困的精准识别、精准决策、精准执行提供科学依据；[⑤] 贵州省通过大数据对学生的德智体进行监测，对积累的监测数据进行系统分析，以发现教育短板和质量“洼地”，形成区域质量预警模型。[⑥] 但仔细分析发现，现有的“大数据 + 教育”精准扶贫实践，主要是运用大数据对教育领域的扶贫进行宏观管理与动态监控，仅限于质量监控、数据监测等方面，并未涉及对微观的帮扶对象——学生和老师进行“点对点”的能力提升，这与“育成一人、脱贫一户、幸福一家”的阻断贫困代际传递的教育扶贫目标相去甚远。

在实践探索的过程中，大数据驱动教育扶贫的理论探讨也较多，这

---

① B. K. Baradwaj, S. Pal, “Mining Educational Data to Analyze Students' Performance,” *International Journal of Advanced Computer Science and Applications* 6 (2011): 63 – 69.

② S. Sembiring et al., Prediction of Student Academic Performance by an Application of Data Mining Techniques (International Conference on Management and Artificial Intelligence IPEDR, 2011).

③ N. Jeeva et al., “Application of Data Mining in Educational Database for Predicting Behavioural Patterns of the Students,” *International Journal of Engineering and Technology* 3 (2014): 4469 – 4472.

④ V. J. Rayward-Smith, “Statistics to Measure Correlation for Data Mining Applications,” *Computational Statistics & Data Analysis* 8 (2007): 3968 – 3982.

⑤ 封清云等：《大数据支持的甘肃省教育精准扶贫科学决策研究》，《电化教育研究》2017 年第 12 期。

⑥ 黄健：《大数据推进教育精准扶贫》，《中国教育网络》2018 年第 5 期。

些探讨主要分为以下几个方面。一是诠释教育精准扶贫的价值内涵。例如，王嘉毅等认为，教育精准扶贫就是采取特殊措施精准发力，着力扩大农村教育资源；[①] 余应鸿认为，教育精准扶贫属于“造血式”扶贫，它能有效提升贫困人口的人力资本和社会资本；[②] 陈恩伦、郭璨提出，教育精准扶贫是通过改善贫困地区的办学条件促进教师的专业发展，通过教师的专业发展改变贫困地区的教育理念，进而提升贫困地区学生的核心素养，阻断贫困的代际传递的过程。[③] 可见，教育精准扶贫的目标是实现教育领域的脱贫，促进教育的均衡发展，进而发挥教育的扶贫功能，阻断贫困的代际传递。因此有学者认为，教育精准扶贫要经历两个阶段，先“扶教育之贫”，再“依靠教育扶贫”。[④] 在研究教育精准扶贫的内涵价值时，不同学者对各主体所发挥的作用有不同的看法。例如，有的学者强调教师在教育精准扶贫中的关键性作用，认为扶贫的重点在于提升贫困地区的师资水平和办学水平，从而起到提升当地人力资本的作用。正因如此，才应推动“扶教育之贫”与“依靠教育扶贫”的价值共生，构建以教师为主体的教育贫困信息多元化收集与应用机制。[⑤] 而有的学者则认为，教育精准扶贫需要多方参与，这样才能形成系统衔接、多元互动的机制，增强扶贫效果。例如，段从宇、伊继东认为教育精准扶贫的系统推进，需要横向上“家庭教育、学校教育、社会教育、自我教育”和纵向上“基础教育、中等教育/职业教育、高等教育、老年教育”的统筹和协调互补。[⑥] 刘航、柳海民认为，教育精准扶贫应站在教育本体立场确定对象，解决面向办学主体、师资队伍、受教育群体三个方面的问题。[⑦] 这说明，政府、学校、教师、学生和家长都要在教育精

---

① 王嘉毅等：《教育与精准扶贫精准脱贫》，《教育研究》2016 年第 7 期。

② 余应鸿：《乡村振兴背景下教育精准扶贫面临的问题及其治理》，《探索》2018 年第 3 期。

③ 陈恩伦、郭璨：《以教师精准培训推动教育精准扶贫》，《中国教育学刊》2018 年第 4 期。

④ 谢治菊：《大数据驱动下的教育精准扶贫——以长顺县智慧教育扶贫项目为例》，《湖南师范大学教育科学学报》2019 年第 1 期。

⑤ 谢治菊、夏雍：《大数据精准帮扶贫困地区教师的实践逻辑——基于 Y 市“大数据 + 教师专业发展支持系统”的分析》，《现代远程教育研究》2019 年第 5 期。

⑥ 段从宇、伊继东：《教育精准扶贫的内涵、要素及实现路径》，《教育与经济》2018 年第 5 期。

⑦ 刘航、柳海民：《教育精准扶贫：时代循迹、对象确认与主要对策》，《中国教育学刊》2018 年第 4 期。

准扶贫中发挥重要作用，但其中最关键的是学生和教师，这与“育成一人、脱贫一户、幸福一家”的阻断贫困代际传递的教育扶贫目标更加接近。至于教育精准扶贫的困境与出路，余应鸿认为目前存在扶贫对象识别模糊、帮扶项目与贫困者需求脱节、帮扶措施缺乏针对性等问题。① 代蕊华、于璇发现，目前教育精准扶贫在思维理念、制度建设、扶贫方式以及社会力量参与等方面存在诸多矛盾和问题。② 任友群等指出，以往的教育扶贫工作存在教育目标失当、对象失焦、重点失实、布局失准等问题，“走向精准”是教育扶贫工作的必然取向。③ 为“走向精准”，应充分利用教育信息化手段和大数据技术来优化。因此，新阶段的教育精准扶贫应聚焦于构建以“精准识别—精准资助—精准培养—精准监管—精准就业”为主线的“六方联动”新机制，这“六方”是指政府、学校、教师、学生、家长和社会。④

基于此，本章拟以长顺县“志智双扶”的智慧教育项目为例，系统探讨大数据提升教育精准扶贫对象——老师和学生能力的逻辑机理、运行机制与可行路径。本章可能的创新在于：以具体的项目为个案，深度剖析大数据助推教育精准扶贫的逻辑机理与运行机制，并对大数据提升贫困地区教师教学能力、学生学习能力的实践过程进行系统诠释。

## 第二节　大数据驱动教育精准扶贫的价值

随着“互联网 +”、人工智能、大数据等信息技术向经济社会领域逐步渗透，新的技术范式已从支持性工具变成了行业变革的重要驱动力，教育领域也不例外。信息技术尤其是大数据对教育的核心影响，主要在于这些技术将人、财、物和知识空前地联结起来，并催生了教育决策、教育资源共享方式、教育传播途径的深刻变化。根据图灵奖获得者吉姆·格雷的划分，科学研究有实验科学、理论科学、计算科学和数据密

① 余应鸿：《乡村振兴背景下教育精准扶贫面临的问题及其治理》，《探索》2018 年第 3 期。

② 代蕊华、于璇：《教育精准扶贫：困境与治理路径》，《教育发展研究》2017 年第 7 期。

③ 任友群等：《教育信息化：推进贫困县域教育精准扶贫的一种有效途径》，《中国远程教育》2017 年第 5 期。

④ 陈恩伦、陈亮：《教育信息化观照下的贫困地区教育精准扶贫模式探究》，《中国电化教育》2017 年第 3 期。

集型科学四种范式，信息技术的发展为数据密集型科学研究范式提供了基础与支撑，这一范式通过对教育教学行为数据的采集、建构与挖掘，以可视化的方式和大数据的思维，推动教育管理从经验判断向数据驱动、从局部向系统、从线性向扁平化、从静态向动态转向，此种转向有利于发现教育内外部各要素与结构之间的关联性，引导教育行为更加科学化与规范化。

大数据驱动的教育研究，具有全样本、交互式、全景式、全过程、全透明的特征[①]，将这一特征映射到精准扶贫领域，可理解为大数据的大样本、大价值、大规模和大系统将驱动教育扶贫对象识别的精准性、帮扶管理的精细化、帮扶举措的精确性和帮扶结果的高效性，实现帮扶过程的科学化、专业化与智能化。根据汪磊等的研究发现，虽然数据采集的人工化与数据分析的简单化会降低大数据与精准扶贫之间的耦合性，但基于大数据技术的扶贫耦合机制却能够提升精准扶贫的绩效，揭示精准扶贫机制从政府驱动向数据驱动的演化趋势。[②] 由此推知，大数据与精准扶贫之间有较强的耦合性，这一耦合性在教育领域是否以及在多大程度上存在，目前没有科学的推论和判断，仅可从大数据驱动智慧教育的发展中窥知一二。所谓智慧教育，是将大数据信息技术应用于教育过程，实现教育整体变革的新型教育模式。[③] 根据 IBM 的界定，智慧教育有五大路标，分别为学生的技术沉浸，个性化、多元化的学习路径，服务型经济的知识技能，系统、文化和资源的全球整合以及教育在 21 世纪经济中的关键作用。[④] 智慧教育的真谛是运用智能化技术构建智能化环境，师生借助智能化环境实现教学（学习）理念、教学（学习）方式和教学（学习）场域的转变。为满足此种转变，教育管理系统就需要以丰富教育资源为基础、以推动智慧教学为核心、以实现个性化教育为目的、以促进师生发展为宗旨，这些要求正是大数据驱动的教育精准扶贫所能够带来的。

教育扶贫理论源于西方的反贫困理论，众多经济学家通过调查分析，

---

① 王战军、乔刚：《大数据驱动的教育研究新范式》，《北京大学教育评论》2018 年第 1 期。

② 汪磊等：《大数据驱动下精准扶贫运行机制的耦合性分析及其机制创新——基于贵州、甘肃的案例》，《公共管理学报》2017 年第 3 期。

③ 柯清超：《大数据与智慧教育》，《中国教育信息化》2013 年第 12 期。

④ Jim Rudd et al. , "Education for a Smarter Planet: The Future of Learning", http://www.redbooks.ibm.com/redpapers/pdfs/redp4564.pdf.

论证了教育在促进经济发展和消除贫困方面的积极作用，据此提出应当通过加大资本投入和提升人力资本水平来发挥教育在促进经济发展和消除贫困方面的功能。随后，社会学领域反贫困研究的兴起，极大地扩展了教育扶贫理论的研究范畴，认为文化、观念、社会变革、制度、政策、权利等因素是贫困的主要成因，并提出了贫困文化论和权利贫困论。无论是贫困文化论还是权利贫困论，都强调教育对打破贫困文化与贫困观念的作用，认为教育对优化社会结构、促进权利分配公平有明显的推动作用，教育公平理论由此产生。教育公平理论认为，教育对社会公平正义具有重要的促进作用，因此，教育系统应重点考虑受教育者的起点公平、机会公平和过程公平问题。正因为教育具有“育民启民、安民富民、化民强民”的巨大功能与价值，习近平总书记才在多种场合提出了“治贫先治愚”“扶贫必扶智”“扶贫先扶志”的扶贫理念。确实，从历史与现实的角度看，贫困地区的孩子受经济、文化、教育的影响不能得到良好的启蒙，在“贫困文化”与“贫困环境”中形成胆怯自卑、保守懦弱等性格并影响其成长与发展，造成贫困代际传递。故此，无论是从政治学、经济学、教育学的角度还是从社会学的角度，教育对阻断贫困代际传递都具有重要的作用，若将大数据的精准思维与教育的扶贫功能有效结合，必将推动教育扶贫领域的科学化与智能化，提高智慧治理的成效。

## 第三节　大数据驱动教育精准扶贫的案例

作为全国的数谷中心，贵州省在大数据助推教育精准扶贫方面走在了前列。依据《贵州省“十三五”教育事业发展规划》，教育脱贫是全省“六大脱贫攻坚战”之一，主张用共享发展的理念引领教育公平与教育扶贫，决定每年压缩6%的行政经费用于教育精准扶贫，将实施学生精准资助惠民计划、教师队伍素质提升计划等八项计划，让贫困家庭学生有更多机会接受高质量的教育。为提升教育扶贫的成效，省委、省政府采取“一对一”结对子帮扶的形式，让省内教育发达的地区帮助教育落后的地区，贵阳市教育局对长顺县教育局的帮扶就是典型的代表。长顺县隶属于贵州省黔南布依族苗族自治州，总人口25.66万人，少数民族人口占56%，以布依族、苗族为主，曾是国家级贫困县。2017年3

月，在充分调研试点的基础上，为扩大优质教育资源的辐射力、实现教育均衡发展，长顺县将全县20多所中学合并为4所，合并后的民族中学排名第一，广顺中学排名第二。考虑到贵阳市是“中国数谷”，且贵阳市教育领域的大数据应用已有丰富的经验，涵盖教育管理、安全管理、招生管理、质量提升和精准扶贫等十大关键领域，贵阳市教育督导现场视导系统、大数据教育质量监测平台、未成年人大数据心理健康云平台和校园餐饮“阳光厨房”App已走在全国前列，其中，未成年人大数据心理健康云平台和贵阳市教育督导现场视导系统还荣获了2017年“全国中小学德育工作优秀案例”和“教育部教育管理信息化应用优秀案例”的殊荣。[①] 经过前期调研和有序的组织策划，2017年9月，贵阳市教育局、贵阳市教科院联合贵州京师城投智慧教育产业股份有限公司，运用“大数据+教育”的方法和“互联网+教育”的思维模式，在长顺县广顺中学、民族中学建立了智慧教育项目，帮助提升学生学业成就、促进教师专业发展、提升课堂教学效果。该项目包括大数据助推教师专业发展支持系统、大数据学生学业成就提升系统两大系统。其中，“大数据+教师专业发展支持系统”是以云录播大数据系统为平台，通过“听课—评课—反馈—指导—跟踪”的专家指导模式，以及“讲课—反思—提问—改进—提升”的教师发展模式，采取3名专家指导引领1名被帮扶老师的“3+1”形式，提升教师课堂水平、促进教师专业发展（见图4-1）。该系统能针对受训老师的个人需求进行个性化、针对性帮扶，比“一对多”的“集中培训、送教下乡、远程培训、校本研修”帮扶模式更加精准，指导更加精细，对贫困地区教师专业能力的强化、教学方法的改进、教学技能的提升、教学效果的提升有重要的实践价值。同时，该系统通过教师间资源共享、共评互评、协作学习，不断优化课堂教学，能提升贫困地区教师课堂教学能力和水平，提高课堂教学效率；通过贵阳专家团队对扶贫学校教师进行各类培训，能提升教师理论水平、教育理念和教学技能，从而提高教师的整体素质。也即，“大数据+教师专业发展支持系统”的特点在于运用大数据平台实现帮扶的科学化、精准化、个性

---

① 罗海兰、刘辉：《以大数据为引领　打造公平共享智慧教育——贵阳市教育系统“大数据+教育”工程建设综述》，《贵阳日报》2018年5月26日，第2版。

化与针对性，提升帮扶效果，促进教师专业发展。

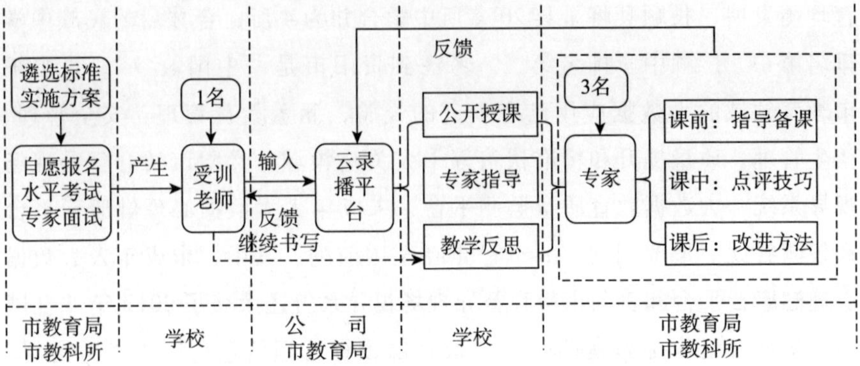


**图 4-1 大数据 + 教师专业发展支持系统**

“大数据 + 学生学业成就提升系统”以 iPad 为载体，通过大数据靶向提升系统和基于常规作业的认知诊断系统收集学生的学习行为数据和学生评价数据，形成“问题发现—拍题上传—个性讲解—共性学习—靶向练习—成绩提升”的学业成就提升闭环系统，结合教师课堂教学及时干预，让学生在不断纠错的过程中实现学业成就提升。该平台可为学生提供学习问题与难题的在线辅导、纠错服务，帮助学生第一时间解决学习问题；可积累形成学生个性化的错题本，诊断学生学习难点、盲点、薄弱点，靶向推送学习内容，引导学生定期订正、复习、反思，促进学业成就提升（见图 4-2）。

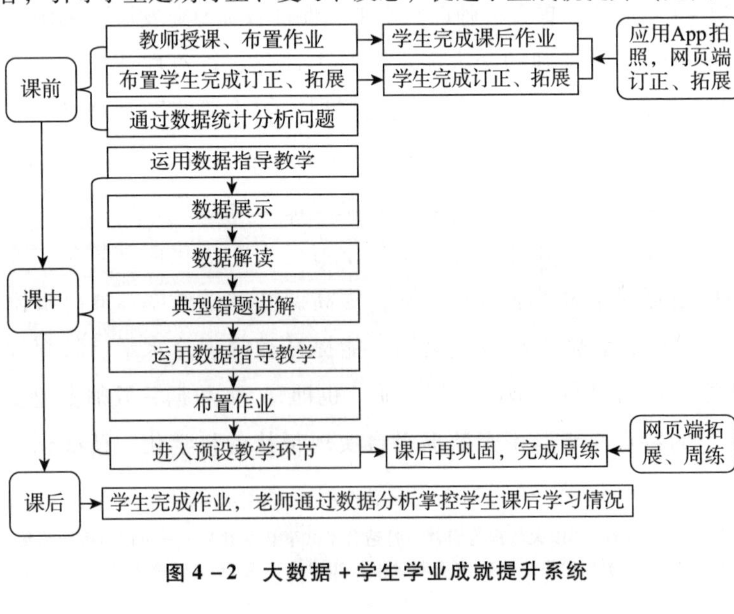


**图 4-2 大数据 + 学生学业成就提升系统**

“大数据 + 教育”精准扶贫长顺项目的价值在于：大数据思维和互联网平台为学生和教师提供直截了当的教育服务，解决教师专业发展和学生学业成就等关涉教育质量的根本性问题，形成完整、系统的大数据教育精准扶贫新模式。[①] 该模式以学生发展为中心，用大数据方法、互联网思维，让最优质的资源直接、具体、快捷地满足师生最迫切的需求，让贫困学生接受公平有质量的教育，增强与提高了精准扶贫对象的获得感和满意度，是提升贫困地区教育质量的根本，为贫困地区的教育发展、阻断贫困代际传递开创了一条新路。[②] 难怪访谈时贵阳市教育局局长指出，长顺县“大数据 + 教育”精准扶贫模式是高起点、高品质的教育精准扶贫，这在全国尚属首次，是满足教育发展、教师发展、教育质量监测、学生学业成就评估以及贵阳大数据产业发展需要的一次有益尝试。

不仅如此，该项目也对现有教育模式、教育理念、教育方法等的变革有重要的促进作用。首先，有利于促进教育模式的转型。教育精准扶贫的本质是体现公平正义的价值追求，这与罗尔斯的差别原则与起点公平、权利公平理念是契合的，对保障贫困人口的受教育权具有重要的意义。[③] 在教育精准扶贫领域加入大数据技术与资源，可以帮助扶贫者更好地了解贫困学生和老师的真实需求，提供个性化的帮扶举措。贵阳市教育局帮扶长顺县的“大数据 + 教育”精准扶贫项目，可以记录学生包括问题数据、行为数据在内的学习轨迹，通过轨迹进行分析、诊断和预测，识别出学生潜在的共性问题和个性问题，由此制定个性化、差异化、精细化的帮扶路径，为学生学习提供实时支持。同时，将教师上课、专家打分及评价、受训老师教学反思等视频、文字材料进行保存，形成新的数据平台，平台定期对教师成长过程、专家指导过程、学生课堂行为进行大数据分析，作为评价帮扶成效和教师专业发展的依据。可见，“大数据 + 教育”的精准扶贫，能够促进传统教育从小数据分析到大数据预测、从普遍化教学向个性化教学转变，这些转变对“以学生为本”教育模式的转型有重要的意义。其次，有利于加快教育理念的变革。在小数

---

① 鄂璠：《当“长顺学生”遇到“贵阳老师”：用凌云方法破解壮“智”难题》，《小康》2018 年第 6 期。

② 罗海兰：《贵阳大数据助力长顺教育扶贫》，《贵阳日报》2017 年 9 月 4 日，第 2 版。

③ 李兴洲：《公平正义：教育扶贫的价值追求》，《教育研究》2017 年第 3 期。

据时代，传统教育理念与教育思维更加关注宏观教育状况和学生的整体水平，所用的数据多从阶段性评价中获取，且获取数据的方法不够科学，不仅如此，老师们也经常凭借经验对贫困生的状况作出判断。[①] 大数据在关注宏观数据与整体水平的同时，关注微观层面的个体数据，为相关主体客观掌握贫困生数据、培养更多富有创造性的个性化人才提供了重要的支撑。也就是说，大数据能让教育理念实现从经验演绎向实证归纳的转变，在尊重经验的基础上科学地找到教育发展的规律，使个性化教育成为必然。贵阳市教育局帮扶长顺县的“大数据 + 教育”精准扶贫项目，将对教师和学生的帮扶举措建立在大数据分析的基础之上，尤其重视“因生施策、因师择教、因课设案”，这能极大地促进教育理念的变革。正如长顺县民族中学有 12 年教龄的数学教师 B 所指出的，“大数据 + 教育”的精准扶贫模式让他开阔了眼界、拓宽了思路、转变了理念，促使他站在更高的层面反思教学，更科学地思考现在所面临的挑战与机遇。再次，有利于拓宽教育扶贫的维度。传统的教育扶贫做法，主要集中在硬件建设、经费资助、师资培训、招生政策倾斜等方面，贵阳市通过大数据引领教育扶贫工作，将扶贫的重点放在教师教学能力与学生学习能力的提升，能够真正实现从以“教师教”为中心向以“学生学”为中心的转变，为贫困学生和老师提供更灵活的自主学习方式，实现教育主客体间的实时互动，为各利益主体如教师、学生、家长、专家、志愿者等加入教育扶贫领域提供了更广阔的平台，极大地拓宽了教育精准扶贫的维度，真正做到促进学生的发展，让贫困家庭子女都能接受公平有质量的教育，能够帮助实现“育成一人、脱贫一户、幸福一家”的目标，阻断贫困代际传递。最后，有利于促进教师能力的提升。现有的教师精准扶贫模式已不能有效满足贫困地区的教育需求，急需创新扶贫手段和扶贫方式来达成新时代的教育扶贫目标。在此背景下，“大数据 + 教师”精准扶贫模式应运而生，该模式跳出了传统的教师能力提升方法的窠臼，以大数据平台为载体，通过“专家课堂点评—教师教学反思—教师能力提升”的方式，让 3 名专家对 1 名老师的教学理念、教学方法、教学设计、教

① 姜宏：《利用大数据资源推进教育精准扶贫的实践与思考》，《教育论坛》2017 年第 24 期。

学素养进行全方位帮扶，并通过大数据系统动态监控帮扶过程，及时了解帮扶成效，对提升教师能力有重要的价值。

教育精准扶贫的理论逻辑在于，通过改善贫困地区的办学条件促进教师的专业发展，通过教师的专业发展改变贫困地区的教育理念，进而提升贫困地区学生的核心素养，阻断贫困的代际传递；[①] 教育精准扶贫的实践逻辑在于通过教育提高贫困人口的发展能力，增强贫困人口脱贫的内生动力，提高贫困地区的教育水平，促进教育资源的均衡发展与在社会的合理流动。[②] 当然，有了大数据的支撑，这一逻辑的重点转向了“精准”二字，即通过大数据让教育精准扶贫的对象识别更加精准、管理过程更加精细、需求定位更加精确、反馈控制更加有效。

1. 对教育精准扶贫对象进行精准识别，提升帮扶的针对性

数据是信息的载体，信息是客观事物的表征，大数据技术就是在各种各样的数据中快速获取有价值的信息。大数据是对复杂系统的一种把握工具，运用大数据把握社会经济的复杂系统，有助于贫困地区找到最适合当地的发展方式，促进该地区长远、持续和平衡发展。[③] 长顺县的智慧教育项目首先运用大数据对帮扶对象进行精准识别。“大数据 + 教师专业发展支持系统”中，试点的民族中学和广顺中学教师分别为 167 人和 135 人，为提升帮扶的针对性，贵阳市教科所组织专家团队开发了科学的教师帮扶测试系统，该系统由笔试和面试两部分组成。笔试包括专业理论、课程标准、职业认知、学科知识、教材理解、教学设计、试题命制等 7 个方面，专业理论占 40 分，其余指标各占 10 分，合计 100 分；面试包括专业理论、专业技能、专业素养、职业认知 4 个方面，分别占 20 分、40 分、30 分和 10 分，合计 100 分。笔试由自愿报名的老师自己作答，面试由贵阳市教科所遴选的 135 名指导专家分组进行。笔试、面试结束后，根据二者相加的综合成绩进行大数据分析，在语文、数学和英语中选出综合成绩排名前 10 的老师，在物理与化学中选出综合成绩排

① 陈恩伦、郭璨：《以教师精准培训推动教育精准扶贫》，《中国教育学刊》2018 年第 4 期。

② 向雪琪、林曾：《我国教育扶贫政策的特点及作用机理》，《云南民族大学学报》（哲学社会科学版）2018 年第 3 期。

③ 郑瑞强、曹国庆：《基于大数据思维的精准扶贫机制研究》，《贵州社会科学》2015 年第 8 期。

名前6的老师。考虑到教师的发展潜力和提升效果，再通过大数据对入围老师的专业理论、专业技能进行综合评价，重点选取专业理论较扎实、专业技能不太成熟、有发展潜力的老师，共选出42名教师，其中语文、数学、英语各5名，物理与化学各3名。在广顺中学八年级9班与10班、民族中学八年级14班开展试点的“大数据+学生学业成就提升系统”中，老师以8人为单元将班级学生分成若干小组，小组同学遇到错题后拍照上传至装有试题库的iPad，并通过iPad的自动解题功能实现错题解答。系统定期对上传的错题进行分析，得出出错率较高的题型，发现出错率较高的学生，教师根据系统提供的大数据对出错率较高的题型进行讲解、巩固与强化，为出错率较高的学生制定个性化帮扶举措，有效提升帮扶对象的针对性。

2. 对教育精准扶贫过程进行精细管理，增强帮扶的科学性

现代管理走向精细化的前提是大数据，大数据可通过数据整合提高工作效率、节省工作成本，通过智能化监管简化审批流程、提高使用效率，通过分析帮扶对象的价值偏好契合公众需求、实现弹性管理。简言之，大数据能够让海量、动态、多样的数据有效集成有价值的信息资源，为开展科学管理、精细服务提供强大的信息基础。[①] 在长顺县智慧教育扶贫项目中，大数据的这一功能更为明显。首先，运用大数据的分析功能对学生和教师帮扶过程进行动态管理，为贵阳市教育局调整帮扶方案提供科学依据。例如，对于“大数据+学生学业成就提升系统”的载体——乐冲刺系统，大数据分析出使用初期学生的积极性不高，后来慢慢上升至60多次，到3月迅速下降至23次，4月开始攀升至98次，这说明学生对该系统作用的认识是一个螺旋式上升的过程（见表4-1）。学生使用乐冲刺系统练习时长最长的是数学，截至2018年4月底总练习时长为528.10分钟；做题量最多的是英语，为494.88道题；做题效率最高的是数学，平均每分钟做1.41道题；正确率最高的是数学，高达72.67%，错题数为103.65道；订正率最高的是物理，高达93.49%（见表4-2）。这些大数据说明，数学使用乐冲刺系统的效果更好，化学和物理的使用效果相对较差，这为政府和学校修订学生学业成就帮扶方案

---

① 陈潭：《大数据驱动国家治理的未来图景》，《光明日报》2018年4月9日，第11版。

提供了科学的依据。

**表 4－1 大数据＋学生学业成就提升系统使用频次**

单位：次

| 学校 | 班级 | 学科 | 2017 年 | | | 2018 年 | |
|---|---|---|---|---|---|---|---|
| | | | 10 月 | 11 月 | 12 月 | 3 月 | 4 月 |
| 广顺中学 | 八（9） | 数学 | 2 | 20 | 11 | 2 | 14 |
| | | 物理 | 2 | 12 | 5 | 0 | 9 |
| | 八（10） | 数学 | 2 | 11 | 5 | 14 | 29 |
| | | 物理 | 3 | 5 | 6 | 3 | 23 |
| 民族中学 | 八（14） | 数学 | 2 | 15 | 24 | 2 | 14 |
| | | 物理 | 0 | 3 | 9 | 2 | 9 |
| 合计 | | | 11 | 66 | 60 | 23 | 98 |

**表 4－2 截至 2018 年 4 月底大数据＋学生学业成就提升系统使用情况**

| 学科 | 练习时长（分钟） | 做题量（道） | 做题效率（分钟/题） | 正确率（%） | 订正率（%） | 错题数（道） |
|---|---|---|---|---|---|---|
| 数学 | 528.10 | 374.98 | 1.41 | 72.67 | 80.69 | 103.65 |
| 英语 | 363.76 | 494.88 | 0.74 | 59.13 | 64.46 | 191.73 |
| 物理 | 411.53 | 492.27 | 0.84 | 71.49 | 93.49 | 136.57 |
| 化学 | 419.49 | 477.29 | 0.88 | 69.46 | 86.21 | 143.45 |

再如“大数据＋教师专业发展支持系统”，截至 2018 年 4 月底，教师计划上课 1017 节，实际直播课 767 节，实际录播率 75.4%；专家实际打分 667 分，实际打分率为 87%；专家实际上传评课 399 条，上传率 52%；被帮扶老师上传教学设计 361 条，上传率 47.1%；被帮扶老师上传教学反思 49 条，上传率 6.4%（见表 4－3）。这些大数据说明：第一，帮扶专家参与该项目的积极性、责任心比被帮扶老师更高，完成的任务更为圆满；第二，被帮扶老师上传教学设计、教学反思较少，24.6% 的人没有参与直播。这为管理部门的精细管理提供了有效的依据。事实上，上学期期末，即 2017 年 12 月，市教育局、公司和学校已发现并高度重视此类情况，经过座谈和走访发现，未参与录播的老师都有特殊情况，4 名教师怀孕、1 名教师的家人生重病。同时，参与录播的老师的课程量

很繁重，除当班主任外，每周还有16～25节课程，一些老师没有时间写教学反思、教学设计。当然，没有上传教学设计的另一个原因是，部分老师认为自己的教学设计还不够完善，没有精力修改。这说明，大数据为帮扶过程的精细管理提供了有力的支撑。

**表4－3 截至2018年4月底大数据＋教师专业发展支持系统使用情况**

| 学校 | 计划上课（节） | 实际直播课（节） | 专家实际打分（分） | 专家实际上传评课（条） | 上传教学设计（条） | 上传教学反思（条） |
| --- | --- | --- | --- | --- | --- | --- |
| 广顺中学 | 508 | 372 | 323 | 219 | 173 | 43 |
| 民族中学 | 509 | 395 | 344 | 180 | 188 | 6 |
| 总计 | 1017 | 767 | 667 | 399 | 361 | 49 |

3. 对教育精准扶贫需求进行精确定位，强化帮扶的专业性

大数据是实现帮扶充分化、便利化和精确化的可靠途径。大数据具有的量化、全面、精准的分析功能，无疑为因时、因地、因人制宜的教育帮扶提供了强大的技术支持。大数据分析能够精确获取教育帮扶对象的需求，提供更加个性化和便利化的服务，从而使服务的主动性有所增强、服务方式更为灵活、服务内容更加丰富、服务质量更加高效。长顺县智慧项目中的教师专业发展支持系统打破了贫困地区传统教师能力提升的弊端，通过3名专家对课堂的点评和帮扶，对教师自身知识的更新和积累、教师教学水平的提升和教学技能的强化、教师教学理念的转变和教学情感的认同有重要的帮助。正如访谈时大多数老师所表示的，此系统让他们的教学理念转向了注重学生核心素养的培养和“课标”的作用，改变了他们“满堂灌”的教学方式，提升了他们的专业能力和教学能力。事实上，计算机测试系统大数据显示，教师们最需要帮扶的能力是把握课程标准、进行教学设计和提升课堂教学技能，帮扶前的测试值仅分别为3.9分、4.8分、5.7分（总分为10分）。根据这一特点，市教育局和教科所组织专家进行了精心安排，通过反思、观摩、示范教学等方式，对参与老师的上述能力进行强化。强化后，被帮扶教师上述三个方面的能力测试值分别提升到7.5分、8.7分、9.2分。能够佐证这一观点的还有另外一组大数据，基于42

名参与教师的问卷调查可以发现：86.7%的被调查者认为被帮扶后形成了自己独特的教学风格，教学设计能力有了明显提升；90%的被调查者认为自己可以根据学生的状况变化及时调整课堂教学，在教研、教改方面的能力明显提升；83.3%的被调查者感觉自己的课堂组织更加灵活；93.3%的被调查者感觉自己结合“课标”驾驭课堂的能力有明显提高。正如访谈时广顺中学L教师谈到的，被帮扶前，她很少关注“课标”的要求，解读“课标”也有困难，导致在教学中比较随意，重点不突出；被帮扶后，她首先解读“课标”，再根据“课标”进行教学设计。不仅如此，被帮扶教师的整体综合素养得到了提升。其中提升最多的是数学老师，提升45.27分；其次是化学与英语，分别提升32.98分、32.76分；提升最小的是语文老师，提升13.59分（见表4－4）。这组大数据说明，无论是哪个学科，被帮扶教师的教学技能及其综合能力都得到了明显的提升。究其原因，主要是帮扶时充分考虑并精确定位了教师的实际需求，帮扶的专业性更强、个性化更明显，故而成效更好。

**表4－4　专家对被帮扶教师评价的分数变化情况**

单位：分

| 月份 | 数学 | 化学 | 物理 | 英语 | 语文 |
|---|---|---|---|---|---|
| 9 | 113 | 130.1 | 122.3 | 117.49 | 128.93 |
| 10 | 134.05 | 140.60 | 130.06 | 124.58 | 136.56 |
| 11 | 144.18 | 147.08 | 137.44 | 147.97 | 145.14 |
| 12 | 149.63 | 155.31 | 144.23 | 151.32 | 147.60 |
| 3 | 154.73 | 145.15 | 132.23 | 153.91 | 141.91 |
| 4 | 152.48 | 119.50 | 145.95 | 153.11 | 145.63 |
| 5 | 158.27 | 163.08 | 146.14 | 150.25 | 142.52 |
| 提升幅度 | 45.27 | 32.98 | 23.84 | 32.76 | 13.59 |

4. 对教育精准扶贫结果进行及时反馈，强化帮扶的有效性

在大数据时代，网络信息技术的迅速发展使得社会治理结构的扁平化和过程的协商化特征日趋明显，使得公共治理网络不存在严格的等级结构，权威分散在互动的行为者之中并且具有流动性，这为结果反馈的

及时性提供了组织保障与技术支撑。[①] 例如，长顺县智慧教育扶贫项目基于作业大数据和教师反馈信息大数据的认知诊断效果比较明显。所谓认知诊断，是将认知过程与测量手段结合起来，从认知心理学的角度分析老师教授和学生答题所应用的知识与技能，获得老师与学生认知模式差异的诊断信息。[②] 表4－5的数据显示，从纵向来看，仅2017年下半年，无论是从直播课教师教学目标的达成率、专业知识的强化度来看还是从专业素养的提升率、教师品质的增强度来看，语文教师的效果是较差的，这也与前文专家对语文教师教学能力评价的分数增长不高契合。相应地，语文课学生学习积极性与个人品质的改进方面也处于劣势。相反，化学老师在教学目标的达成率、专业知识的强化度方面占有优势，这直接导致化学学生在课前准备、学习积极性与个人品质的改进方面处于优势，处于相同优势的还有物理，它在提升教师专业素养和学生个人品质方面的成效最明显，分别占67.31%和73.08%。就横向而言，在教师和学生的测量指标中，该系统对教师品质和学生学习积极性的帮扶效果不明显，帮扶率均未超过50%。2017年12月，大数据系统及时将这一信息反馈给帮扶专家、学校、市教育局与教科所，相关主体及时对帮扶方案进行了调整，重点增强了对语文老师的帮扶以及对教师品质、学生学习积极性的帮扶，提升了帮扶的成效。那么，该系统是如何运用大数据来提高学生的成绩的呢？教师每日登录系统查看统计数据，了解学生完成作业、错题订正情况，分析典型错题；下次课开始，教师展示数据，对典型错题进行重点讲解，强化薄弱点，分层布置作业；单元结束前，教师进行阶段性小结，登录系统查看本单元学生常错题、错题订正、拓展复习情况，结合作业批改分析教学薄弱环节，并进行针对性改进。同时，监测部门可根据学生作业完成的大数据，分析教师布置作业的数量、难度分布；分析学生完成的时间段、时间点以及完成质量与知识点掌握情况的关系；分析教辅题目的质量，以及其与知识点掌握的关系；分析比较不同科目间作业布置与完成情况对学生学业水平的影响以及差异；分析在小测验、

① 陈潭：《大数据驱动国家治理的未来图景》，《光明日报》2018年4月9日，第11版。

② 余娜、辛涛：《认知诊断理论的新进展》，《考试研究》2009年第3期。

"每周一练"等测试完成后作业的针对性，以及其对知识点掌握的影响；针对每个知识块，建立符合长顺师生能力水平的教学模式。

表 4－5　大数据＋教师专业发展支持系统各级目标达成率

单位：节，%

| 学科 | 直播课数 | 教师 | | | | 学生 | | |
|---|---|---|---|---|---|---|---|---|
| | | 教学目标 | 专业知识 | 专业素养 | 教师品质 | 课前准备 | 学习积极性 | 个人品质 |
| 语文 | 105 | 55.24 | 55.24 | 60.95 | 39.05 | 89.52 | 40.95 | 60.00 |
| 数学 | 99 | 70.71 | 70.71 | 62.63 | 43.43 | 82.83 | 47.47 | 65.66 |
| 英语 | 105 | 73.33 | 71.43 | 59.05 | 46.67 | 81.90 | 44.76 | 58.10 |
| 物理 | 52 | 63.38 | 67.31 | 67.31 | 42.31 | 80.77 | 46.15 | 73.08 |
| 化学 | 56 | 87.50 | 76.79 | 62.50 | 39.29 | 83.93 | 42.86 | 66.07 |

可见，长顺县智慧教育扶贫项目运用大数据进行教育精准扶贫的机理在于：通过记录、积累过程数据集，利用大数据进行挖掘分析，为教育管理部门、学校、教师提供帮扶对象的数据支持和报告反馈，持续跟踪提升效果，及时调整方法策略。同时，利用大数据平台系统，在学校、教师、家长、学生、专家之间建立良好的沟通渠道和机制，重点关注贫困家庭学生、留守儿童健康成长，缩小贫困地区学生与发达地区学生的差距，促进教师的专业发展，提升学生的学业成就。

## 第四节　大数据驱动教师精确帮扶的实践

联合国《2015 年千年发展目标报告》显示，中国极贫人口比例从 1990 年的 61%，下降到 2002 年的 30% 以下，率先实现了比例减半，2014 年又下降到 4.2%。中国对全球减贫的贡献率超过 70%。该报告对我国的反贫困工作给予了高度评价，认为"中国在全球减贫方面起到了火车头的作用"①。中国反贫困工作之所以能够取得如此骄人的成绩，与近年来各级政府重视教育不无关系。关于教育在反贫困方面的作用，刘

① 沈栖：《中国反贫困成就举世瞩目》，东方网，2017 年 8 月 22 日，http://pinglun.eastday.com/p/20170822/u1ai10802239.html。

易斯、舒尔茨和阿马蒂亚·森皆有所提及。以贫困文化理论著称的刘易斯，认为贫困是贫困群体在成长环境中长期脱离社会主流文化的结果，教育的落后是贫困群体脱离主流文化的主因；[①] 舒尔茨认为，贫困产生于人力资本的匮乏，教育则是改善人力资本匮乏的关键；[②] 阿马蒂亚·森的能力贫困理论认为，贫困不是收入低下，而是可行能力不足，教育的落后是可行能力不足的主因。[③] 我国学者也对教育与贫困的关系进行了一些研究，如林乘东从贫困的发生机制出发，提出教育有反贫困的功能，即通过发展教育来提高贫困地区人口素质，可以消除贫困；[④] 李振宇等利用数据库2006年、2008年、2011年和2013年农村子样本数据进行定量分析发现，教育结构与贫困发生率呈反相关关系，即受教育程度越低的群体贫困发生率越高，且教育发展与结构变迁对降低贫困发生率有积极影响。[⑤] 这些理论与实践表明，教育对反贫困有重要意义。正是认识到这一重要意义，近年来人们对教育扶贫的关注才逐渐升温，各级政府纷纷下发教育扶贫实施方案，学界也开始探讨教育扶贫的价值和具体实践。在教育扶贫的价值方面，有人认为，教育扶贫与其他扶贫方法最本质的区别是教育扶贫可以斩断贫困代际传递，并使扶贫成果得以延续；[⑥] Otsuka通过对菲律宾、泰国、孟加拉国和印度的实证分析指出，农业劳动市场对减贫的作用不明显，教育渠道对非农收入的获得具有决定性作用。[⑦] 关于教育扶贫的实践，先后涌现甘肃“静宁模式”、广西“三位一体模式”、云南“翔龙模式”、新疆“1+2模式”等，这些模式消除贫困的机理在于：通过加大贫困地区的人力、物力、财力投入，促

① 顾明远：《教育大辞典》，上海教育出版社，1998，第12页。

② 刘维忠：《新阶段新疆农村扶贫开发模式与对策研究》，博士学位论文，新疆农业大学，2010。

③ 阿马蒂亚·森：《以自由看待发展》，任赜、于真译，中国人民大学出版社，2002，序言第3页。

④ 林乘东：《教育扶贫论》，《民族研究》1997年第3期。

⑤ 李振宇等：《农村教育结构变迁与收入贫困改善的系统研究》，《国家行政学院学报》2018年第2期。

⑥ 林乘东：《教育扶贫论》，《民族研究》1997年第3期。

⑦ K. Otsuka, J. P. Estudillo, T. Yamano, “The Role of Labor Markets and Human Capital in Poverty Reduction: Evidence from Asia and Africa,” *Asian Journal of Agriculture & Development* 7 (2012): 23-40.

进贫困地区人口素质的提高，从根本上消除“贫困文化”和“贫困思维”，实现社会公平正义。[①] 正如习近平总书记在福建宁德工作期间写《摆脱贫困》一书时，特别强调“越穷的地方越需要办教育，越不办教育就越穷”[②]。

教育精准扶贫的核心要素有三个方面：一是通过物质帮扶改善贫困地区的办学条件；二是通过激励、培训等举措提升教师的教学能力，促进教师专业能力的发展；三是促进学生的全面发展，提升学生的核心素养。调查发现，随着国家经济水平的提升和教育扶贫力度的加大，大部分地区的办学条件已有所改善，师资力量反而成为制约贫困地区教育质量的重要因素。其中，教师素质偏低、数量不足、结构不合理、能力不够等问题严重制约着贫困地区的教育发展。为此，国家出台了一系列新政鼓励乡村教师的发展，如 2010 年的“中小学教师国家级培训计划”、2011 年的《教育部关于大力加强中小学教师培训工作的意见》、2015 年的《乡村教师支持计划（2015—2020 年）》、2016 年的《教育脱贫攻坚“十三五”规划》等。然而，由于生活环境艰苦、学生素质偏低，即使各级政府不断调整乡村教师激励政策，愿意扎根贫困地区的优秀教师仍然少之又少。故此，通过引进的方式充实乡村优秀师资比较困难，只能转向依靠培训提升现有师资的水平，但现有培训的科学性、针对性、目标性不强，培训方式单一，培训效果往往不理想，难以促进教师专业发展。[③]

为进一步提升乡村教师培训的针对性和实效性，2011 年出台的《教育部关于大力加强中小学教师培训工作的意见》和 2015 年出台的《乡村教师支持计划（2015—2020 年）》均鼓励采取集中培训、送教下乡、校本研修、远程培训四种模式对中小学教师进行精准扶贫。其中，集中培训是指将教师集中送到委托培训的单位如师范院校进行培训，即将教师“送出去”，针对普遍问题和通识问题进行集中培训。[④] 送教下乡通常由

---

① 李兴洲：《公平正义：教育扶贫的价值追求》，《教育研究》2017 年第 3 期。

② 《摆脱贫困》，福建人民出版社，2014，第 8 页。

③ 俞建芬：《精准扶贫视域下乡村教师培训的困境与出路》，《教育科学论坛》2018 年第 13 期。

④ 王北生、冯宇红：《“国培计划”实施中的现实困境及其突破》，《中国教育学刊》2015 年第 10 期。

上一级教育主管部门组织，邀请专家到基层中小学进行现场专题培训，是一种“引进来”的培训模式。校本研修以解决学校和教师教学实践中的问题为导向，通过在教师任职的中小学和课堂中去谋求教师的专业发展。远程培训意指以计算机与网络为手段，以视频讲座、文本学习、专家答疑、同伴交流等为主要方式的网络培训。以上四种教师精准扶贫培训模式运用较多，但各有利弊，其主要的问题在于培训的针对性、实效性不强，成效不显著，经费紧张，培训效果评估不科学，培训对象自主选择的机会较少（见表4－6）。[①] 也即，现有的教师精准扶贫模式已不能有效满足贫困地区的教育需求，急需创新扶贫手段和扶贫方式来达成新时代的教育扶贫目标。在此背景下，以“大数据思维、互联网驱动与点对点帮扶”为核心的贵阳市“大数据＋教师专业发展支持系统”应运而生，这为有效克服贫困地区教师能力提升的弊端提供了重要的借鉴与思路。

**表4－6　四种教师精准扶贫培训模式的优劣比较**

| 培训模式 | 优点 | 缺点 |
| --- | --- | --- |
| 集中培训 | 便于组织和学习实时管理 | 工学矛盾比较突出、培训经费花费较大、针对性不强、容易流于形式 |
| 送教下乡 | 针对性强、花费少、不影响正常教学 | 受知识结构的限制，培训者只能就教学中普遍存在的问题进行探讨，不能满足不同学科和不同教师的个体化需求，受扶人数有限 |
| 校本研修 | 针对性和实践性较强、教师参与度高、参与人数多、成本低，能解决实际问题 | 问题缺失、思维僵化、利益冲突、成效低下 |
| 远程培训 | 费用低、覆盖面广、培训资源多、授课时间灵活 | 受扶老师对课程资源难以取舍，对受扶老师的自律性要求较高 |

自2016年起，《国务院关于印发“十三五”脱贫攻坚规划的通知》《工业和信息化部印发〈关于推进网络扶贫的实施方案（2018—2020年）〉的通知》等文件相继出台，指出要“加强精准扶贫大数据管理应用”、

① 陈向明、王志明：《义务教育阶段教师培训调查：现状、问题与建议》，《开放教育研究》2013年第4期。

要"大力推进'互联网+教育'的精准扶贫模式"，推动优质教育资源在贫困地区的共享应用，这为推动"互联网+教育"精准扶贫模式在贫困地区的应用提供了重要保障，为探索适合贫困地区的"互联网+教育"精准扶贫模式提供了动力。互联网平台打破了帮扶双方的时空限制，为点对点帮扶提供了便利条件。为此，贵阳市教育局运用大数据思维，采用互联网技术，将以云录播平台为载体的"大数据+教师专业发展支持系统"应用于长顺县的教育扶贫实践中。

为深入了解"大数据+教师专业发展支持系统"是如何运作的、效果如何，2017年9月该项目实施以来，课题组以第三方的身份参与了该项目的运行，深度访谈了5名教育局工作人员、4名公司项目管理员、10名帮扶专家、25名受扶教师，参与式观察了项目运行的重大事件与重要会议，如贵阳市教育局组织的项目部署会、项目推进会以及项目考核和测评的各重要会议。课题组还专门派出1名博士研究生前往贵阳市教育局跟班实习，参与该项目各个环节的具体工作。此外，课题组还对42名[①]受扶教师就项目开展以来的教师教学理念、教学技能、学生学习状态等方面进行了全样本问卷调查，并收集了大量的二手资料和数据，这些资料和数据包括长顺县智慧教育扶贫项目运行以来的后台数据、政策文件和总结材料，如"大数据+教师专业发展支持系统"的云录播平台上产生的受扶教师的教学设计、449份指导专家的评论、56份受扶教师的课堂教学反思等文本资料，受扶教师每周一次的录播视频，受扶教师的授课打分，受扶教师的前测、中测、阶段性测试得分（涉及专业理论、课程标准、职业认知、学科知识、教材理解、教学设计、试题命制7个方面的笔试得分；涉及专业理论、专业技能、专业素养、职业认知4个方面的面试得分），以及参与项目前后学生的成绩，等等。

为使评估的效果更加客观、公正，课题组还辅以学校所提交的学生成绩进行大数据分析。评估的标准是教师专业标准和学生成绩，教师专业标准包括知识的积累、能力的提升和精神的培育，故而对贫困地区教

① 开始有42名教师受扶，后3名教师因怀孕或家里有事退出，尽管学校进行了人员增补，但考虑到数据的连续性，最后得到的有效调查问卷为39份。

师的精准扶贫应该从知识扶贫、能力扶贫和精神扶贫三个层面来切入;[①]学生成绩主要从帮扶前后学生成绩的变化来衡量。调查发现，虽然不同教师能力提升程度不同，但基本上受扶教师在教学理念、教学技能和综合素养方面都得到了较大的改善，学生的成绩也得到了大幅度提高。

## 一 教师教学理念明显转变

受扶之初，上录播课要求较高，绝大多数老师要利用周末和节假日认真准备，所花时间和所耗精力更多，故而有怨气，心有不甘。但是，随着时间的推移，专家们的精心指导、细心“把脉”及课堂示范引领，使老师们明显感觉到因课堂教学得法，学生偷懒的情况少了，学生积极发言、互动交流的多了，进而思想观念上发生了巨大的转变，由当初的被动接受转为后来的主动请教，转变最明显的是意识到教学不能“满堂灌”，要以课程标准为纲、以培养学生的核心素养为目的。正如访谈时广顺中学L老师所说（2018年6月4日）:

> 受扶前，我认为教师教好书、上好课就可以了，不需要注重育人；受扶后才知道，好老师需要培养学生的思维能力，需要认真“备学生”而不是“备课本”。

同时，受扶前，她很少关注“课标”的要求，解读“课标”也有困难，导致在教学中比较随意，重点不突出；受扶后，她首先解读“课标”，再根据“课标”进行教学设计。问卷调查的数据也佐证了这一观点。调查显示，83.7%的被调查者认为此模式有利于帮助其了解教育精准扶贫的意义，93.3%的被调查者认为此模式可帮助其了解先进教育理念对孩子成长的作用，90%的被调查者同意此模式更能深入体会团队合作在教育精准扶贫中的重要性，83.3%的被调查者认为此模式可帮助自己制定更加专业的职业生涯规划，93.3%的被调查者认为自身的课堂教

① 李长娟:《偏远农村地区教师培训的实践探微与路径突破》,《教学与管理》2015年第36期。

学监控和反思能力有了明显提升，83.3%的被调查者在课堂上更加注重激发学生求知欲和好奇心。这说明，经过3名专家一年以来“多对一”的指导，受扶老师的教学理念转变明显。

## 二　教师教学技能明显提升

受扶前，许多老师都不知怎样去备好课、上好课，更不知道如何说课、评课，在这方面深有感触的是广顺中学L、W两名老师。因为勤学好问，两名老师进步很快，其中L老师教龄才3年，就被邀请到贵阳市上公开课，得到了贵阳市M区听课教师的好评。访谈时广顺中学L老师称，受扶后会重视“课标”解读，根据“课标”进行教学设计。民族中学C老师也有类似的感受（2018年6月4日）：

> 教学方向更明确了，对教材、大纲的把握更到位了。刚参加工作时，受到一个老师的影响，认为应注重引导学生发散思维，联系现实生活。这种结果就是想到哪里讲到哪里，看着很热闹，但重点不突出，教学目标不明确，没有紧跟大纲的要求。现在专家建议多看大纲，多看“课标”，并推荐了一些教参，做到备课更深入、细致，方向更明确，不再盲目了。

两名老师提到原来大多是教师讲、学生听，师生之间互动很少，学生参与度低，总认为牢牢把学生的思路控制在自己手里会更好；帮扶后，专家提出要学会放手，引导学生找出答案，而不是自己把所有的答案都讲出来。正因为采纳了专家的建议，现在两名老师的教学方法改善很明显，课堂上注意引导学生进行小组讨论，鼓励学生自己总结、自己寻找答案。同时，帮扶前，一些教师不会运用现代化教学手段，如制作精美的课件，尤其是不会在课件中穿插视频、动画、图片，帮扶后，民族中学P老师谈到，课件制作的短板被弥补，现在上课可以在课件上、内容上做一些灵活的处理，以吸引学生注意力，达到更好的讲解效果。问卷调查的数据也印证了上述观点，86.7%的被调查者认为受扶后形成了自己独特的教学风格，教学设计能力有了明显提升；90%的被调查者认为自己可以根据学生的状况变化及时调整课堂教学，在教研、教改方面的能力明显提升；83.3%的被调查者感觉自己的课堂组织更加灵活；93.3%的被调查者感觉自己结合“课标”驾驭课堂的能力有明显提高；76.7%的被调查者学会根据课堂表现来评估学生的心理状况。这些数据再次说明，贵阳市在长顺县应用的“大数据+教师专业发展支持系统”让受扶教师的教学技能得到了大幅度提升。

## 三 教师综合素质明显提高

贵阳市教育局首先组织专家在2017年9月、2018年1月和2018年9月分3次对受扶教师的综合能力行了测量，每次的总分100分，测量的内容主要是专业理论、课程标准、职业认知、学科知识、教材理解、教学设计、试题命制等方面；其次，再组织专家对愿意受训的老师进行面试，面试时着重考察受训老师的专业理论、专业技能、专业素养、职业认知，面试分了前测、中测和阶段性测试三轮，每轮的总分也是100分。课题组将受扶老师三次的测试分数录入SPSS系统，进行F检验，从表4-7可知，帮扶前后受训老师的能力提升分数显著增长，三次笔试、面试和总成绩比较的$F$值分别为32.130***、24.077***、36.957***，在0.001水平上呈显著性；三次组间两两比较（事后比较）的$F$值也在0.05水平上呈显著性。这说明，受扶教师综合能力的提升很明显，只是由于学生的基础不同、受训老师的价值取向不一和指导专家付出的努力有差异，不同学科教师教学能力提升的幅度不一致。其中，与2017年9月2日的第一次测试相比，2018年9月7日的阶段性测试中，受扶化学、数学、物理、英语和语文老师综合能力分别提升31.8分、34.7分、52.3分、44.3分和34.0分，物理老师的能力提升最明显。

访谈中，广顺中学的W老师谈到了自己的变化（2018年9月7日）：

> 以前只是照本宣科，现在把握教材的能力有了很大提高、教学方法有了很大改进、驾驭课堂的能力有了很大提高。现在自己除了会上课，还懂得了如何评课，以及如何带好英语教研室开展教研活动。

表 4－7 受扶教师能力提升的 F 检验[①]

| | 第一次测试（2017 年 9 月 2 日）（$n=39$） | 第二次测试（2018 年 1 月 9 日）（$n=39$） | 第三次测试（2018 年 9 月 7 日）（$n=39$） | $F$ 值 | 事后比较 | | |
|---|---|---|---|---|---|---|---|
| | | | | | 第一次/第二次 | 第二次/第三次 | 第一次/第三次 |
| 笔试成绩 | 65.31 ± 12.389 | 74.54 ± 8.932 | 84.28 ± 9.725 | 32.130*** | －9.231* | －9.744* | －18.974* |
| 面试成绩 | 64.03 ± 13.352 | 71.49 ± 13.119 | 83.44 ± 10.745 | 24.077*** | －7.462* | －11.949* | －19.410* |
| 总成绩 | 129.33 ± 20.240 | 146.05 ± 19.909 | 167.69 ± 19.104 | 36.957*** | －16.718* | －21.641* | －38.359* |

## 四 教师行为轨迹更加翔实精准

将大数据应用于教育精准扶贫领域，可以对教育扶贫对象进行精准识别、对扶贫过程进行精细管理、对扶贫需求进行精确定位、对扶贫结果进行及时反馈，能够增强帮扶的针对性、科学性、专业性和有效性。[②] 大数据为受扶教师的专业发展提供了重要的保障和支撑。例如，云录播系统的后台大数据显示，受扶教师 2017 年 9 月至 2018 年 6 月应上课 1185 节，实上课率为 75.2%，即 891 节；在所上的 891 节课中，专家实际上传评课 765 节，评课率较高，为 85.9%；专家应传评论数 891 条，实际上传 449 条，上传率为 50.4%；受扶教师应传教学设计 891 次，实际上传 405 次，上传率为 45.5%；受扶教师应传教学反思 891 条，实际上传 56 条，上传率为 6.3%（见表 4－8）。这些大数据表明：第一，与受扶教师相比，指导专家的任务完成度更高；第二，由于教学任务繁重、教学要求较高，贫困地区受扶教师主动适应该帮扶系统的能力较弱，教学反思上传率极低就是很好的例证；第三，教师在该系统中的行为轨迹更加翔实精准，这为教育局和学校的精细管理提供了科学的依据。

---

① 感谢贵阳市教育局为我们提供的数据。

② 谢治菊：《大数据驱动的教育精准扶贫——以长顺县智慧教育扶贫项目为例》，《湖南师范大学教育科学学报》2019 年第 1 期。

表 4-8 大数据 + 教师专业发展支持系统的使用情况

| | 计划上课（节） | 实际直播课（节） | 专家实际上传评课（节） | 评论数（条） | 上传教学设计（条） | 上传教学反思（条） |
|---|---|---|---|---|---|---|
| 9 月 | 126 | 107 | 81 | 35 | 37 | 0 |
| 10 月 | 126 | 121 | 95 | 56 | 60 | 0 |
| 11 月 | 210 | 151 | 138 | 88 | 80 | 17 |
| 12 月 | 126 | 102 | 99 | 63 | 63 | 12 |
| 上学期小计 | 588 | 481 | 413 | 242 | 240 | 29 |
| 3 月 | 168 | 143 | 131 | 86 | 62 | 10 |
| 4 月 | 150 | 75 | 66 | 42 | 32 | 8 |
| 5 月 | 194 | 140 | 111 | 55 | 52 | 5 |
| 6 月 | 85 | 52 | 44 | 24 | 19 | 4 |
| 下学期小计 | 597 | 410 | 352 | 207 | 165 | 27 |
| 总计 | 1185 | 891 | 765 | 449 | 405 | 56 |

注：感谢贵阳市教育局为我们提供的统计数据。

## 五 学生课堂上的不良行为习惯得到纠正

在参加帮扶之前，学生在课堂上会因为老师讲授内容的枯燥无味而东张西望，或因为觉得无趣而睡成一片。自从进入云录播教室上课以后，学生的不良行为习惯得到了极大的纠正，学生个个精神饱满、积极性增强，真正形成了学生人人有事做、个个精神集中的良好局面。访谈中，民族中学的 L 老师谈到项目实施后学生的转变（2018 年 5 月 23 日）：

> 学生也学会了独立思考以及自己动手做事，而且上录播课的学生的课堂规范要明显好于没有上录播课的学生。

究其原因，一是老师们得到专家团队的精心指导，在教学方法上大有改进，由原来的“满堂灌”“填鸭式”转变为“小组探究合作”；二是录播室是全覆盖监控的教室，学生的一举一动全在监控之内，为避免学校责罚，学生一般不敢轻举妄动。由于参与的班级每周至少会到录播教室上一节课，多的要上 2～3 节课，长此以往，学生的良好习惯得以养成，即使在普通教室上课，学生的不良习惯也逐步得到纠正。正如问卷调查数据所显示，63.3% 的被调查者认为录播后大部分学生端正了自己的学习态度，70% 的被调查者认为课堂中学生回答问题的积极性提升了，63.3% 的被调查者认为下课以后学生主动与老师交流的次数增加了，80% 的被调查者同意上课捣乱的学生减少了，66.7% 的被调查者认为学生参加各项课外活动和竞赛的兴趣增强了。这说明，大部分录播老师认为，云录播平台中“大数据 + 教师”的精准扶贫模式对纠正学生课堂上的不良行为习惯有重要的帮助。

## 六　学生的学习成绩大幅度提升

为上好每一堂课，专家对指导教师严格要求，教师反复磨课、反复设计，再加上专家在课堂上的适时指导以及课后的点评与反思，试点班级学生的学习成绩大幅度提升，80% 的被调查者认为学生成绩提升明显就是最好的例证。当然，也可从以下数据的横向对比中得出此结论。首先，成绩排名有所提升。例如，广顺中学 H 老师带领的 14 班，在七年级时因没有得到帮扶，2017 年春季期末统考，整个年级共 14 个教学班，其数学成绩为年级倒数第 1 名；帮扶一年后，学生成绩大幅度提高，一跃进入年级第 6 名。其次，与非录播班级相比，录播班级学生成绩提升显著。为此，我们以 8 个同时开展“云录播课堂”语文、数学、英语的班级[①]和同一老师教授的 8 个“非云录播课堂”的班级为研究对象，将实验组和对照组在 2017 年 6 月和 2018 年 6 月前后的成绩导入 SPSS 中进行 t 检验（见表4－9、表 4－10）。第一，经过一年的帮扶，实验班语文、英语两科平均成绩都显著高于“云录播课堂”实施前（$p<0.01$）；第二，对照班语文、英语两科平均成绩在一年后不存在显著差异（$p>0.05$）；第三，在“云录播课堂”实施后，实验班语文、英语两科平均成绩显著高于对照班相应课程的平均成绩（$p<0.01$），数学的平均成绩没有显著差异。数学课程在一年帮扶后的效果不理想，除教师、学生的

① 之所以选择语文、数学、英语三门课程而没有选择物理、化学，是因为初中三年级才有物理和化学课程，没有 2017 年 6 月的成绩可以对比。感谢长顺县教育局为我们提供的原始数据。

差异以及其他因素的影响之外，与英语和语文课程的本身属性有关。语文、英语课程的学习是分散点状式的，这种学习有多种开端，学习方式也相对多元，“云录播课堂”所实现的教师教学理念、教学技能、教学策略等的调整对此有较高的契合度。而数学课程的学习是聚合树状式的，这种学习开端比较单一，学习要取得成效，一般只能靠逐步积累，“云录播课堂”对此契合度不高。这说明，按照中学教师的专业标准对教师能力进行精准帮扶一年后，英语、语文学生学业成就的增长明显。

**表 4-9 “云录播课堂”与“非云录播课堂”实施前后学生成绩对比**

| 学科 | “云录播课堂”实施前后成绩比较 | | | “非云录播课堂”实施前后成绩比较 | | |
|---|---|---|---|---|---|---|
| | 初一期末成绩（$n=400$） | 初二期末成绩（$n=400$） | $t$ | 初一期末成绩（$n=400$） | 初二期末成绩（$n=400$） | $t$ |
| 语文 | 50.57 ± 19.4 | 57.38 ± 17.4 | −5.131** | 50.03 ± 18.7 | 51.24 ± 19.9 | −0.567 |
| 数学 | 48.51 ± 30.4 | 47.56 ± 25.1 | 0.470 | 49.49 ± 31.6 | 48.59 ± 30.7 | 0.448 |
| 英语 | 44.09 ± 24.7 | 50.40 ± 25.4 | −3.495** | 44.85 ± 27.3 | 46.26 ± 26.3 | −0.773 |

注：** 代表 $p<0.01$。

资料来源：长顺县教育局。

**表 4-10 “云录播课堂”与“非云录播课堂”初一、初二期末成绩对比**

| 学科 | “云录播课堂”实验班与“非云录播课堂”对照班初一期末成绩比较 | | | “云录播课堂”实验班与“非云录播课堂”对照班初二期末成绩比较 | | |
|---|---|---|---|---|---|---|
| | 对照班成绩（$n=400$） | 实验班成绩（$n=400$） | $t$ | 对照班成绩（$n=400$） | 实验班成绩（$n=400$） | $t$ |
| 语文 | 50.03 ± 18.7 | 50.57 ± 19.4 | −0.235 | 51.24 ± 19.9 | 57.38 ± 17.4 | −5.123** |
| 数学 | 49.49 ± 31.6 | 48.51 ± 30.4 | 0.485 | 48.59 ± 30.7 | 47.56 ± 25.1 | 0.593 |
| 英语 | 44.85 ± 27.3 | 44.09 ± 24.7 | 0.342 | 46.26 ± 26.3 | 50.40 ± 25.4 | −2.554** |

注：** 代表 $p<0.01$。

资料来源：长顺县教育局。

综上，贵阳市运用大数据思维，借助互联网平台在长顺县构建的“大数据+教师专业发展支持系统”成效显著，该系统运行一年以来，不仅教师的教学理念明显转变、教学技能明显提升、综合素质明显提高，也纠正了学生课堂上的不良行为习惯，学生的学习成绩更是大幅度提升。这意味着，互联网驱动下的“点对点”帮扶模式比普通的“点对点”帮扶模式更有成效。究其原因，主要是“互联网+教育”的“点对点”帮扶能够实现帮扶双方的实时互动，减少帮扶的中间环节，降低帮扶的机会成本，实现帮扶的科学化与针对性。

## 第五节　大数据驱动学生营养餐精细管理的探索

随着改革开放的推进和经济社会的发展，人民的生活水平大幅度提升，地区之间、城乡之间、东西部之间的发展差距虽然缩小，但仍然存在，尤其是，我国中西部地区因经济发展落后、教育水平低下和公共服务供给不足，学生的营养状况普遍得不到有效保障。与城市的同龄孩子相比，农村儿童普遍存在贫血情况较严重、身体发育迟缓、身高体重不达标、膳食结构不均衡、营养元素缺乏等问题。例如，王婷、李文在对农村寄宿制小学生膳食调查分析时发现，农村寄宿制小学生的膳食结构不合理，蛋白质和部分营养素的摄入严重不足，其中钙的摄入量严重缺乏；[①] 左娇蕾、胡小琪的研究表明，农村寄宿制学校学生三餐能量分配和产能营养素摄入比例不合理，蛋白质、脂肪、碳水化合物的产能比分别为 8.65%、13.64% 和 77.71%；[②] 史耀疆等通过调查甘肃省和宁夏回族自治区 8 个县 2372 名学生发现，有 21.49% 的学生患有贫血；[③] 王丽娟等的调查显示，贫困地区农村学生普遍营养素摄入不足，贫困地区农村寄宿制初一学生的营养素摄入量偏低的现象极为普遍，且与国家推荐的膳食营养素摄入量相差较大。[④] 这些数据表明，我国西部贫困地区学生的健康状况堪忧，营养水平亟待提高，否则会影响学生将来的发展。正如房玥晖等的研究发现，儿童青少年时期是营养素摄入的关键时期，快速的生长发育和较频繁的体力、智力活动使他们对相关营养素的需求极大增多。[⑤] 其

---

① 王婷、李文：《贫困地区农村寄宿小学生膳食营养状况调查》，《中国学校卫生》2009 年第 2 期。

② 左娇蕾、胡小琪：《我国农村寄宿制学校学生营养状况及干预策略》，《中国学校卫生》2010 年第 9 期。

③ 史耀疆等：《农村义务教育学生营养改善计划实施前的现状分析和政策建议——来自西北 122 所贫困农村小学的调查》，《教育与经济》2012 年第 1 期。

④ 王丽娟等：《中国九省农村寄宿制学校初一学生铁营养状况》，《卫生研究》2016 年第 6 期。

⑤ 房玥晖等：《2010—2012 年中国 6 - 17 岁儿童青少年生长迟缓和消瘦状况》，《卫生研究》2018 年第 1 期。

他研究也证实，不同营养状况的儿童体格和智力都存在显著性差异，营养条件差的儿童发育状况明显劣于营养条件好的儿童，而且他们急、慢性传染病的发病率较高，学习效率明显较低。此外，人力资本理论也认为，健康水平低下既是贫困发生的原因，也是贫困造成的后果。[①] 因此，在长期营养不良的情况下，学生容易形成“学习能力低下—知识接受情况不理想—当地教育水平提升困难—与发达地区教育差距进一步扩大—教育质量下降”的恶性循环，贫困代际传递由此产生。

为改变此种状况，一些发达国家如美国、英国、德国等通过规范化、标准化、法制化的方式制订了中小学生营养餐计划，日本更是让93%的中小学生享受了免费营养餐计划。[②] 我国自2011年起启动了农村义务教育阶段学生营养餐改善计划，中央财政每年投入约160亿元专款，对全国22个省（区、市）的集中连片特殊困难地区699个县2600万名学生营养状况进行改善。[③] 该计划运行9年来，学生营养改善项目效果较好，不仅身高体重有所增长、贫血率有所下降，而且缺课率下降、学习能力有所提高，尤其是10～12岁的学生效果更明显。[④]

但是，在运行的过程中，营养餐改善计划也暴露出一些问题，这些问题主要包括两个方面。一方面，资金使用不透明，营养搭配不合理，食品来源不安全。[⑤] 据《中国青年报》报道，实施营养餐改善计划的第一年，全国学生营养办共接到举报电话和邮件94个，其中，约1/3反映当地“未开餐”，约1/4反映食品“质差量少”；据中国发展研究基金会对100个县9200余所农村学校的营养餐情况进行监测发现，近半数的学校营养餐没达标，[⑥] 甚至一些地方将营养餐异化为“捞钱工程”，一些

① 叶广俊：《儿童少年卫生学》（第三版），人民卫生出版社，1995，第9～102页。

② 李文等：《贫困地区寄宿制学生营养餐项目效果评估》，《农业技术经济》2011年第6期。

③ 黎文婕：《学生营养餐屡变“问题餐”如何才能让孩子们吃饱吃好?》，界面新闻，2018年9月13日，https://www.jiemian.com/article/2462999.html。

④ 李文：《贫困地区农村寄宿制小学儿童膳食营养状况评估》，《中国农村经济》2008年第3期。

⑤ 周燕玲：《贵州铜仁：大数据追踪学生营养餐 精准定位贫困户》，中国新闻网，2019年5月24日，http://www.chinanews.com/sh/2019/05-24/8846226.shtml。

⑥ 黎文婕：《学生营养餐屡变“问题餐”如何才能让孩子们吃饱吃好?》，界面新闻，2018年9月13日，https://www.jiemian.com/article/2462999.html。

无良商人不择手段地从孩子嘴里“抠利润”，“变质餐”“营养面变素面”等营养餐丑闻频频曝出。有人在网上频发“营养餐为何屡变问题餐”[①]“营养餐到底营养了谁”[②]等呐喊。另一方面，由于没有专门的工勤人员，营养餐改善计划实施以来，部分地方农村的中小学教师亲自购买原料、给学生煮饭、发放营养餐、陪餐吃饭，这占用了教师的大量时间，长此以往会影响教师的身心健康和学校的教学质量。[③]正如学者对某省 8 个县农村学生的抽样调查发现，学生对营养餐的满意度整体不高。[④]

为何营养餐问题频发？资金安全管理难和食品安全监管难是根本，营养系数分析难和专家资源整合难是关键。[⑤]传统的营养餐管理，是在学生学籍平台的基础上增加营养改善功能，其好处是可以精准统计享受营养餐的学生数量和情况，却无法监管营养餐从哪里来、是否有营养、是否有安全保障，资金是否被挪用，学生是否足额享受，管理是否到位。也就是说，如果相关部门提供了不合格、不营养、不足额、不安全的营养餐，或者挪用了营养餐的专用资金，传统系统是无法及时、有效、公开、透明监管的。因此，本章参照“狩猎社会是 1.0”“农业社会是 2.0”“工业社会是 3.0”“信息社会是 4.0”“超智能社会是 5.0”的提法[⑥]以及“人工智能时代灾害相应已经进入 2.0 版本”的判断[⑦]，将学生营养餐领域的传统监管界定为 1.0 版本，将大数据时代的监管界定为 2.0 版本。事实证明，将大数据应用于学生营养餐

---

① 汤正：《如何保障学生营养餐安全？大数据有办法》，数据观，2019 年 5 月 17 日，http://bigdata.idcquan.com/dsjjs/162757.shtml。

② 胡印斌：《学生营养餐问题频发，孩子的健康不容轻忽》，光明网，2018 年 9 月 5 日，http://guancha.gmw.cn/2018-09/05/content_30997263.htm。

③ 邵忠祥：《农村学生营养餐实施对教师工作影响研究》，《现代中小学教育》2016 年第 7 期。

④ 邵忠祥：《农村义务教育学生营养餐满意度调查研究》，《基础教育研究》2018 年第 11 期。

⑤ 胡印斌：《学生营养餐问题频发，孩子的健康不容轻忽》，光明网，2018 年 9 月 5 日，http://guancha.gmw.cn/2018-09/05/content_30997263.htm。

⑥ 周利敏、钟海欣：《社会 5.0、超智能社会及未来图景》，《社会科学研究》2019 年第 6 期。

⑦ J. Qadir et al., “Crisis Analytics: Big Data-Driven Crisis Response,” *Journal of International Humanitarian Action* 1 (2016).

监管，能够有效解决资金安全管理、食品安全监管、营养系数分析和专家资源整合等问题。因为在监管环境越来越复杂的当下，监督系统不仅需要不断提升网络社群的话语权，而且需要对互联网时代民众对数据信息接收和反应的及时性作出很快的回应。[①] 这说明，在日益复杂的外界环境中，大数据技术将有助于激发数据潜力、提升数据价值、发挥数据作用，让营养餐的搭配更加科学、合理、透明与精准，实现食材生产、处理、配送的全程监管，有效解决学校食堂管理不规范、资金使用不合理、食品安全隐患等问题，确保学生营养餐的安全。以贵州省铜仁市为例，自 2015 年以来，其率先在全省打造了“学生营养餐智慧云 + 校农云大数据平台”。截至 2019 年 9 月，铜仁市有 3070 所中小学及幼儿园被纳入监管范围，覆盖了 40 多万名学生，588 家农业生产基地的生产信息也录入营养餐智慧云综合服务平台。[②] 2018 年以来，该平台不仅在全省铺开，还吸引广东、湖南、重庆等 10 多个省份的职能部门来参观学习、借鉴，成为新时代学生营养餐监管的利器。[③] 本章拟以 Z 县“大数据 + 营养餐”系统为例，深度剖析大数据应用于学生营养餐系统的机理、经验、特点、问题及路径，力图为全面推广大数据学生营养餐监管系统提供参考，为解决学生营养餐系统的管理漏洞、监管黑箱和资源缺乏问题提供借鉴。

为深入剖析大数据在学生营养餐监管中的作用，本章总结大数据作用于营养餐系统的机理和逻辑，为其他地区提供借鉴和参考。2019 年 5 月，课题组一行 10 多人到 G 省 Z 县进行了大规模实证调查。G 省是西部多民族内陆省份，少数民族人口占 42.8%。Z 县位于 G 省东部武陵山区，全县总面积 1878 平方公里，总人数 23.8 万人，其中少数民族占 42%，曾有建档立卡贫困户 16376 户 47700 人，贫困村 57 个，贫困镇 7 个，贫困发生率为 20.30%。通过打出多方式的扶贫“组合

---

① 谢治菊：《大数据优化政府决策的机理、风险及规避》，《行政论坛》2018 年第 1 期。

② 汤正：《如何保障学生营养餐安全？大数据有办法》，数据观，2019 年 5 月 17 日，http://bigdata.idcquan.com/dsjjs/162757.shtml。

③ 向定杰：《贵州铜仁探索运用大数据让学生吃上放心营养餐》，快资讯，2019 年 9 月 21 日，https://www.360kuai.com/pc/94d307bbd707abe9b?cota=3&kuai_so=1&sign=360_57c3bbd1&refer_scene=so_1。

牌”，2018年12月，Z县累计减贫12107户47859人，贫困发生率下降到1.75%，成为G省2018年申请退出贫困县的18个县（市、区）之一。[①] 我们的调查方式主要是深度访谈、集体座谈与参与式观察。其中，与县教育局、学校分管校长及学生代表进行了集体座谈，对县教育局分管副局长、部分教师和学生、扶贫专干、C有限公司经理进行了深度访谈，同时参与式观察了该系统的运行情况以及数据处理过程。

调查发现，开展脱贫攻坚工作以来，Z县紧紧围绕“全面改善、精准资助、不落一生、扶智脱贫”的目标，充分发挥教育在脱贫攻坚中的基础性、先导性、根本性作用，着力打好教育扶贫“组合拳”，扎实推进教育扶贫重点工作，具体举措包括：一是落实责任，明确行政线和教育线两大体系控辍保学职责，保障适龄儿童的受教育权利；二是精准发力，全面宣传教育扶贫政策，精准落实教育资助政策；三是开展结对帮扶，建设教育扶贫长效机制，开展“一对一”“一对多”的结对帮扶工作，推动贫困村学校教育质量不断提升；四是强化宣传，大力营造教育扶贫良好氛围，营造教育“励志扶智”良好氛围。[②] 与此同时，该县借助大数据技术推进教育扶贫工作。自2017年起，经过多次调查和周密组织与策划，该县教育局推出了“大数据+营养餐”系统（见图4-3），即通过食谱点餐平台精准下单食材的种类与数量，营养餐的管理更加精细化与规范化。同时，通过对食谱点餐平台的数据信息进行系统性分析，高效精准指导农户种植农产品的品类及数量。

数据显示，截至2019年9月，Z县已有高中阶段、义务教育阶段、学前教育阶段，共计32087名学生享受到该系统带来的实惠和便利，每年涉及的专项资金达4000万元。该系统的运行机制可概括为“统招”“统购”“统配”“统送”4个词，运作主体涉及“贫困农户”“合作社”“学校”“教育局”“C有限公司”5个方面。其中，C有限公司是省级扶贫龙头企业，2017年经公开招标成为Z县学生营养餐的专门供应商。该系统是如何对营养餐进行有效监管

① 凌忠云：《脱贫攻坚的镇远答卷》，《当代贵州》2019年第19期。

② 杨通航、范冬勤：《镇远着力打好教育扶贫“组合拳”》，贵阳网，2019年5月28日，http://www.gywb.cn/content/2019-05/28/content_6129952.htm。

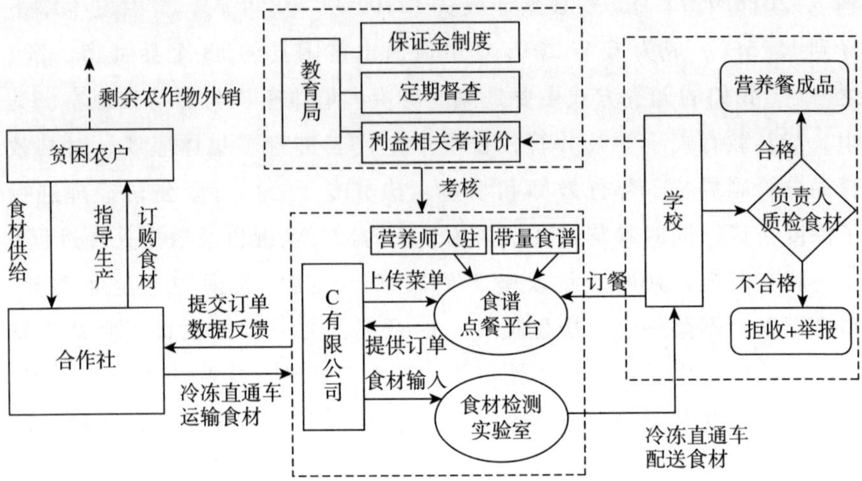


**图4-3 Z县“大数据+营养餐”系统**

的呢？

## 一 大数据让营养餐的管理更加精细，助推降低管理成本

在“大数据+营养餐”系统启用之前，C有限公司对于营养餐的管理比较粗糙，对于学校的下单时间没有约束，往往造成今天是这个学校点餐、明天是另一个学校点餐的局面，配送时间因而不同，进而导致配送效率低下。学校在下单过程中还常常出现错误，例如，曾经出现学校一周只下单了一天，剩下四天的食材被搁置的情况，这让该公司的负责人头痛不已。此外，公司还需雇用大量的人员对订单的数目、金额进行计算与核对，填写进出货清单，该过程需花费较长的时间且效率低下。然而，在高昂的人工成本和时间成本下，失误还是时有发生。访谈时，该公司副总经理N某①说：“每天都要频繁统计数据，人工统计数据很慢，而且要8个人统计，经常出错。”这样的效率对公司的运作及学生营养餐工作的开展都产生了不好的影响。

在启用了“大数据+营养餐”系统后，营养餐工作的开展变得顺利许多。公司提前一周将食材目录上传至带量食谱点餐平台。然后，学校有关负责人将在规定的时间内登录平台下单下一周所需的食材数量。公

① 男，侗族，46岁，大专，C有限公司副总，访谈于2019年6月4日。

司接到订单后，将数据反馈给合作社，合作社每天按量收购农户食材。为保证公平，公司按市场行情收购农户的农产品；为保证数量，农户的农产品要先满足公司的需求，剩余的部分再外销；为保证质量，公司每天派出专属直通车到合作社收购原材料，运达后进行质量检测，然后统一配送到各个学校，从而保证了学生营养餐的食材来源新鲜、健康与安全，避免了农产品的滞销，提高了公司产品供应的有效性与精准度。①调查发现，该系统的运用不仅缩短了营养餐的工作进程、提高了工作效率，还减少了大量人力、物力、财力，降低了公司的运营成本。访谈中，在人力需求量上，N 某提到：

> 用了这个系统之后，就是我们刚才那个 H 主任，一个人做调度和协调，而且包括学校的客服，比如学校货没送好，或者有什么小问题，平时中途要加单，都是他一个人做。统计、客服，他现在一个人全部能解决了，而在这之前，是需要 8 个人的。

在资金量上，有数据表明，在采用“大数据 + 营养餐”系统后，实施了学校精准订购、公司精准采购的模式，采购成本大概减少 40%，节省了公司大量的资金。N 某进一步谈道：

> “大数据 + 营养餐”系统有啥好处呢？就是让食材的管理更加精准。比如，某个老百姓或合作社今天有 2000 斤的食材，我们就会建议学校按农户家现有的时令蔬菜来安排食谱。如果某个家庭或合作社只有三五百斤食材，我们不够的话，也可通过现有食材的搭配看还缺什么营养，不够的部分就到其他地方去补充采购。

可见，与人工劳动相比，无论是在精准度、时间上还是在成本上，“大数据 + 营养餐”系统都具有无可比拟的优势，这也让学校对营养餐

---

① 杨通航等：《镇远：深入推进教育扶贫　激发脱贫内生动力》，企查查，2018 年 3 月 9 日，https://news.qichacha.com/postnews_9907e1f38fbc39877036a33b8d13d011.html。

的管理更加精准化。

## 二 大数据让学生的营养搭配更加科学，有利于提高决策效率

大数据有助于充分挖掘海量数据潜在的价值，但是要注意在搭建更开放的数据共享平台时应消除“数据孤岛”，打通数据间联系，形成全新的数据共享及开发模式。[①] 调查发现，大数据在营养餐中的价值得到了充分的体现。有大数据平台后，公司专门聘请了营养师，让营养师为各个年龄段的学生制定相应的科学食谱，平衡学生膳食，使营养餐既不会造成学生营养不良也不会造成营养过剩。同时，公司所采购的都是当地农户自己种的新鲜蔬菜瓜果，鸡鸭鹅猪都是现买现宰，保证食材鲜美、口感优良、安全健康，这对提高营养搭配决策效率具有重要的价值。访谈时，该县教育局副局长 Y 某某[②]介绍道：“（公司）所收集的农产品，都是当地应季的蔬菜与农作物，可以避免学生营养不良。本来我们做这个东西就是为了改善学生的营养，如果说过多采购其他外面的大棚蔬菜，营养价值不高，现在这样做就能够让学生吃到本土的菜，吃到季节性、新鲜的菜。”可见，高营养价值的应季蔬菜再加上合理的营养膳食规划，共同助力学生健康成长。也即，实行带量食谱，可以让学生食谱更加营养与科学，让学生的健康更有保障。

## 三 大数据让食材的采购更加精准，能够节省采购资金

在大数据应用于营养餐系统之前，学校对食材的选购和营养成分并没有一个清晰的概念，只是大概估量一星期需要多少食材，哪些食材有什么营养，这就容易出现营养不足或过剩的现象，使资源无法达到最优配置。使用大数据之后，食谱点餐平台对每类食材的重量及营养成分都有精确的显示，这让学校在订购食材时选择更精准，以减少食物不均、营养不足的情况，从而实现对各类食材的精细化与规范化管理。关于这

① 梁志峰等：《基于大数据的政府决策机制变革：国家治理科学化的一个路径选择》，《湖南社会科学》2017 年第 3 期。

② 男，侗族，42 岁，本科，党员，Z 县教育局副局长，访谈于 2019 年 6 月 4 日。

方面，教育局副局长 Y 某某[①]介绍道：

> （公司）可以达到精准的分配，给学校节约资金。没有实施大数据以前，大家都是凭自己的感觉盲目地采购，买了吃不完就浪费了，现在是精准到今天需要肉多少克，需要营养多少个单位，学校就按这个量进行订购，节省下的钱给学生增加其他营养。比如，有个星期，大数据系统给一个学校节省了 1000 多元，我们就把这 1000 多元拿来给学生买牛奶和水果了。

通过访谈得知，学校在精准购买食材后，一定量的资金将被节省下来，这些节省下来的资金可用于购买牛奶、水果等其他对学生有益的食品，进一步促进学生膳食均衡。正因如此，有学生表示，使用“大数据 + 营养餐”系统后，他们吃饭更香了。“我们一日三餐都能吃到不同的菜式，三菜一汤。有的菜比我家里的还香，而且还是免费的，很棒！”[②]

## 四　大数据让农户的生产更加精确，能够推动贫困户脱贫

“大数据 + 营养餐”系统依托产业规模，实行“学校食材配送公司 + 基地 + 合作社 + 贫困农户”的教育扶贫模式，有力助推了贫困户脱贫。采访中，教育局副局长 Y 某某[③]给我们解释了营养餐项目执行与农户之间的利益关系，他说：“我们必须响应省里面的号召，第一年采购当地老百姓的农产品比重要达到 35%，第二年要达到 40%，今年（注：2019 年）要达到 50%，省里面指标是 45%，我们给它（注：指公司）5 个点，要求达到 50% 以上。”某校分管食堂的总务处副主任 W 某某[④]也介绍：“学校自制了 10 余个菜谱套餐，每天都不重样，既满足了学生的‘舌尖’要求，又保证了学生的营养供应，减轻了学生特别是贫困学生的生活负担，还给参与其中的贫困户带来了实实在在的利益。”可见，大

① 男，侗族，42 岁，本科，党员，Z 县教育局副局长，访谈于 2019 年 6 月 4 日。
② 女，侗族，11 岁，小学五年级，学生，访谈于 2019 年 6 月 6 日。
③ 男，侗族，42 岁，本科，党员，Z 县教育局副局长，访谈于 2019 年 6 月 4 日。
④ 男，汉族，37 岁，本科，党员，访谈于 2019 年 6 月 5 日。

规模按市场价购买贫困户的农产品是该系统助推贫困户脱贫的举措之一。不仅如此，在运作的过程中，公司还解决了70名贫困户的就业问题，为农户增收作出了贡献。该平台是如何助力农户增收的呢？第一，公司根据学校对食材的订购情况，给农户下达相应的订单，让农户种植适应市场需求的蔬菜瓜果，这有利于提高农户的农产品市场竞争力，让其商品快速在市场上流通，减少农户赔本的风险。第二，公司委托合作社帮忙收购农户的农产品，这能迅速发展壮大合作社，进而在无形中为农户提供了更多的工作岗位。第三，公司自己配备了专门的运输设备——冷冻直通车，每天下到合作社收集农产品，这大幅度节省了农户产品的运输成本。当营养餐项目无法把农户的农产品完全收购时，公司还为农户打通外销渠道，让其农产品能更好地销往外地，减少农户的损失。关于收购农产品及助力农产品外销的运作方式，N某①介绍道："我们公司为脱贫攻坚也做了很多事情，因为这块是国家的需要，也是我们公司应尽的社会责任。通过营养餐这个平台解决了很多老百姓的困扰，因为他们种了很多东西却卖不掉。我们现在做的事情，首先是内部消化，消化不了的就往外部走。我们帮老百姓，从我们的营养餐这块给他销，做得大的、宽的，我们就给他往外销。今天早上，我们和刚来的几位老板去了几个乡镇，由我们公司牵头，落实了2000亩的蔬菜，这2000亩的蔬菜全部是外销的，全部销到广州那边。反正只要老百姓找到我们，几乎到目前为止，我们是做到90%帮他们解决掉。"可见，大数据在该系统中的另一个作用是，将带量食谱点餐平台的下单数据精确反馈给农户，这样能够有效指导农户的种植与生产，降低农户的风险与成本，增加贫困户的收入。正如县教育局副局长Y某某②所说："每年的暑期，6月、7月企业组织全县合作社负责人来开会，指导他们哪个季节需要多少量的菜，他们就根据这个量去种蔬菜，有计划地种植蔬菜。每个地方因地制宜种植瓜果，通过数据来指导、调度。"也就是说，"大数据+营养餐"系统的运用不仅解决了食品安全、资金监管的问题，还通过合作社优先采购贫困户的农产品，这促进了农村产业结构调整，助推了脱贫攻坚。

---

① 男，侗族，46岁，大专，C有限公司副总，访谈于2019年6月4日。

② 男，侗族，42岁，本科，党员，Z县教育局副局长，访谈于2019年6月4日。

## 五　大数据让监管的主体更加多元，可以节约教师时间

在“大数据 + 营养餐”系统建立之前，学校每天的食材由该校老师自行采购，老师需要每天思考今天学生吃什么、明天吃什么，花费大量的精力。然而，思考后的食材搭配仍不够科学，甚至存在安全隐患。“大数据 + 营养餐”系统的建立，彻底将老师从思考食材购买、进行食材搭配中解放出来，老师不再需要花费大量时间来考虑学生的饮食问题，就更能将精力集中在教学上，提高教学质量。不仅如此，学校之前一直担心的食材安全问题，“大数据 + 营养餐”系统也一并解决了。据了解，公司有自己的检测实验室，每天对所进食材进行质量检测，检测通过后，才配送到各个学校。另外，教育局制定了一系列考核制度，对公司提供的食材安全进行考核。关于这一点，Y 某某①介绍道：“协议里面就制定了一系列的考核。如果出问题了，你（公司）用你（公司）的保证金来解决任何安全问题，这个我们当然不希望发生。另外，教育局营养办会同市监局定期到企业抽查和现场督导。学校的食堂有后勤管理人员，每天也要对所进的食材进行把关，用眼睛去看这个菜新不新鲜，用鼻子去闻一闻这个肉臭不臭、有没有异味，从这些方面去检测，如果有问题可以拒收，马上反馈给教育局营养办，教育局营养办通知企业，让企业更换新鲜的食材，保证学校的活动正常开展。”那么，如果企业的食材不合格，作为监管部门的教育局会怎么办呢？Y 某某说：“如果企业送来的东西不合格，学校就会另外去采购，采购所需的资金由企业来支付，我们给学校是这样安排的。因为有这条红线，企业就不敢提供不符合要求的食材。”可见，教育局、学校、公司、政府部门多方共同参与营养餐安全保障环节，为学生的健康、营养均衡提供了更大的保障。

“大数据 + 营养餐”系统以大数据可视化的方式，将农户、合作社、配送公司、学校、各级政府监管平台联通起来，建立了涉及种植、采购、配送流通、烹饪、销售等学校食品安全整个过程的监管环节，运用了安全“智能武器”，打造了学校“透明厨房”，保证了学生“舌尖上的安全”，解决了营养餐的监管难题，让学生从“吃得饱”向“吃得好”“吃

① 男，侗族，42 岁，本科，党员，Z 县教育局副局长，访谈于 2019 年 6 月 4 日。

得营养、健康”转变，切实改善了学生的营养结构，促进了学生身体健康，其特点包括以下三点。第一，以无缝的校农结合为依托。通过“大数据＋营养餐”系统，Z县将学校、公司、农户三者整合在一起，以公司为媒介助推校农结合。其中，作为营养餐食材的主要供给方，C有限公司起着连接学校和农户的关键作用，这种连接是农户把食材卖给公司，公司再将检测合格的食材运送到学校，实现了校农的无缝对接。第二，以供需的精确匹配为目的。使用大数据系统之后，一方面，公司根据学校的订单需求来提供精确的供给，进而指导农户精准生产和有效匹配食材资源；另一方面，公司可以根据农户的时令食材、食材销售情况以及大数据分析的营养成分给学校提供膳食搭配建议，以满足不同年龄层学生的不同营养需求。第三，以完善的考核评价为保障。为保证质量，教育局对C有限公司的考核评价主要体现在三个方面。一是保证金制度，一旦出现食品安全问题或事故，其所交的上百万元保证金会被没收。二是利益相关者对他们的考核评价。关于这一点，教育局副局长Y某某[①]说：“我们每年还要组织学校的后勤管理人员、老师、学生在大数据系统上对这个公司的服务态度、服务质量打分，如果不合格，根据合同，就清出市场，重新再招投标。”三是每周都组织教育局营养办、市监局对公司的食材采购进行指导、监督和抽查，将可能存在的风险扼杀在摇篮中。进一步分析发现，大数据技术是Z县“大数据＋营养餐”系统取得成效的关键。大数据技术有助于掌握数据交互连接的复杂性、掌握“数据冗余与数据缺失”等双重特征引起的不确定性、驾驭数据的高速增长与交叉互连引起的涌现性，进而能够根据实际需求从海量数据中挖掘有价值的信息、知识和智慧，最终达到充分利用数据之目的。[②]

## 第六节　大数据驱动教育精准扶贫的逻辑

贵阳市在长顺县实施的大数据驱动教育精准扶贫是一种典型的项目制。项目制是新时代中国精准扶贫领域一种新的国家治理体制，指为消

---

① 男，侗族，42岁，本科，党员，Z县教育局副局长，访谈于2019年6月4日。

② 徐宗本等：《大数据驱动的管理与决策前沿课题》，《管理世界》2014年第11期。

除贫困，政府将政策意图融入项目，通过对体制内外的资源进行整合，以财政转移支付的方式实现反贫困目标的一种新型国家治理方式。[①] 事实上，虽然项目制被广泛地应用于扶贫领域，但更多应用于经济扶贫领域，应用于教育扶贫领域的少之又少，贵阳市对长顺县的大数据驱动教育精准扶贫项目便是典型代表。分析发现，经过一年的运行，该项目成效显著，不仅教师的教学理念明显转变、教学技能明显提升、综合素质明显提高，学生课堂上的不良行为习惯也得到纠正，学生的学业成绩更是大幅度提升。首先是受扶班级的成绩排名有所提升。例如，广顺中学H老师带领的14班，在七年级时因没有得到帮扶，2017年春季期末统考，整个年级共14个教学班，其数学成绩为年级倒数第1名；帮扶一年后，学生成绩大幅度提高，一跃进入年级第6名。其次是同一教师教授录播班级与非录播班级成绩差异明显。选取8个同时开展“云录播课堂”的语文、数学、英语班级和同一老师教授的8个非云录播班级作为研究对象，将实验组和对照组在2017年6月和2018年6月前后的成绩导入SPSS中进行t检验，结果发现：第一，经过一年的帮扶，实验班语文、英语两科平均成绩都显著高于“云录播课堂”实施前（$p<0.01$），分别高6.81分和6.31分；第二，在“云录播课堂”实施后，实验班语文、英语两科平均成绩显著高于对照班相应课程的平均成绩（$p<0.01$），分别高6.14分和4.14分，这再次说明精准扶贫班级的平均综合成绩在大幅度提升。[②] 为何短短一年，长顺教育扶贫项目的成效如此显著？因为项目的主导者——贵阳市教育局通过完善的机制将众多利益主体如政府、学校、公司、家长、学生、专家等联系起来，形成一个利益共同体，并在共同体塑造的“项目制”中开展互动博弈，“权力—资本—技术”成为博弈的关键要素。

## 一　政策主导与融合：大数据驱动教育精准扶贫的权力逻辑

在教育精准扶贫网络中，政府通过“项目制”将权力下沉至具体的学校。按照权力行动者的排序，权力关系网络具有明显的差序格局，政

① 渠敬东：《项目制：一种新的国家治理体制》，《中国社会科学》2012年第5期。

② 感谢长顺县教育局提供的统计数据。

策制定者处于核心位置，政策执行者处于中间位置，政策受益对象处于权力关系的末端。因此，理论上，政策制定者——贵阳市教育局在项目的设定、执行、监督和考核方面都享有较大的自主权，而政策受益对象——两所学校及其相关的老师和学生因缺少政治资本而缺乏话语权。但是，“大数据”这一要素的加入，实现了米勒公共能量场的转换，政策制定者与受益对象之间的平等互动得以实现，制定者根据受益对象的需求制定政策，受益对象配合制定者的要求开展活动，权力层层转移所致的“弱化”以及由此产生的“再造”行为并没有发生。也即，大数据可以使治理结构扁平化与治理过程具有协商性，该项目中政策制定者的主导不仅没有带来支配效应，反而产生了与受益对象的融合，这也是贵阳市教育局所制定的帮扶计划、实施方案、遴选标准和考核体系得以顺利推行的原因。可见，大数据对彼得原理所坚持的权力运行的“加权”效应具有消解作用，这会让项目运行的权力网络处于平等而非支配的地位，进而提升实施效果。

## 二 利益竞争与均衡：大数据驱动教育精准扶贫的资本逻辑

出于对自身利益的考量，参与者从理性经济人角度出发，追求自己在项目中的最大利益。因此，长顺项目的实施初期，大大增加了教师与专家的工作量却没有物质上的劳动报酬，参与教师与专家曾经的抱怨和懈怠，也是受扶老师与学生中间的成绩有所下降的主要原因。同时，学校试图通过该项目获取额外的资金，其中一个学校打报告向上级申请配套经费就是典型的例证，毕竟项目制的核心是行政资源的分配。[①] 然而，在项目走向正轨之后，市教育局马上意识到了这一点，通过完善激励机制来激发参与老师和专家的积极性，其激励的内容如下：参与该项目的老师和专家在评优评奖和职称评聘中享有优先权，参与的老师和专家认定一定的工作量，该工作量可折抵普通教学工作量。尽管调查时发现激励所设定的工作量举措普遍没落实，但优先评优评奖在2017年的年终考核和2018年的名师竞选中得以实现，参与的老师中有7名在年终被评为

① 陈家建：《项目制与基层政府动员——对社会管理项目化运作的社会学考察》，《中国社会科学》2013年第2期。

优秀，有2名被评为黔南州教学名师。再加上，大数据与互联网大大降低了各参与主体之间的沟通成本，让受扶对象与专家之间的交流变得更加容易，故市教育局采取的这种利益平衡方法打破了不同主体存在的“项目即资金”的惯性思维，在不断接触的过程中形成了“政府—学校—老师—学生—家长—公司”之间的利益网络。在这个网络中，政府的诉求是出政绩，得到上级政府和社会认可；学校的诉求是通过此项目提高知名度与名誉度，以获取更多的资源；老师、学生、家长的诉求是通过提高教师的教学能力来提高学生的学业成就，让学生考上理想的学校；公司的诉求是将该项目做大做强，以获得更大的市场。实际上，在机制健全的情况下，只要老师的能力与学生的成绩得到提升，前述各主体的诉求都能得到满足，故而能快速推进该项目。换言之，长顺县大数据驱动教育扶贫项目之所以成效如此显著，与各主体的利益格局从竞争走向均衡有莫大的关系。

## 三 数据嵌入与契合：大数据驱动教育精准扶贫的技术逻辑

随着服务型政府的发展和网络治理技术的推进，乡村教育治理经历了从“支配式”管理向“技术式”治理的总体性范式转变，以“技术”嵌入教育公共治理过程已成为常态。① 由于技术治理具有控制风险、提高效率、整合资源的功效，故而被广泛应用于教育扶贫中，最典型的就是大数据技术及其现代信息技术的使用。② 在压力型体制下，与权力和资本要素相比，技术治理的程度会明显影响项目运作的路线与效果。为应对上级政府的任务，下级官员常常将项目简化为技术层面的操作，即通过技术将项目分解为精细的责任主体，这可以降低项目运行的风险。例如，长顺项目首先通过信息手段将参与教师的上课、专家的评课与学生的分数技术化、结构化，浓缩为一个个简单的分数。同时，通过大数据技术设置考核指标，将老师、学生、专家之间的关系数字化、规范化，从而促使项目内外的资源在一定期限内被高度地动员与整合。此外，整个项目的运行体现为明显的效率导向，也即衡量成效的标准是老师素养

① 黄巨臣：《农村教育扶贫“项目制”：运作逻辑、执行困境及应对策略》，《宁夏社会科学》2018年第2期。

② 黄晓春、嵇欣：《技术治理的极限及其超越》，《社会科学》2016年第11期。

和学生成绩的提升幅度，此导向契合了政府追求最大政绩的偏好。可以说，以大数据技术、互联网思维等手段来控制教育精准扶贫的每一个过程，是长顺项目的最大特点，这也成为大数据背景下教育精准扶贫的关键与主导逻辑。

## 第七节　大数据驱动教育精准扶贫的路径

教育扶贫的实践逻辑在于通过教育提高贫困人口的发展能力，增强贫困人口脱贫的内生动力，提高贫困地区的教育水平，促进教育资源的均衡发展与在社会的合理流动。[①] 当然，有了大数据思维，这一逻辑的重点转向了“精准”二字，即通过大数据让教育扶贫的对象识别更加精准、管理过程更加精细、需求定位更加精确、反馈控制更加有效。

### 一　系统采集数据信息，保护教育扶贫数据的安全

大数据为公共管理者提供了价值依赖与工具依赖。价值依赖要求大数据的使用者重塑思维方式与行动路径，重视并利用大数据，形成数据决策与数据管理的思维模式；工具依赖指运用大数据技术构建开放平台，实现政府流程再造，促进公共管理的智能化、精准化与标准化。正是由于有如此大的功效，国务院在2016年印发的《“十三五”脱贫攻坚规划》中再次强调，要“加强精准扶贫大数据管理的应用”，同时强化“互联网+教育”的扶贫模式，以推动优质教育资源在贫困地区的共享应用。显然，贵阳市具备了大数据引领教育精准扶贫的实施条件和环境，因此能够因势利导、积极探索，利用大数据容量大、变化快、多样性、高价值等特点，构建一个“提智、提质”的“大数据+教育”精准扶贫模式，让优质教育资源实现精准覆盖、精准推送、精准支持，持续形成教育精准扶贫生态环境。

教育大数据不仅反映教育现象，还蕴藏着大量有价值的教育教学信息，对这些数据的挖掘、分析、建模，能够更准确地把握区域教育发展现状、预测未来发展趋势，使区域教育均衡发展由主观经验总结走向客

① 向雪琪、林曾：《我国教育扶贫政策的特点及作用机理》，《云南民族大学学报》（哲学社会科学版）2018年第3期。

观数据分析、由推断走向科学，“如果整个社会和教育融合的能力得到了提升，当一个区域的孩子们真正成长起来，有能力为自己的未来‘打天下’时，这个地方就没有贫困了”①。目前，我国的“大数据+教育”精准扶贫还处于初期阶段，这一阶段的主要任务是收集大数据，对大数据的挖掘和分析不够。故此，建议利用大数据对教师课堂教学进行SWOT分析，通过人脸识别对学生的学习动因进行分析，通过学生的言语行为如提问、应答、对话、讨论、观察以及实际行为如笔记、实验和思考对其课堂活动进行分析，通过教师的言语行为如讲授、指示、表扬、评价或实际行为如个别指导、观察巡视、演示或展示来发现教师课堂行为的规律，找出同一学科教师的共性问题、预测同一学科教师的发展趋势，进一步提升教学效果。

当然，为保障项目的规范运行与有序发展，贵阳市教育局制定了一系列实施规范，如要求通过大数据精准识别帮扶对象，专家与受扶老师的数量关系是“3+1”，如评价指标要量化，考核体系要健全，工作流程要标准，工作反馈要闭环，等等。但是，“大数据+教育”要可持续发展，还应该完善以下几方面的机制。一是激励机制，尽可能给老师可持续的物质激励而非简单的精神激励。二是沟通机制，增加专家与受扶老师之间面对面沟通交流的次数，丰富沟通方式与渠道，增进两者之间的感情与友谊，增强帮扶效果。三是教学质量持续改进的保障机制。虽然现有的大数据系统与云录播平台可以让授课教师的教学态度、教学设计、教学方法、教学语言、课堂板书和师生互动效果全方位展现在专家面前，评课专家可以在任意时空、场合通过App直接对课堂进行点评，教师在看完专家的点评后进行教学反思，但教学质量持续改进的保障机制还是不健全。例如，没有对不上录播课、不上传教学设计、不撰写教学反思的老师进行惩戒，也没对不点评的专家进行警示，这会形成“破窗效应”；再如，未对第一运行阶段表现优秀的专家、老师和学生进行奖励，老师投入的积极性受到影响；又如，未引入第三方对运行效果进行科学评价，教学质量持续改进的依据不够科学。为此，应通过制定各环

① 鄂璠：《当“长顺学生”遇到“贵阳老师”：用凌云方法破解壮“智”难题》，《小康》2018年第6期。

节的教学质量标准、畅通可持续沟通机制等规范教学质量的可持续改进。

## 二 构建大数据平台，保障教育帮扶数据的安全

大数据技术的战略意义在于对数据进行专业化处理，挖掘数据的潜在价值，但其前提是需要有庞大的数据信息。因此，让“大数据+教育”扶贫项目的运行更加精准、科学，就需要收集更多数据，扩大数据的规模，形成真正的大数据库。建议按教育扶贫的需求，对扶贫过程中产生的大量分散数据，有计划、有组织、有目的地进行多角度、全方位、系统化地采集，具体收集途径：一是将以往记录的有价值的纸质信息录入系统，进行数据化保存，利于分析和利用；二是从共享数据库中获取数据，传统方式采集的数据中，静态数据较多，可通过开放接口对共享数据进行收集，实现数据的动态变化、实时更新；三是引入数据挖掘技术，通过算法搜索，将隐藏于信息中的有价值的数据挖掘出来；四是扩大和延长数据的使用范围和运行时间，提高数据使用的延展性。

数据安全已经越来越成为大数据管理和运行的重要一环。2019 年 5 月，我国发布的《数据安全管理办法（征求意见稿）》针对境内的数据活动，以及数据安全的保护和监督管理作出规定，这为政府数据的平稳和安全运行提供了保障。为了保障数据安全，要做到以下几点。一是增强管理人员的数据安全意识。安全意识是所有数据管理活动的先决条件，扶贫系统的核心数据由政府内部人员掌握，为保证数据安全，需要对相关人员进行培训，让其充分了解数据管理的相关知识，将安全意识落实到工作上。同时，管理人员对于数据的访问查看要设置一定的权限，还要设立公共部门信息监督管理机构，对管理人员的实际管理行为进行监督和指导。二是对数据的敏感程度进行分级分类，杜宇骁等对哈佛大学 Datatags 数据分级系统进行研究发现，根据数据中隐私信息的敏感性，可将数据分为非敏感数据、轻度敏感数据、中度敏感数据、高度敏感数据四个等级，不同敏感程度的数据处理方式不同。① 三是处理隐私信息。将数据的敏感性进行划分后，对于包含敏感信息的数据都要进行脱敏处

① 杜宇骁等：《哈佛大学 Datatags 数据分级系统研究及启示》，《图书馆杂志》2019 年第 8 期。

理。数据脱敏是指某些敏感信息通过脱敏规则进行数据的变形，实现对敏感隐私数据的可靠保护。[①] 经过脱敏处理的数据，即使系统和平台受到攻击，也能实现匿名化，减轻使用压力。四是进行数据备份，维护数据库的安全。设定防火墙，防止外部攻击，维护数据库的外部环境安全；定期对数据进行监测，对异常行为进行记录和分析，排查安全隐患。

## 三　有效整合平台数量，实现教育扶贫数据的融合

各教育扶贫系统存在严重的“系统割裂、数据孤岛”现象，这增加了数据处理的成本和困难，因此有必要整合平台数量，建立一个统一的大数据平台，实现数据共享。数据共享就是能够让更多的人充分利用已有数据资源，减少资料收集、数据采集等重复劳动和其相应费用，这是实现教育扶贫精准化管理的重要途径，同时是提升政府数据资源再利用水平的关键。2016 年，国家发改委印发了《关于组织实施促进大数据发展重大工程的通知》，重点支持大数据共享开放，提出建立统一的公共数据共享开放平台体系，探索构建国家数据中心体系，从而优化公共资源配置和提升公共服务水平。随后，国家发改委在《“十三五”国家政务信息化工程建设规划》中提出，利用大系统、大数据和大平台，就是要充分利用并整合数据资源，打造精准的社会治理新模式。这些文件进一步奠定了数据共享的重要地位。

已有学者对建立统一的大数据平台，实现教育扶贫的信息共享进行研究。例如，王芳、陈锋认为，扶贫系统录入的数据正是政府工作人员为实现扶贫人员和资金的精确管理所收集的，如能实现共享，将会产生更大的价值；[②] 罗贤春和李阳晖提出了“小共建、大共享”的模式，即通过系统共建信息平台实现全国共享，或者区域性共建至逐步融合；[③] 乔越等提出政府部门间信息共享的理想状态、整体框架和实施过程，从共享规划、流程再造、政府业务、组织再造和实施保障五个方面阐述政

① 杨槐：《我国政府信息资源增值利用的机制创新》，《重庆科技学院学报》（社会科学版）2010 年第 8 期。

② 王芳、陈锋：《国家治理进程中的政府大数据开放利用研究》，《中国行政管理》2015 年第 11 期。

③ 罗贤春、李阳晖：《我国电子政务信息资源共建共享模式》，《图书馆理论与实践》2006 年第 4 期。

府信息共享模式；[①] 在2017年中国数博会“数据开放共享与政府管理创新论坛”会议上，刘明辉提出，大数据时代应形成“三个一”，即“一个号码、一个平台、一个中心”的集约式公共服务平台，建成信息采集、事件处理、监督考评联动的数据化公共服务大系统。[②]

那么，该如何实现数据共享呢？各教育扶贫数据系统的格式不一、内容不同、结构相异，因此要实现数据共享，就应首先建立一套统一的、法定的数据交换标准，规范数据格式，使用户尽可能采用规定的数据标准来进行数据收集。建立数据标准后，要对教育扶贫数据的流向进行精细管理。数据的流向分为水平流向和垂直流向。在水平流向上，各个系统的数据根据数据字典转换成相同格式，在后台形成统一的数据库，数据库将剔除重复的数据。将这一理念映射到教育扶贫数据中，构建统一平台之后，学生和教师只用注册一次，使用一个账号来查看所有的扶贫事项。在垂直方向上，中央、省、市、县四级的数据信息系统应当有相应的接口，实现数据的逐级审核，不符合要求的数据不予录入，合乎要求的数据可以互通和交换，在全省乃至全国范围内实现教育扶贫数据共享，使各级系统呈现扁平化管理的趋势。当然，更好地实现教育扶贫的数据共享，需要明确共享过程中的保障要素，这些要素包括：增强教育部门领导的数据共享意识，提高教育扶贫管理人员的信息素质和对数据利用的敏感度；及时更新和动态监管数据，一旦发现问题，随时进行反馈调整；建立教育扶贫数据使用和管理办法，制定教育扶贫相关措施，鼓励教育扶贫数据共享行为；等等。以G省的“大数据+营养餐”系统为例，如果建立一个以省或市为单位的数据平台，打通各学校和食材配送公司之间的数据壁垒，就可以更好地统筹规划各地食材的购买、运输和使用，均衡资源配置。

## 四　深入挖掘数据价值，明确教育扶贫数据主体的职责

在平台分割化、信息独立化的背景下，大数据技术在教育扶贫领域

① 乔越等：《我国政府部门间信息共享的动态实施模式研究》，《情报杂志》2009年第12期。

② 张红彬、张会平：《加快数据开放共享　推动政府管理创新——2017中国数博会“数据开放共享与政府管理创新论坛”会议综述》，《中国行政管理》2017年第9期。

中发挥的作用有限。因为受主客观条件及管理偏好的影响，大数据技术应用于教育扶贫的成效与预期目标间存在一定的偏差。虽然大数据使教育精准扶贫的对象识别、资助发放、营养餐配送、信息化手段和师资培训等方面发生了较大的变化，但从严格意义上来说，并没有真正实现大数据技术下的精准化管理，具体表现为：在对教育扶贫对象进行识别时，数据无法及时随着贫困人口的流动而更新；在教育扶贫资源匹配时，依旧存在效率低下、匹配失衡的情况；在教育扶贫管理上，并没有有效采取数据决策和数据反馈机制，以致大数据助力教育精准扶贫的成效仍有较大的改善空间。之所以呈现如此的状况，与教育扶贫数据关涉主体的职责不明确有莫大的关系。为此，应深入挖掘数据价值，明确数据设计主体、产生和使用主体和开发主体之间的职责，具体可以分为以下几点。一是作为数据设计主体，各地教育行政部门应做好顶层设计，为大数据优化政府决策提供保障条件。在教育扶贫中，教育行政部门在人事、资金、项目等方面具有导向性作用，因此建议上级政府划拨专项资金用于推进该项目的软件和硬件建设，尤其是像录播教室这样适合大数据技术分析的平台系统，这样做的好处是：一方面以录播教室这样的平台为载体，聚集大量专家和学者；另一方面可以创造帮扶专家与受扶教师沟通、交流的机会，使得帮扶结果更加有效。二是作为数据产生和使用主体，学校应为参与大数据教育扶贫的工作人员提供更多的学习机会，解决实际困难。这里的学校包括两类，一类是帮扶专家所在的学校，一类是受扶教师所在的学校。两类学校对待大数据教育帮扶项目的态度影响着受扶教师和帮扶专家的态度，因此建议两类学校应尽可能创造有利条件解决帮扶专家或受扶教师的实际困难，为帮扶专家或受扶教师解决后顾之忧，具体来说：建议认定帮扶专家或受扶教师参与项目的课时量，减少他们的工作量；落实参与大数据教育扶贫活动的补助或津贴，给予其外出学习的时间和机会；对项目实施过程中涌现的优秀帮扶专家或表现突出的受扶教师给予物质和精神奖励，同时对在项目中积极性不高的帮扶专家或受扶教师进行约谈，及时纠正影响其高效参与的不正确思想，帮助解决实际困难。三是作为数据开发主体，教育扶贫大数据平台设计公司要做好系统的升级与维护。大数据平台设计公司应进一步增强大数据系统的稳定性，确保系统能将数据信息安全储存。为此，公司应进一步开发系统的功能，如开发人脸识别功能，记录授课教师和学生的面部表情、互动次数、互动方式；开发专门的大数据评估系统，对授课教师的授课情况和帮扶专家指导效果进行智能化评估；做好系统的升级与维护，减少系统原因带来的问题，实现系统不断地优化，使系统功能更加强大。

大数据技术在教育扶贫领域的适用性问题也需引起思考。教育扶贫的内在逻辑是通过教育来提升贫困人口的自身能力，从而阻断贫困的代际传递。然而，虽然大数据和互联网技术在改善贫困人口的文化环境方面有一定的作用，但并没有明确的证据表明，这些技术可以直接或间接地提升贫困户群体的发展能力和内生动力。因为大数据技术的运算分析多是以客观的数字为基础，而教育并不是完全依赖于数据的纯客观过程。相反，教育是一个多方主体参与的复杂过程，某些主观因素对于学生的终身教育和成长更具深刻影响，因此在教育领域中，一些主体作用不能简单地由大数据和互联网技术进行替代。因此，鉴于教育扶贫领域的数据更新较快、变化较大、范围较广，综合判断，目前在教育扶贫领域更多采用的是一种大数据思维，而不是真正地运用了大数据技术。展望未来，如果教育扶贫领域真正用到了大数据技术，必将带来贫困地区师生教学（学习）理念、教学（学习）方式和教学（学习）场域的转变，激发贫困地区的内生动力，真正阻断贫困的代际传递。[①]

---

① 柯清超：《大数据与智慧教育》，《中国教育信息化》2013 年第 24 期。

# 第五章　大数据驱动扶贫项目透明监察

与传统监察手段相比，大数据使民生监察主体、方法、时间、空间、工具等方面都发生了巨大的变化，使民生监察的透明度、参与度更高，针对性和动态性更强。正因如此，本章以T县民生监察大数据平台为例，系统剖析大数据驱动民生监察的独特价值、运行逻辑、现实困境及未来图景。分析发现，民生监察平台中的大数据对权力的监察更加精准，可以实现监察主体的多元化、监察过程的透明化。究其原因，民生监察大数据平台的运行有其独特的数据逻辑、"权力+权利"逻辑和技术逻辑，但也面临数据崇拜、数据伦理、数据壁垒等问题，会带来数字监察的形式主义、个人信息的二次使用和部门监管的纵强横弱，建议从实现人机契合、明确职责范围、建立基于区块链技术的大数据监察平台等角度出发，解决监察中的数据崇拜、隐私保护、数据壁垒等问题。

## 第一节　大数据驱动扶贫项目透明监察的缘起

随着技术的变迁，大数据成为新时代政府治理变革的深刻动因。有人指出，大数据的兴起及传播，对国家治理生态、政府运作流程、组织运行方式都进行了重塑[①]，同时对政府决策方式、监察模式和评估机制的升级进行了驱动[②]。从实践来看，大数据在食品药品监察体系、公共权力监察领域、精准扶贫监察动态中的深度嵌入及具体应用，已经积累了丰富的经验与数据，创造了多元、透明、智能、动态、精确监察的途径与方法，提供了科学、客观的研究对象与研究素材。作为政府治理能

① 高小平：《借助大数据科技力量寻求国家治理变革创新》，《中国行政管理》2015年第10期。

② 谢治菊：《大数据与重大公共决策风险治理》，《河海大学学报》（哲学社会科学版）2019年第5期。

力的关键要素，监察能力的现代化程度将直接影响政府治理的水平，而以精准扶贫为代表的民生既是当下国家最为关心，也是最能体现政府治理能力的领域之一。[①] 因此，在有关大数据与政府治理的讨论中，大数据驱动民生监察正成为新的学术生长点。

这一学术生长点可以从大数据应用于政府监察领域的研究中得到启发，具体表现在以下几点。一是大数据影响政府监察理念和思维。与传统监察相比，大数据所带来的协同监察、循数监察、动态监察、精细监察、过程监察、实时监察[②]，让政府监察呈现“从独立到协同、从静态到动态、从被动到主动、从随机到实时、从粗放到精细”的变化。[③] 二是大数据影响政府监察模式。大数据能够扩大和提高监察对象的覆盖面和监察过程、监察方法的精准性，降低监察成本，消除信息壁垒，从而改变权力运行的向度和信息流动的路径[④]，带来的是“区块链式”的去中心化的权力监察模式。[⑤] 三是大数据影响政府监察过程。利用大数据的精准预测功能，可对海量相关事件的内在发展规律与外在风险因素进行数据分析，预测事件发生的概率及趋势[⑥]，作出正确的决策，进而实现监察重心前移。[⑦] 四是大数据影响政府监察方式。可利用信息技术如云计算、区块链技术，搭建“以用户为中心”的互动式大数据公共服务信息管理平台[⑧]，突破公众与政府沟通的时空界限，提高政务信息共享水平，加强对政府政策执行过程与执行成效评估的监督和控制，从而实现信息化的监察

① 陈升、刘泽：《大数据驱动下的政府治理机制研究：以精准扶贫为例》，《重庆大学学报》（社会科学版）2019 年第 6 期。

② 陈潭：《大数据驱动社会治理的创新转向》，《行政论坛》2016 年第 6 期。

③ 樊博：《推进开放政府数据：提升政府部门大数据能力》，《学海》2018 年第 2 期。

④ 史军：《从互动到联动：大数据时代政府治理机制的变革》，《中共福建省委党校学报》2016 年第 8 期。

⑤ 谢治菊：《块数据在农村精准扶贫中的应用及反思——兼与“条时代”大数据应用相比较》，《南京农业大学学报》（社会科学版）2017 年第 5 期。

⑥ 唐任伍：《以大数据助力国家治理现代化》，《中国人力资源社会保障》2017 年第 1 期。

⑦ 李春仙、李香菊：《基于大数据案例分析的社会性监管创新研究》，《广西社会科学》2018 年第 12 期。

⑧ 徐晓林、李卫东：《基于云计算的推送式公共服务模式研究》，《行政科学论坛》2014 年第 2 期。

方式。[①] 总体而言，现有关于大数据与政府监察的研究大多停留在理论探讨层面，对运行逻辑及具体案例鲜有关注，这为本章提供了契机。

正因为大数据，政府监察出现如此巨大的变化，将大数据应用于民生监察领域，就成为应有之义。在脱贫攻坚大背景下，大多数民生监察的内容与扶贫项目、扶贫资金有关，之所以有这样的论断，是因为扶贫资金和扶贫项目贯穿于精准扶贫的全过程，容易出现盲目决策、弄虚作假等形式主义问题以及虚报冒领、贪污挪用等违法违纪行为。例如，据《中国纪检监察报》的报道，党的十九大以来，在精准扶贫领域，全国已有13.31万个贪污腐败和作风败坏行为被查处，涉案人员为18.01万人。[②] 另有审计监察的数据显示，截至2017年6月底，仅广东一省就要求规范精准扶贫项目资金236.4亿元，上缴、追回或归还各级政府的扶贫财政资金46.88亿元，处理有关责任人84人。[③] 这说明在精准扶贫的实践中，仍然存在一些违规违纪行为，而人为的审查或监察需要耗费大量的人力、物力和财力，且对信息真实性难以判断，存在证据不足、证据篡改等问题，这就要求进一步加大监督力度。然而，传统的以政府为主的小数据监督方式面临主体单一、方式落后、内容简单、手段滞后、信息孤岛等弊端，呈现针对性不强、精确性不够、动态性不足、透明度不高等特征。为此，急需引入大数据思维和大数据技术来优化。

恰逢2017年底，中央纪委办公厅印发了《关于2018年至2020年开展扶贫领域腐败和作风问题专项治理的工作方案》，明确要严肃查处违纪违法行为，重点查处和纠正贯彻党中央脱贫攻坚决策部署不坚决不到位、弄虚作假问题，主体责任、监督责任和职能部门监察职责不落实问题。这说明，利用大数据对以精准扶贫为代表的民生问题进行监察已迫在眉睫。目前，一些学者已经关注到此问题，例如，翁俏倩、王林从审计的

① 麻宝斌：《全方位提升地方政府执行力》，《学习时报》2016年7月25日。

② 周根山：《党的十九大以来严查扶贫领域腐败和作风问题》，《中国纪检监察报》2018年12月31日，第5版。

③ 《广东审计整改追缴财政资金逾46亿元》，新浪网，2017年7月25日，http://finance.sina.com.cn/roll/2017-07-25/doc-ifyihrwk2305220.shtml。

角度，提出大数据创新扶贫审计监督的特点与路径；[①] 段鹏等以江苏省为例，探讨了大数据助推民生监察的必要性、可行性与应用性。[②] 这些探讨表明，大数据对民生的监督，是一种外部监督，此种监督正在由“权威主导”向“草根主导”的方向转移，具有较强的针对性、时效性和动态性。[③] 在此背景下，大数据这一技术工具有效诠释了民生监察中的“精准”二字。[④] 基于此，本章拟以 T 县民生监察大数据平台为例，系统剖析大数据驱动民生监察的价值、逻辑、困境及图景。

## 第二节　大数据驱动扶贫项目透明监察的价值

大数据驱动的民生监察，一方面需要依托大数据平台，对与监察相关的结构化、半结构化、非结构化数据进行多维分析，将分布式、散点式的碎片化民意汇聚成系统化的动态数据，消除监察主体之间的信息不对称，追溯行政主体的运行痕迹，从而提高民生监察的精准性和前瞻性；另一方面，民众可借助大数据平台平等参与监察过程，从而保证公民的表达权、参与权、知情权和监督权，形成多中心治理格局。为深度了解大数据驱动民生监察的价值，2019 年 5 ~ 6 月，课题组通过深度访谈、集体座谈、参与式观察的方式对 G 省 T 县的民生监察大数据平台进行了实证调查。T 县位于 G 省北部，全县辖 23 个乡镇 2 个街道，共有 224 个行政村（社区）74.22 万人，其中农业户籍人口 64.4 万人，建档立卡贫困户 61491 人，是典型的农业大县。调查得知，2016 年全省召开民生项目监察规范化建设工作以来，为强化对民生项目的监察，扎实推进民生政策的落实，T 县纪检监察机关专门开发了民生监察大数据平台。该平台运用大数据，依托互联网技术，重点对扶贫项目、扶贫资金使用情况进行全程监察，虽然运行的时间不长，但成效显著。截至 2018 年 4 月，该

① 翁俏倩、王林：《大数据环境下民生审计问题研究——以福建省精准扶贫审计为例》，《财会研究》2019 年第 9 期。

② 段鹏等：《大数据助推扶贫监察的创新模式与有效路径探析——以江苏省为例》，《现代管理科学》2018 年第 12 期。

③ 杨嵘均：《论网络空间草根民主与权力监督和政策制定的互逆作用及其治理》，《政治学研究》2015 年第 3 期。

④ 刘建义：《大数据驱动政府监管方式创新的向度》，《行政论坛》2019 年第 5 期。

县已在通网的 225 个村庄安装了大数据平台一体机，已公布民生政策 3183 条、公示民生项目 2820 个、收到并核实民众举报 269 件、比对发现案件线索并处理 11 件。同时，已有 1171665 人（次）通过平台、手机、网络查询自身享受的民生政策，有 27 个省内外的县（市、区）来学习。通过该平台，T 县发现了一些突出问题，化解了大部分民众的积怨矛盾，惩处了一批履责不力的干部。① 这说明，该平台已产生了较好的社会效应，在 G 省乃至全国都具有典型性，其运行流程如图 5－1 所示，运行价值有以下三点。

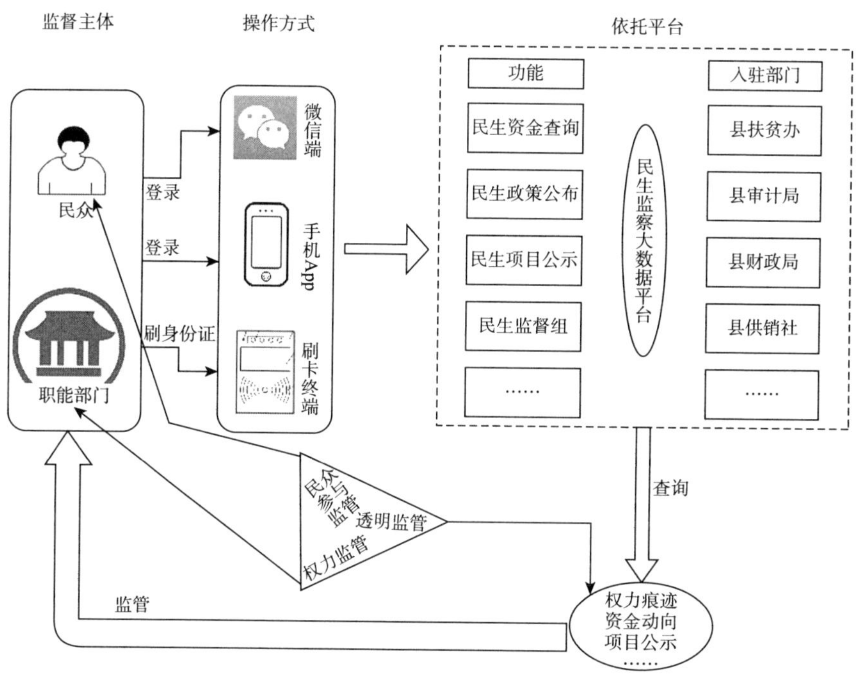


**图 5－1 T 县民生监察大数据平台运行流程**

## 一 大数据使民生权力的监察更加精准

大数据打破了单向结构和垂直监控的中央集权逻辑，使权力得以下

① 《桐梓：民生监察大数据平台畅通监督最后一公里》，遵义市监察委员会网站，http://jiwei.zunyi.gov.cn/xwzx/yw/201804/t20180410_9345938.html，最后访问日期：2023 年 5 月 10 日。

沉，使公共权力与社会权利的关系得以重构。[①] 这一点，在T县的民生监察大数据平台中体现得比较明显。据了解，T县民生监察大数据平台经历了数据生成、数据采集、数据存储和数据挖掘四个阶段。在数据生成阶段，通过记录行政主体的运行痕迹，汇聚数据信息，为大数据驱动民生监察提供资源；在数据采集阶段，通过网络查询终端对数据进行采集，剔除无效数据，为民生监察样本分析奠定基础；在数据存储阶段，将采集的数据聚集起来，建立大数据平台，为大数据驱动民生监察提供系统支撑；在数据挖掘阶段，通过可视化和预测性分析，提升民生监察的预测水平和科学决策水平。这说明，民生监察大数据平台是一个开放的、亲民的平台，其目的是强化民生项目资金的源头管理、过程督导、终端监察。平台建成后，县纪委督促民生主管部门将各种民生政策的补助标准、办理流程、资金兑现流程等核心信息及时录入平台，编制相应的权力清单和责任清单，明确每一个项目的责任主体、责任依据与权力范围。同时，每个部门的权力运行痕迹都可以通过该平台进行跟踪查询，进行精准的责任追溯。访谈时，当问到该平台是如何精准监察时，该县纪委常委说（2019年5月27日）：

> 我们可以通过平台实时核查业务部门资金发放是否精准，当发现问题时，可以在平台追溯整个资金发放环节与对应的负责人，这样一来，平台可以倒逼相关部门履行好主体责任。

## 二　大数据让民生监察主体更加多元

大数据可以监察民生项目运行流程，激发公众参与监督政策实施的热情，并让公众的参与呈现自主表达、民主协商和理性沟通的格局。[②] T县民生监察大数据平台建成后，各乡镇通过广播、电视、网络发放宣传资料，以及召开包干干部会、民众会、党员会等方式进行广泛宣传，多渠道提升

---

① 陈潭、杨孟：《“互联网＋”与“大数据×”驱动下国家治理的权力嬗变》，《新疆师范大学学报》（哲学社会科学版）2016年第5期。

② 蔡玉卿：《大数据驱动式社会监督：内涵、机制与路径》，《河南社会科学》2019年第8期。

民众的知晓率，激发了民众参与监督的积极性。不仅如此，为提高该平台的实用性，民众可通过网络登录、微信扫描和刷身份证等途径进行查询，提高了监察的时效性。此外，民众可通过平台随时向监察部门反映资金发放滞后、错配、扣发等问题，增强了监察的便捷性。难怪该县纪委副书记H某某告诉我们："民众通过大数据平台的查询功能，可以了解身边人的领取情况，起到相互监督的作用。"（县纪委常委H，2019年5月27日）这说明，该平台保障了民众的知情权和参与权，使监察主体更加多元。

## 三　大数据使民生监察过程更加透明

大数据颠覆了权利的实现机制，让社会组织及公众从权力管控对象转变为权力共享者。[①] 在大数据的驱动下，除涉及公民隐私、商业秘密及地区安全的信息外，大部分民生政务信息变得更加开放和透明。以T县的民生监察大数据平台为例，该平台能够较大程度满足公民的利益诉求、部门间的数据共享、公民可视化参与的需求。访谈得知，从该县之前查处的腐败案件来看，犯罪的手段并不高明，镇村干部往往利用民众对政策不了解、信息不对称来蒙蔽民众。使用民生监察大数据平台后，假公开变成真公开、短期公开变成长期公开、被动公开变成主动公开，这保障了民众的知情权与参与权，解决了信息不对称问题。正如有人指出："录入系统后，该平台数据便可以永久保留，这克服了以往贴纸告示的短期性弊端，使短期的公开变为长期的公开，真正实现了公开透明。"（县纪委常委H，2019年5月27日）正因如此，该平台的使用有效增强了镇村干部的纪律意识和敬畏之心，规范了镇村干部的工作程序，减少了基层干部优亲厚友、吃拿卡要、虚报冒领、截留挪用、贪污私分等行为的发生。由此看出，T县民生监察大数据平台实现透明监察的机理在于：一方面，全程记录并公开行政主体权力运行痕迹，从而将权力关进笼子里；另一方面，大数据平台增加了民众参与扶贫监察的渠道，保障了民众的政治话语权，从而达到监察过程透明化的效果。也即，大数据技术的应用，可以使民生监察大数据平台实时记录权力运行过程，让权力痕迹数据化、数字化、可视

---

① 高奇琦、陈建林：《大数据公共治理：思维、构成与操作化》，《人文杂志》2016年第6期。

化，形成政府、民众等多条权力追溯链，进而达到公开透明。

## 第三节 大数据驱动扶贫项目透明监察的逻辑

大数据驱动民生监察是基于数据信息和技术治理这两大支点展开的，它以大数据权力的形态嵌入政府治理体系和社会监督体系中，形成“政府—大数据—社会”的链条，打破了政府与社会、权力主体与监督主体的界限，使其从主客体间关系转变为主体间关系，通过各方行动主体的信息流动，构建成一个信息空间（Information Space）。信息空间指由“编码、抽象和扩散”三个信息维度的生产、交换和联动形成的空间。[①]在信息空间中，执行主体、受益对象、普通民众、社会组织等行动主体构成了利益共同体，并在“编码、抽象和扩散”两两组成的二维空间中展开联动。其中，由“编码和抽象”组成的二维空间是 E 空间（Epistemological Space），即主要形成于信息采集提取过程的认知空间；由“编码和扩散”组成的二维空间是 C 空间（Culture Space），即主要形成于信息交互过程的文化空间；由“扩散和抽象”组成的二维空间是 U 空间（Utinity Space），即主要形成于信息应用过程的效用空间。三者共同构成了大数据民生监察平台系统的信息空间，也展示了大数据驱动民生监察的运行逻辑（见图 5－2）。

### 一 E 空间：大数据驱动民生监察的数据逻辑

根据马克斯·H. 布瓦索的研究，作为认知信息的 E 空间，是指由信息编码和信息抽象构成的具有数据处理和储存功能的二维空间，该空间表示信息的筛选和概念化过程，意指民生监察大数据平台中海量的感知数据。感知数据是一种信息的原始资源，需要政府部门对获得的数据进行编码和抽象，因为信息过量和信息缺乏都会导致民生监察的低效率。作为民生监察的核心主体，政府工作人员在监督民生资金的发放过程中，首先需要将海量的感知数据录入大数据平台，然后对感知数据进行筛选、

① 马克斯·H. 布瓦索：《信息空间：认识组织、制度和文化的一种框架》，王寅通译，上海译文出版社，2000，第 1 页、第 178～193 页。

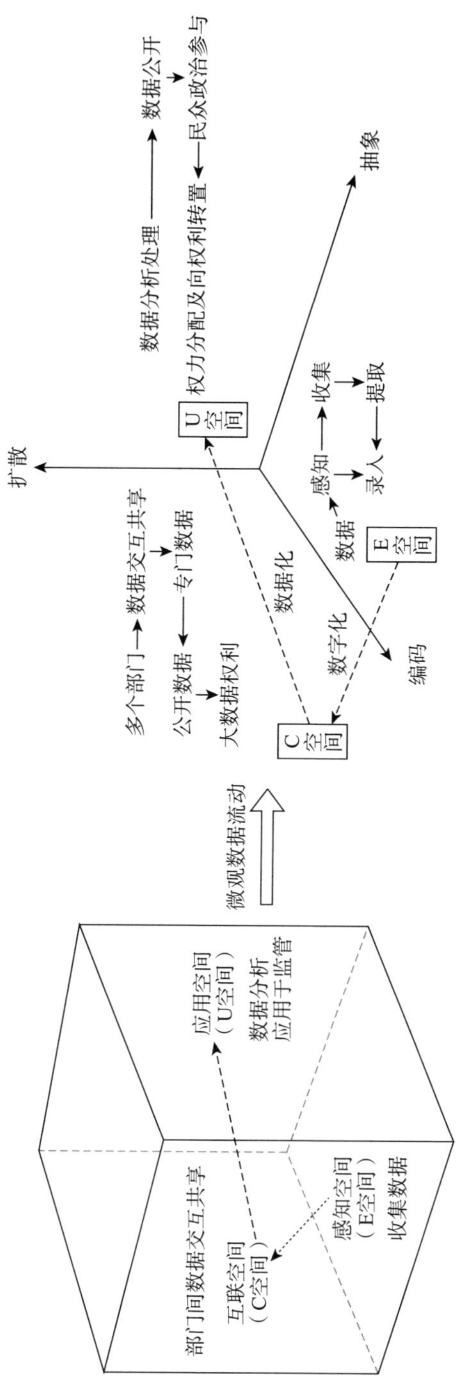


图5－2　大数据民生监察的信息空间及运行逻辑

提取与分类，进而抓取有用的数据，形成高度编码与抽象的知识，从而为政府决策提供参考，增进民生监察的科学性与有效性。也就是说，信息编码能够促进知识扩散，信息抽象可以节约数据资源，进而为均衡政府权力分配、改善民众权利表达提供支撑。这就恰如基层干部通过大数据平台录入各村村民信息，大数据管理中心对这些海量数据进行筛选和清洗，清洗后的数据上传到扶贫云，为高层领导提供决策参考一样。当然，村民也可以通过大数据民生监察平台查询并感知这些数据信息，推动权力向权利转换，重构个体权利情景，为权利的深度表达进行铺垫。

## 二 C+U空间：大数据驱动民生监察的“权利+权力”逻辑

在信息空间中，编码和扩散两个维度构成了C空间，即文化空间，这在民生监察大数据平台表现为信息互动空间，反映不同信息的分享方式、流动类型和未来走向，能将各个职能部门收集的分散的碎片化数据信息连接起来，进行交互和多方共享。例如，访谈T县纪委常委时，问到该平台涉及县里多少个职能部门，她说现在应该有20余家单位了，只要是有扶贫资金的，它都要涉及（县纪委常委H，2019年5月27日）。在信息互动空间中，先要将E空间收集到的初始信息进行整合和编码，转变为专门的数据信息；然后经过公众解码和公开，才能转化为公开信息；信息公开后民众才得以知晓，成为个体权利，发挥监察功能。而在抽象和扩散两个维度构成的效用空间——U空间中，监察主体利用大数据分析技术，对复杂的海量数据进行分析、处理和计算，并将特定的权力、知识应用到相关场景中，将权力关进数据铁笼，一旦发现权力越界便可精准问责。可见，C+U空间的联动历经了权力数据公开、民众政治参与、部门合作共享的过程，这使得公共权力被有效地监督。也就是说，在信息空间中，公众的参与和政府的宣传可以让公共权力转化为常识权利和常识知识，并在个体感知情景中转变为个体权利与个体知识，从而在信息的生产和再生产中实现权力向权利的转换。

## 三 数据化：大数据驱动民生监察的技术逻辑

没有大数据之前，数据的真实价值往往隐藏在表面之下，处于休眠状态，大数据则是释放数据隐藏价值的工具和手段。[①] 而只有经过数字化、数据化的技术逻辑，大数据才能释放潜在价值，达成驱动民生监察之目的。民生监察的初期数据信息如文本、图片、数据，是不能直接使用的，只有经过数字化流程，将其录入大数据平台，并被平台处理和识别后变成的数据，才可使用。数据化是把一种现象转变为可制表分析的量化形式过程，只有数据化后，数据信息才能供人们分析和使用。而大数据之所以能够驱动民生监察平台，是因为其具有数据利用、数据整合、数据扩展三种价值。具体来说，在民生监察平台中，经过数据化后，海量数据的潜在价值才被释放出来，才具有可利用的前提。然后，将可利用的数据价值与不同的数据集结合起来，进行数据整合。整合后，深度挖掘数据的不同价值，实现数据的扩展。这一点，该县大数据管理中心人员很有感触。她说："现在有些部门的单独数据，即使进入平台之后，也不是完全有用的数据，只有经过整合的能够用起来的大数据，才是有价值的。"（县大数据管理中心副主任 D，2019 年 5 月 27 日）由此推之，民生监察大数据平台运行的技术逻辑是：将现实的信息变成数据被平台识别，识别后，平台根据数据利用、数据整合与数据扩展的特征释放出其潜在价值，从而提升民生监察的效能。

## 第四节　大数据驱动扶贫项目透明监察的困境

大数据并不是万能的，它是一种技术，会存在一定的缺陷和风险，这些缺陷与风险会让民生监察陷入一定的困境，具体表现在数据崇拜、数据伦理、数据壁垒三个方面。

### 一　数据崇拜：引发数字监察的形式主义

在现阶段，民生监察的主要内容是精准扶贫项目与资金。然而，"从脱贫攻坚工作来看，形式主义、官僚主义、弄虚作假、急躁和厌战情绪以及消极腐败现象仍然存在，有的还很严重，已经影响了脱贫攻坚的有

① 维克多·迈尔-舍恩伯格、肯尼思·库克耶：《大数据时代——生活工作与思维的大变革》，盛杨燕、周涛译，浙江人民出版社，2013，第 12 页、第 136～137 页。

效推进”[①]，2018年2月12日，习近平总书记在打好精准脱贫攻坚战座谈会上的讲话中如是说。事实上，随着大数据时代的来临，海量的原始数据经过感知以及数字化、数据化处理后进入U空间，这使得部分行政主体不得不接受大数据思维，认为基于大数据的结果都是可靠的，进而对大数据产生依赖性，盲目崇拜，这容易引发“数字脱贫”的形式主义，由此带来的危害是：一方面，为减少个人经验决策所带来的风险，相关部门在民生监察的过程中会更加倚靠大数据的分析结果，忽视少数人或小众群体的意见，过滤掉数据中的奇异值，从而导致监察失灵；另一方面，大数据是一种技术，应用于社会治理领域存在固有的风险与悖论，因而在民生监察中也可能会面临数据失真、识别无效、确认困难、指标错位等问题。[②] 针对村民为了个人利益套取国家资金而瞒报数据、临界贫困户的甄别、村民人为排斥数据收集以及村民收入的科学界定等问题，大数据基本无能为力，容易陷入“数字脱贫”“被脱贫”的形式主义中。

## 二 数据伦理：导致个人信息的多次使用

大数据在民生监察管理和责任追溯等方面具有不可比拟的优势。但是，民生监察中悉知的“充分数据”挖掘却可能在伦理上形成悖论，使监察过程陷入迷蒙之境。[③] 虽然数据只有在流动中才能实现价值，但大数据处理环节众多且比较复杂，强调数据主体的控制会削弱数据流动的价值。[④] 因为数据流动时，在E空间的数据录入、C空间的数据交互以及U空间的数据应用环节中，数据都是在编码、抽象和扩散三个信息维度间进行生产、交换和联动，除了工作人员，其他人无法看到整个过程。因此，出于提高效率、减少二次收集麻烦之目的，工作人员会直接默认为对方同意数据的多次使用，这会带来伦理问题。不仅如此，监察对象的隐私暴露也是必须面对的问题。虽然调研时，该县大数据中心人员一

---

① 《关于治理扶贫领域腐败和作风问题习近平总书记这样说》，中央纪委国家监委网站，2018年8月31日，http://www.ccdi.gov.cn/toutiao/201808/t20180830_178781.html。

② 谢治菊：《农村精准扶贫中的大数据应用困境及改进策略》，《中共福建省委党校学报》2017年第8期。

③ 何华征：《论大数据时代精准扶贫的数据伦理问题》，《现代经济探讨》2019年第7期。

④ 刘泽刚：《大数据隐私的身份悖谬及其法律对策》，《浙江社会科学》2019年第12期。

再表示遇到可能的安全问题和隐私泄露，他们都会提醒对方，报来的方案也不会通过（县大数据管理中心工作人员 L，2019 年 5 月 28 日）。但从运行过程来看，该平台确实出现过身份信息的泄露事件。在此背景下，哪怕是一些表面上看起来并不是个人隐私的信息，在效用空间中进行数据挖掘也可清晰追溯，进而引发隐私泄露。而大数据平台却无法对数据的多次使用与隐私泄露进行有效监察，困境由此产生。

## 三 数据壁垒：造成部门监管的纵强横弱

大数据平台建立以后，各职能部门会根据自己的需要进行使用，但受自身数据素养的影响，每个部门在 U 空间中将大数据实体化应用时，总会存在一定的偏差。而由于政府部门之间存在条块矛盾、利益冲突等问题，信息在 C 空间中进行多部门交互共享时，会引发数据“纵向流动畅通、横向流动受阻”的困境，形成信息孤岛。T 县的民生监察大数据平台涉及 20 余个部门，而每个部门对平台信息的维护和投入不同，这就会导致部门间对大数据平台有不一样的看法与反应。例如，就民政而言，全县的低保户总共是 34000 多人，有 24000 多人是建档立卡贫困户，他们信息录入和更新的工作量就比较大，因而他们认为该平台主要是增加了负担。“这个平台对我们部门来说，并未起到多大的作用，只有数据录入功能，由于多个系统的数据不兼容，往往同一份数据需要录入多次，反而增加了工作负担。”（县社会救助局 W 局长，2019 年 5 月 27 日）另外，实际操作中也会出现这样的情形：由于存在利益纠葛与数据权责问题，如果政府部门间存在上下级的条条关系，数据共享程度则比较高，反之，平级部门的块块关系数据共享程度就低，这会造成部门监管的纵强横弱，即“纵向部门间的大数据监管较强，横向部门间的大数据监管较弱”。尽管现在 G 省在打造“一云一网一平台”①，力图实现数据共享、打破数据孤岛，这在一定程度上促进了职能部门间的数据整合，但纵强横弱的问题并未彻底解决，相反却随着顶层设计与基层执行的偏差越来越严重，以致横向部门之间会用经过选择的数据进行交互，从而造成数

① “一云”是指 G 省的云上系统平台，“一网”是指政务服务网，“一平台”是指政务数据平台。

据壁垒。

## 第五节 大数据驱动扶贫项目透明监察的启示

与传统监察模式相比，T 县民生监察大数据平台为民生监察提供了新的思路，这些思路给民生监察如下启示。一是监察主体从独立走向合作，驱动了协同监察。大数据可以使政府、民众、社会组织、企业等主体由最初的原子化个体在文化空间（C 空间）中逐渐组成利益链条和网状信息群，使相互之间的数据形成交互共享关系，构建多元主体的协同监察机制，从而解决传统碎片化监察中民众参与不足、政治失语等问题。[①] 二是监察方法从模糊走向清晰，驱动了精准监察。大数据技术可以在认知空间（E 空间）中对各个部门的权力运行数据进行筛选、提取与分类，挖掘数据背后的逻辑，形成高度编码与抽象的知识，帮助监察主体精确定位、精准问责，改变过去因信息不对称而引发的模糊监察，从而提高民生监察的科学性与有效性。三是监察时间从静态走向动态，驱动了实时监察。监察主体利用大数据平台对复杂的实时流动的海量数据进行分析、处理和计算，这能够消除过去监察程序固定、监察成本较高、监察效率低下的弊端，从而实现动态实时监察。四是监察空间从部分走向整体，驱动了过程监察。大数据技术可以通过中心数据池进行数据交互，从而构建以用户需求为导向的整体机制，实现全过程监察。五是监察工具从经验走向证据，驱动了循数监察。大数据技术对繁杂的数据进行采集、提取、比对与挖掘分析，能够依据监察对象、政策环境以及社会风险等因素精准选择适合的监察方式，实现用数据说话、用数据管数据，使监察方式由传统的个人主观经验向循数监察转变，从而提高政府的监察能力和治理能力。简言之，T 县民生监察大数据平台告诉我们，大数据引起了监察主体、方法、时间、空间、工具的深刻变化，正在驱动民生监察能力与监察体系的现代化。

尽管大数据在很大程度上优化了民生监察模式，但也存在一定的问

---

① 张仁汉：《视听新媒体协同监察体系建设研究——以国家文化安全为视角》，《社会科学战线》2016 年第 6 期。

题，例如该县纪委副书记 H 某某提到的，通过大数据比对和筛查，发现一些扶贫政策的顶层设计还有待改善，例如，“危改政策的对象是特困群体，这些对象存在房子烂、生活来源缺乏甚至没有房子的问题，而危改补助资金只有 3.5 万元，往往是不够的，这就会存在政策设计与执行的偏差”（县纪委常委 H，2019 年 5 月 27 日）。这说明，大数据监察还具有优化政府决策的功能。但是，前文也提到，利用大数据监察时，会面临数据崇拜、数据伦理和数据壁垒的问题，因此，为使民生监察更加科学，本章提出以下优化方式。

第一，实现人机契合，反对数据崇拜。大数据技术的发展使自然语言替代人工语言成为算法逻辑的计算对象，即实现了广域人工语言在生活世界的统治地位。[①] 正因如此，利用大数据对民生问题解决过程进行监察，具有重要的意义。然而，高效的民生监察，应该依靠先进的信息平台与具有专业素养的大数据人士才能最大限度地发挥价值。因此，一方面，政府应引进一些大数据的专业人才对平台系统进行管理和维护，同时对现有工作人员进行大数据知识和素养的培训，提高他们对大数据平台的管理能力、利用能力和监察能力；另一方面，可将信息平台与政府部门、监察对象有效连接，使监察信息的提交、监察项目的落实、监察资金的去向、监察结果的输出能够一目了然，让工作人员清楚认识到使用大数据的优势、劣势和风险，这样才能在监察中将自己的经验、学识与大数据相结合，避免盲目崇拜，提高人机契合度，从而矫正监察失灵，减少数据独裁，提高民生监察效率。

第二，明确责权范围，注重隐私保护。应健全规范体系，对数据使用者使用数据的风险进行评估，最大限度减少数据的使用危害。同时，对政府部门采集的民众数据设立保存时限，超过时限就自动对数据进行删除，避免隐私数据的二次使用。此外，对数据使用者的痕迹进行长期保存，这样可以随时查阅，一旦出现问题，可将责任精准追溯到使用者身上。

第三，建立基于区块链技术的大数据监察平台，增强监察效能。要

---

① J. L. Zhao, S. Fan, J. Yan, “Erratum to: Overview of Business Innovations and Research Opportunities in Blockchain and Introduction to the Special Issue,” *Financial Innovation* 1 (2017): 7 - 8.

打破民生监察大数据平台中的数据壁垒，制定标准化的数据标准、转变数据拥有者的思想观念、打通各系统之间的数据平台、实现各信息平台的数据共享很重要，但这些都不是制度保障，都会受到人为因素的干扰，以致执行中会遇到各种各样的困难。因此，要解决此问题，处理民生监察中一般大数据系统无法解决的信息篡改、责任追溯、多部门协同等问题，就应该建立基于区块链技术的大数据监察平台。区块链是一种去中心化的分布式数据库，是集密码学、数学、互联网和计算机编程等于一体的技术，具有去中心化、共识机制、不可篡改性、可追溯性以及透明性等特点。[①] 基于区块链技术的大数据监察，其核心优势在于以下几个方面。一是全面监察。这可以形成去中心化的监管机制，每个监督主体是区块链上的一个网络节点，可以实时地看到数据信息的变化，起到全面监察的作用。二是智能监察。区块链中的数据具有不可篡改性，因为每一次的数据改变都需要超过51%节点的同意，否则改变无效，从而保证数据的真实性，起到智能监察的作用。三是全程监察。资金项目的动向、职能部门权力痕迹的变化，都会在区块链上留下痕迹，可以通过区块链进行追溯，起到全程监察的作用。四是公开监察。除隐私数据和特权数据之外，区块链数据可向所有人开放，这种开放意味着链条上的所有网络节点都是公开透明的。[②] 也就是说，在一定的时空范围内，基于区块链技术的大数据监察平台能够保障民生监察各环节、各节点数据的真实性和有效性，进而让数据获得各主体的较高信任。[③] 就此而言，建立基于区块链技术的民生监察大数据平台，将是民生监察的未来模式，也是未来民生监察的主要技术手段。

---

① 中国区块链技术和产业发展论坛编《中国区块链技术和应用发展白皮书》，工业和信息化部信息化和软件服务业司，2016，第10页、第11~20页。

② 谢治菊：《论区块链技术在贫困治理中的应用》，《学术前沿》2020年第3期。

③ A. Gervais et al., On the Security and Performance of Proof of Work Blockchains, ACM Conference on Computer & Communications Security, 2016.

# 第六章　大数据驱动易地扶贫搬迁有效治理

就某种程度而言，人类社会的发展历史，就是对空间的改造利用以及对空间意义进行建构的历史。这一认识在曾经以“时间”作为主轴的历史研究中，具有重要的意义，因为它打破了历史学家沉湎于时间、忽视空间的研究模式，尽管这一“打破”在20世纪60年代才姗姗来迟。[①]然而，让人欣喜的是，21世纪以数据技术为核心的互联网、物联网、区块链、人工智能等，大大延伸了人类的空间概念。借助马克斯·H. 布瓦索的划分，数据技术延伸的空间概念，可以从认知空间、文化空间与效用空间的角度来思考。[②]如果将这些思考与生活空间、空间正义联系起来，大数据形成的网络空间及其对其他空间的改造与重塑就跃然纸上。将这一理念映射到易地扶贫搬迁领域，利用大数据手段来对搬迁社区进行空间重构，实现社区生活再生产，就成为应有之义。何谓易地扶贫搬迁？国家发改委等五部门在2015年11月联合出台了《“十三五”时期易地扶贫搬迁工作方案》，明确要用5年的时间对居住在“一方水土养不起一方人”地方的1000余万建档立卡贫困人口实行易地扶贫搬迁，让全国人民一起步入全面小康。方案出台后，各省纷纷制定并落实“十三五”时期易地扶贫搬迁计划，成效显著，截至2020年3月，已完成960万贫困人口的搬迁。[③]上千万人的动迁，是一场史无前例的复杂浩大工程，关乎生产关系和社会关系的深度变革，仅做到“搬得出”还远远不够，搬出后的“稳得住”“能发展”“可致富”才是根本。因此，在即将全面到来的后搬迁时代，易地扶贫搬迁工作的当务之急是

① 骆正林：《空间理论与大数据时代网络空间的建构》，《现代传播》（中国传媒大学学报）2019年第1期。

② 马克斯·H. 布瓦索：《信息空间：认识组织、制度和文化的一种框架》，王寅通译，上海译文出版社，2000，第193页。

③ 《习近平：在决战决胜脱贫攻坚座谈会上的讲话》，中国政府网，2020年3月6日，http://www.gov.cn/xinwen/2020-03/06/content_5488175.htm。

构建针对移民的长效减贫机制。[①] 一般而言，长效减贫的路径有技术路径和制度路径，前者强调资源优化，后者看重顶层设计。由于技术能为顶层设计提供精准化的信息与精确化的服务，所以在资源短缺、时间有限的情况下，技术路径更为有效。大数据是新时代简单实用、常规有效的技术路径，用其来驱动易地扶贫搬迁社区的治理，不仅能提高治理的精准性与针对性，还能增强治理的科学性与有效性。故文章拟从空间再造的角度，对大数据驱动易地扶贫搬迁社区的有效治理进行系统分析。

## 第一节 大数据驱动易地扶贫搬迁有效治理的缘起

作为与时间意义并驾齐驱的权力产物，空间规划意味着权力对空间资源的配置，一旦失衡，此种配置就会沦为权力占有、挪用和争夺空间的嫌疑，由此必将引发一部分人的空间贫困。空间贫困是 20 世纪 90 年代国外学者对贫困成因的解释，他们认为贫困之所以呈现聚集分布的特征，过低的地理资本是根源，因此对贫困的空间分布、地理因素、区域测算和地图绘制等进行了研究。[②] 将这一理论运用到易地扶贫搬迁工作中，是 Jalan 和 Ravallion 所提出的地理因素对农村家庭消费增长影响的空间贫困陷阱理论的重要延伸。[③] 可以说，空间贫困是易地扶贫搬迁及搬迁社区需要依靠大数据来治理的主要原因。为何是主要原因，这要从易地扶贫搬迁的背景及现有问题谈起。

2020 年 1 月 2 日发布的中央一号文件，两次提到易地扶贫搬迁工作，并指出加大易地扶贫搬迁的后续扶持力度。2020 年 5 月 12 日，四川凉山州“悬崖村”84 户建档立卡贫困户的集中搬迁，再次践行了党中央对脱贫事业“一个都不能少”的郑重承诺。当前，易地扶贫搬迁工作已经取得了较大成效，“搬得出”的任务已基本完成，如何做好易地扶

---

① 王蒙：《后搬迁时代易地扶贫搬迁如何实现长效减贫？——基于社区营造视角》，《西北农林科技大学学报》（社会科学版）2019 年第 6 期。

② 罗庆、李小建：《国外农村贫困地理研究进展》，《经济地理》2014 年第 6 期。

③ J. Jalan, M. Ravallion, “Spatial Poverty Traps?” *Policy Research Working Paper Series* 12 (1997).

贫搬迁的“后半篇文章”，确保贫困群众“稳得住”，是让易地扶贫搬迁群众开启安居乐业新生活的关键问题。易地扶贫搬迁是一项过程复杂、关联甚广的系列政策实践，学界对于易地扶贫搬迁的研究不断深化，研究第一阶段为易地扶贫政策实施与政策分析，第二阶段为易地搬迁社区的相关管理与移民稳定性研究，第三阶段则更多为经验分析，即从贫困发生研究着手，对易地搬迁居民的当前生活状态、生活改变进行研究，并对易地搬迁贫困人口的后续发展进行讨论。探讨移民生活以及易地搬迁经验，则需要对易地搬迁管理以及居民稳定性进行较为全面的分析。保证移民稳定性，需确保移民“留得住”，这涉及居民的社会融入情况、移民生计可持续情况以及居民社区服务供给三个方面。

集中搬迁解决了贫困户因生态环境恶劣而贫困的问题，但离开生养之地，移民的生计将面临颠覆性的变化，社会融入难、生计持续难等问题将接踵而至。一是社会融入难。社会融入是个体为减少社会排斥和社会歧视，不断融入当地环境，进而产生社区认同的过程。涂尔干认为，社会的稳定构建主要取决于三个要素：持续的合作、共同的价值观、集体意识。[①] 新环境下搬迁居民相对陌生，与原居住人口存在较大的价值观差别，这些因素不利于社区氛围的营造，移民是否能融入新社会环境将对移民群体是否“稳得住”具有重要的影响。一方面，搬迁移民社会适应水平不高，尤其是心理适应、行为适应、文化适应会面临较大的困难，进而影响他们的社区融入，阻碍他们对搬入社区的认同感与归属感培养；[②] 另一方面，有研究表明，提高社会融入程度能够提高流动人口在迁入地定居的意愿。[③] 因此，移民不能融入当地社会，就会影响他们在搬入地的居住意愿，难以让移民“稳得住”。近些年，较多研究关注流动人口的社会融入状况，关注易地扶贫搬迁的研究较少，仅可从社会融入的影响因素中推导出邻里互助不够、身份认同不足是移民融入当地

① E. Durkheim, *The Division of Labor in Society*, New York: Free Press, 1933, p. 127.

② 谢治菊：《人类认知五层级与生态移民社会适应探讨——基于 HP 村的实证调查》，《吉首大学学报》（社会科学版）2018 年第 3 期。

③ 吕建兴等：《扶持政策、社会融入与易地扶贫搬迁户的返迁意愿——基于 5 省 10 县 530 户易地扶贫搬迁的证据》，《南京农业大学学报》（社会科学版）2019 年第 3 期。

生活的阻碍。[①] 二是生计持续难。尽管有实证研究显示搬迁后农户的贫困脆弱性得以降低[②]，但受搬迁后续发展的政策体系缺乏、就业推荐与其意愿有偏差、就业培训针对性不强、社会服务供给不足的影响[③]，以及受移民原有的经济空间流失、社会空间断裂、制度空间改变的制约[④]，移民的生计水平整体需要提升，其典型表现是“生计资源减少、生计能力下降、生计融入困难”。三是社区服务供给问题。受易地扶贫搬迁社区贫困人口多、老弱病残多、村庄来源多等特殊情况的影响，社区服务供给精准化、多元化、个性化、差异化的诉求十分明显，但常规化配备的工作人员、拨付的工作经费、设置的组织机构，完全不能满足这样的要求。因此，易地扶贫搬迁社区面临服务资源与居民结构不匹配、服务方式与居民诉求不匹配等问题，也即服务的精细化、个性化与差异化不够。[⑤]

易地扶贫搬迁社区存在的上述问题，与政策实施方案、后续管理体系等有关，更是搬迁前后空间依然贫困的产物。作为解决区域性、整体性贫困的一大举措，易地扶贫搬迁的脱贫逻辑在于让贫困人口摆脱贫困空间，搬离生态脆弱地区，进而实现脱贫致富，即脱离空间贫困陷阱。重要的地理资本如气候、交通、地形等是不易改变的，它们的相对不足会对农户的生产和生活产生制约，从而形成空间贫困陷阱。[⑥] 这一理论将贫困的成因从传统的“人”转向“地”，在更广泛的领域探讨“人地关系”，对诠释易地扶贫搬迁工作具有重要的意义。但是，易地扶贫搬迁工作关涉的“空间”不仅包括地理空间，

---

① 吕建兴等：《扶持政策、社会融入与易地扶贫搬迁户的返迁意愿——基于5省10县530户易地扶贫搬迁的证据》，《南京农业大学学报》（社会科学版）2019年第3期。

② 宁静等：《易地扶贫搬迁减少了贫困脆弱性吗？——基于8省16县易地扶贫搬迁准实验研究的PSM-DID分析》，《中国人口·资源与环境》2018年第11期。

③ 高聪颖：《扶贫搬迁安置区农民可持续生计问题研究》，《中共福建省委党校学报》2016年第9期。

④ 付少平、赵晓峰：《精准扶贫视角下的移民生计空间再塑造研究》，《南京农业大学学报》（社会科学版）2015年第6期。

⑤ 白永秀、宁启：《易地扶贫搬迁机制体系研究》，《西北大学学报》（哲学社会科学版）2018年第4期。

⑥ 马振邦等：《人穷还是地穷？空间贫困陷阱的地统计学检验》，《地理研究》2018年第10期。

还应包括社会空间、人文空间、生计空间、服务空间等。这一点，张茂林作出了较大的贡献，在他1996年开创性研究贫困生态空间后[①]，Burkew and Jaynet从经济、社会、环境三个角度界定了贫困的空间[②]，刘小鹏等研究了中国的贫困地理[③]，渠鲲飞和左停从自然、社会和生计空间的角度，提出了协同路径下易地扶贫搬迁社区空间的重塑。[④] 因此，从地理空间向自然空间、社会空间再向生计空间研究的转移，说明贫困空间理论的内涵正在扩大，正在由一维向多维转变，这给文章从空间再造的角度探讨易地扶贫搬迁提供了重要的启示，具体表现在：一是根据目前易地扶贫搬迁社区治理面临的困境，将探讨的空间拓展至心理空间、生计空间和服务空间；二是三大空间分别代表社会、经济和管理三个维度，相互之间的关联性较强，关乎政府与社区、社区之间、社区内部的协同问题，因此，需要运用新兴技术与手段来实现三大空间的协同治理。大数据就是这样的技术与手段。

大数据是多元信息、多种来源聚集而成的庞大的信息资产。在扶贫领域，大数据是实现贫困“精准识别、精准帮扶、精准监管、精准评估”的核心工具，已被众多学者探讨。例如，汪磊等认为，大数据与精准扶贫具有较强的耦合性，减少了行政主导下扶贫信息的不对称，提升了扶贫驱动的精准性。[⑤] 陈冠宇、张劲松认为，数据、精准、扶贫三者在扶贫治理中相辅相成，亦是第三方评估的科学基础。[⑥] 可见，“精准”二字是大数据作用于扶贫领域的关键机理。易地扶贫搬迁工程是精准扶贫的五大工程之一，将大数据应用于此领

---

① 张茂林：《我国贫困人口的资源生态空间特征与开发性扶贫移民》，《人口与经济》1996年第4期。

② J. Burkew and S. Jaynet, Spatial Disadvantages or Spatial Poverty Traps: Household Evidence from Rural Kenya, MSU International Development Working, 2008.

③ 刘小鹏等：《空间贫困研究及其对我国贫困地理研究的启示》，《干旱区地理》2014年第1期。

④ 渠鲲飞、左停：《协同治理下的空间再造》，《中国农村观察》2019年第2期。

⑤ 汪磊等：《大数据驱动下精准扶贫运行机制的耦合性分析及其机制创新——基于贵州、甘肃的案例》，《公共管理学报》2017年第3期。

⑥ 陈冠宇、张劲松：《弥合数据、精准、扶贫之间的链接缝隙——精准扶贫第三方评估大数据运用及发展》，《上海行政学院学报》2018年第6期。

域，也会产生“精准”的效果。况且，除了“精准”二字，大数据对空间重塑的意义也比较明显：一方面，可利用大数据创新社区管理方式，建构邻里交往公约，实现社区邻里空间的重构；[①] 另一方面，大数据在城市空间治理中的应用比较广泛，可以以更加理性和宏观的视角，为城市空间功能优化提供保障。[②] 只是，这样的空间优化与重塑，虽然思路、框架和方法值得借鉴，但缺乏对易地扶贫搬迁领域的关注，缺少实证调查资料的佐证，鲜有对服务空间、心理空间和生计空间的关怀，故而让文章的探讨具有重要的价值与创新。

所以，2018 年 8 月 G 省 T 县在全国率先将大数据应用于易地扶贫搬迁的后续管理，创建大数据后续管理平台，引起了社会的强烈反响，并于 2019 年 5 月在该省的数博会上隆重亮相。为深入了解该平台对移民社区后续管理的影响，探讨其运行机理和优化路径，2019 年 5 月，课题组一行 10 多人到 T 县进行了一周的实证调查。T 县位于 G 省北部，全县辖 23 个乡镇 2 个街道，共有 224 个行政村（社区）74.22 万人，其中农业户籍人口 64.4 万人，是典型的农业大县。2014 年，全县贫困人口 17503 户 61491 人，其中易地扶贫搬迁 4993 户 20366 人，2019 年 6 月已完成所有的搬迁任务，其搬迁经验在 G 省具有典型性，因此是我们选择的案例点。我们的调研方式主要是深度访谈、集体座谈和参与式观察。其中，与 T 县扶贫办及其相关部门进行了 3 场座谈，与县主管部门、相关职能部门、乡镇（街道）负责人、村（社区）干部、贫困户（社区移民）、扶贫工厂人员等 6 类对象共 24 组 30 人（见表 6－1）进行了深度访谈，同时参与式观察了该平台的运行情况及数据处理过程。后文拟以实证调研的材料为依据，对大数据通过驱动易地扶贫搬迁社区的有效治理而实现的空间再造进行系统分析。

① 陶贝儿、灵德：《大数据背景下社区邻里空间重构研究——以苏州华通社区为例》，《城市住宅》2019 年第 3 期。

② 沈费伟：《大数据时代“智慧国土空间规划”的治理框架、案例检视与提升策略》，《改革与战略》2019 年第 10 期。

**表 6-1　访谈对象基本信息**

| 序号 | 访谈日期 | 受访者姓名 | 性别 | 民族 | 年龄 | 文化程度 | 政治面貌 | 职务 | 部门 | 访谈时长 |
|---|---|---|---|---|---|---|---|---|---|---|
| 1 | 2019年5月27日 | H某某 | 女 | 汉族 | 45 | 本科 | 党员 | 纪委副书记 | 县纪委 | 74分钟45秒 |
| 2 | 2019年5月27日 | D某 | 女 | 汉族 | 34 | 中师 | 群众 | 副主任 | 县大数据管理中心 | 92分钟07秒 |
|  |  | C某 | 男 | 汉族 | 37 | 中师 | 党员 | 工作人员 | 县大数据管理中心 |  |
| 3 | 2019年5月28日 | Y某 | 男 | 汉族 | 30 | 本科 | 党员 | 工作人员 | 县教育局 | 70分钟10秒 |
|  |  | L某某 | 男 | 汉族 | 45 | 本科 | 党员 |  | 县教育局 |  |
|  |  | Y某某 | 男 | 汉族 | 52 | 本科 | 党员 |  | 县教育局 |  |
| 4 | 2019年5月28日 | L某 | 男 | 汉族 | 39 | 本科 | 党员 | 社会救助局局长 | 县民政局 | 55分钟44秒 |
| 5 | 2019年5月28日 | D某某 | 男 | 汉族 | 38 | 本科 | 党员 | 副局长 | 医疗保障局 | 36分钟20秒 |
| 6 | 2019年5月29日 | L某某 | 女 | 汉族 | 42 | 本科 | 党员 | 副主任 | 县扶贫办 | 154分钟11秒 |
|  |  | Z某 | 女 | 汉族 | 37 | 本科 | 党员 | 生态移民科科长 | 县扶贫办 |  |
| 7 | 2019年5月28日 | C某某 | 男 | 汉族 | 45 | 本科 | 党员 | 乡建科科长 | 县住建局 | 65分钟03秒 |
| 8 | 2019年5月28日 | T某某 | 女 | 汉族 | 50 | 初中 | 群众 | 工人 | 扶贫工厂 | 29分钟33秒 |
|  |  | L某某 | 男 | 汉族 | 45 | 专科 | 群众 | 经理 | 扶贫工厂 |  |
| 9 | 2019年5月28日 | D某某 | 男 | 汉族 | 33 | 初中 | 群众 | 经理 | 鞋厂 | 48分钟02秒 |
| 10 | 2019年5月28日 | L某某 | 男 | 汉族 | 45 | 本科 | 党员 | 镇党委书记 | G镇 | 39分钟29秒 |
| 11 | 2019年5月28日 | C某 | 女 | 汉族 | 24 | 本科 | 群众 | 扶贫站站长 | G镇 | 79分钟58秒 |
| 12 | 2019年5月28日 | C某某 | 男 | 汉族 | 37 | 大专 | 党员 | 镇长 | G镇 | 16分钟11秒 |
| 13 | 2019年5月27日 | X某某 | 男 | 苗族 | 39 | 中专 | 党员 | 村支书 | M乡 | 115分钟42秒 |
| 14 | 2019年5月28日 | S某 | 男 | 汉族 | 57 | 高中 | 党员 | 村支书 | G镇 | 49分钟20秒 |
| 15 | 2019年5月26日 | L某 | 女 | 汉族 | 36 | 本科 | 党员 | 社区主任 | L镇 | 134分钟00秒 |

续表

| 序号 | 访谈日期 | 受访者姓 名 | 性别 | 民族 | 年龄 | 文化程度 | 政治面貌 | 职务 | 部门 | 访谈时长 |
|---|---|---|---|---|---|---|---|---|---|---|
| 16 | 2019 年 5 月 26 日 | L 某 | 男 | 汉族 | 36 | 本科 | 党员 | 社区主任 | L 镇 | 54 分钟 13 秒 |
| 17 | 2019 年 5 月 27 日 | X 某某 | 男 | 汉族 | 35 | 本科 | 党员 | 社区支书 | H 街道 | 135 分钟 19 秒 |
| 18 | 2019 年 5 月 28 日 | H 某某 | 女 | 汉族 | 33 | 本科 | 党员 | 社区兼职心理咨询师 | L 镇 | 63 分钟 15 秒 |
| 19 | 2019 年 5 月 27 日 | T 某某 | 男 | 汉族 | 35 | 初中 | 群众 | 贫困户 | H 街道 | 59 分钟 06 秒 |
| 20 | 2019 年 5 月 28 日 | L 某某 | 男 | 汉族 | 79 | 高中 | 群众 | 非贫困户 | G 镇 | 43 分钟 36 秒 |
| | | H 某某 | 女 | 汉族 | 70 | 文盲 | 群众 | | G 镇 | |
| 21 | 2019 年 5 月 27 日 | Z 某某 | 男 | 汉族 | 34 | 小学 | 群众 | 社区移民 | H 街道 | 46 分钟 00 秒 |
| 22 | 2019 年 5 月 26 日 | 张某某 | 女 | 汉族 | 68 | 文盲 | 群众 | 社区移民 | L 镇 | 51 分钟 07 秒 |
| 23 | 2019 年 5 月 26 日 | L 某某 | 女 | 汉族 | 43 | 文盲 | 群众 | 社区移民 | L 镇 | 21 分钟 09 秒 |
| 24 | 2019 年 5 月 28 日 | Y 某某 | 男 | 汉族 | 41 | 小学 | 群众 | 社区移民 | L 镇 | 63 分钟 05 秒 |

## 第二节　大数据驱动易地扶贫搬迁有效治理的契机

易地扶贫搬迁是行政主导型的空间迁移，是区别于农村社区与城市社区的“过渡型”社区，是以带领移民脱贫致富为主的“第三社区”，因此需要实现生计转型、关系重构与服务重建。[①] 之所以这么认为，是因为易地扶贫搬迁是新城镇化、农业现代化背景下的分散搬迁、集中安置。这就意味着移民来源的异质性与分散化、结构的零散性与薄弱化、诉求的复杂性与多元化，以致移民居住不稳定、社区共同体缺乏、治理结构不完善，由此带来的后果是社区空间的萎缩，具体表现在生计空间

---

① 王蒙：《后搬迁时代易地扶贫搬迁如何实现长效减贫？——基于社区营造视角》，《西北农林科技大学学报》（社会科学版）2019 年第 6 期。

不足、服务空间压缩、心理空间重构（见图6-1）。

## 一　生计空间不足：搬迁过程中的无奈

基层政府治理有常规化治理和运动式治理两种模式，前者指基层政府对例行工作的治理，后者指基层政府对重大工作或突发事件的治理。易地扶贫搬迁的人数多、规模大、时间短、任务重、涉面广、项目紧，是典型的运动式治理，准确的界定是“运动式搬迁”。运动式治理是以非常规化的手段开展的治理行动，已经成为一种广泛的国家治理模式。[①]从治理的效益来看，运动式治理能够以自上而下的方式调动人员，以政治动员的模式集中力量，以超科层制的运作破解难题，以跨部门整合协同的形式重组资源，为重大性治理难题、突发性公共事件、临时性紧急任务和回应性政治问题提供立竿见影的短期成效。但是，运动式治理本身是与常态化治理、制度化治理、专业化治理、法制化治理、规范化治理等相违背的一个概念，会产生一些治理困难。

生计空间是移民因生计需要而产生的空间，可以从安置环境与生计手段上来理解。安置环境是搬迁的前提，生计手段是搬迁的关键。国家层面出台的搬迁方案和省级层面出台的实施规划，均强调搬迁点要具有承载力才能搬迁。然而，由于易地扶贫搬迁属于硬性公共行政任务，该任务的艰巨性在于它同时兼有问题型任务和数量型任务的特征，不仅在规定的时间内搬不完就不达标，考核时会被一票否决，还要兼顾搬迁的人数和速度，因此调研时发现，很多基层政府以“作战图”的方式对搬迁任务的完成情况进行推进，“抢速度、抢时间、抢人数、抢工期”是其典型表现，由此必将带来安置环境的粗犷化和生计手段的模糊化。访谈时，一名安置点负责人告诉我们：“为了在规定的时间内完成任务，我们安置点只好赶工期把贫困户搬过来，但是周边的超市、工厂、学校、医院等，啥都没有，我记得省里的规定是要具有承载能力后才能把贫困户搬出来，但是没办法呀，这应该是很多安置点的共性问题。”[②] 另一名扶贫办副主任也指出：“上面的要求任务重，为了抢进度，我们以24小

---

① 杨志军：《运动式治理悖论：常态治理的非常规化——基于网络“扫黄打非”运动分析》，《公共行政评论》2015年第2期。

② 男，汉族，46岁，中专，群众，P县某搬迁社区管理员，访谈于2019年2月21日。

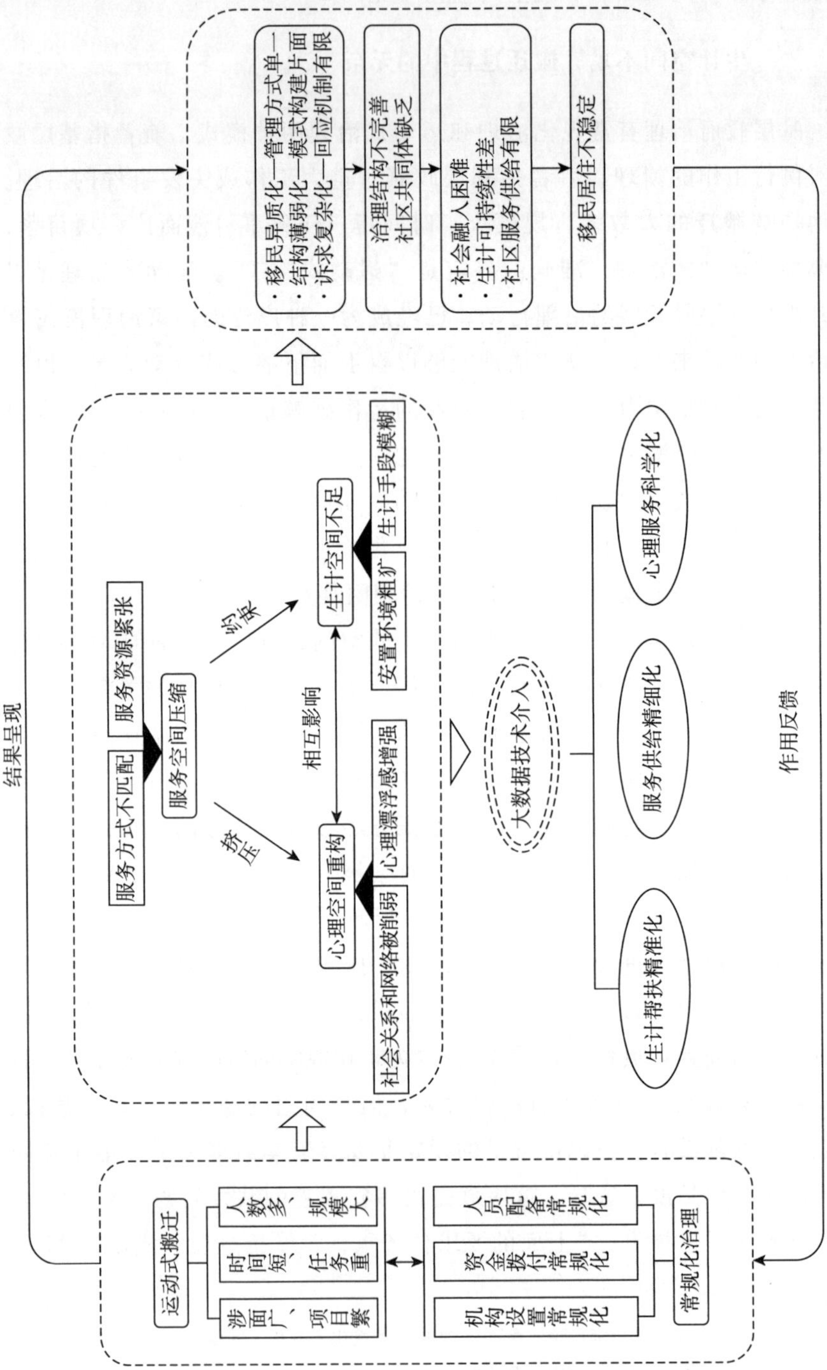


图 6－1 大数据驱动易地扶贫搬迁社区有效治理的契机

时轮班作业的方式来组织施工，即使人休息，机器也不休息，以责任到人的方式来抢抓工程建设期。”[①] 还有一名社区书记说：“目前，我们社区周边交通安全设施不到位，不仅没有红绿灯、减速带，也没有公交车，有危险。”[②] 可见，由于易地扶贫搬迁是以改变生存规则的方式来改变生活环境，治理的着力点应放在新生活环境与生计方式的重构上。[③] 但是，这种抢时间的“运动式搬迁”方式会引发工作人员的忙乱。“在2018年腊月二十四五的时候，我们街道就通知我，要准备买点办公用品准备迎接搬迁户，所以我们临时性地买两张桌子和几个凳子，然后来这里临时办公。同时他们（注：上级政府）组织了几个人员，包括派出所安排了几个干警过来，那段时间，周边啥都没有，生活很不方便，我们当时的办公室还没装修出来，是抱着打印机过来给他们发通知的。”[④] 这位社区干部的独白，道出了搬迁过程中社区工作人员的无奈与辛酸，这也是移民生计空间不足的重要表现与原因。

## 二 服务空间压缩：常规化治理面临的困难

为保障易地扶贫搬迁工作的顺利进行，G省在“易地扶贫搬迁十三五规划”中提出了五大保障体系，分别是公共服务体系、培训和就业服务体系、文化服务体系、社区治理体系和基层党建体系。而无论哪种体系，都是围绕社区服务展开的，故服务手段、服务内容、服务方式、服务对象等对易地扶贫搬迁社区治理具有重要的价值。然而，运动式治理虽然被塑造为更精密的目标责任制和精细化的任务驱动方式被常规化使用，但存在一些问题。[⑤] 正因如此，“紧急搬迁”带来的系列问题，应通过超常规的资源整合来解决，但调研发现，大部分移民社区的治理，仍然是“常规化”治理，具体表现为以下几点。一是人员配备常规化。人员由正式编制人员、聘用人员和公益性岗位人员组成，且以后面两种身

① 女，汉族，42岁，本科，党员，T县扶贫办副主任，访谈于2019年5月29日。

② 男，汉族，37岁，本科，党员，T县某社区书记，访谈于2019年5月27日。

③ 龙彦亦、刘小珉：《易地扶贫搬迁政策的“生计空间”视角解读》，《求索》2019年第1期。

④ 男，汉族，37岁，本科，党员，T县某社区书记，访谈于2019年5月27日。

⑤ 倪星、原超：《地方政府的运动式治理是如何走向“常规化”的？——基于S市市监局“清无”专项行动的分析》，《公共行政评论》2014年第2期。

份的人员为主。例如，T县2018年4月成立的PL社区，搬迁2174户8507人，但仅有2名正式员工8名聘用制人员和3名公益性岗位的人员，工作人员与居民的比例是1∶655，工作的难度可想而知。二是资金拨付常规化。以T县BG社区为例。该社区成立于2018年12月，一年的正常办公经费是4万多元，由上级组织部门拨付，刚搬进来的时候，街道补贴了1.7万元。由于社区刚成立，事项多、会议多、资料多，开支是常规社区的数倍，但县里面还是按正常社区运作的经费来拨付，其捉襟见肘的程度正如该社区书记所说："我们还欠经销商5万多元的办公经费，由于缺钱，我们社区门口30个千瓦的大屏幕都不敢开，因为今年的公共电费还不知道怎么办。"[①] 三是机构设置常规化。移民社区的人员构成比较特殊，来自多个乡镇，文化程度低，老弱病残的比重也较高。以T县BG社区为例，该社区有少数民族98人、残疾人297人（一二级残疾人87人）、智障者26人、慢性病患者250多人，老弱病残占了总数的1/3。正因如此，该社区享受低保的人有373户，占居住人口的54.6%。尽管如此，该社区的机构设置与其他社区类似，只有1名兼职的工作人员负责低保事务，无专职人员。难怪访谈时社区书记指出："一般社区只有几十户低保户，我们却有几百户，是其他社区的几倍甚至十倍，但也只有1名兼职的工作人员，可想而知她的压力有多大。"[②]

可见，搬迁后，各地采取常规化手段来管理社区，必将带来服务资源的紧张。为移民提供精细化、针对性、专业化的服务属于软性公共行政任务，不如直接完成上级的任务来得实在，难以凸显绩效，且这方面的投入收益可能在其他项目上显现，或者在下一届甚至更远的任期中"收割"。[③] 因此在资源有限的情况下，工作人员必先完成硬性的底线管理任务，对上负责。如有空余，再完成软性的服务供给任务，对下负责，因而常常以应付式、模糊化的方式来提供社区服务，服务空间必然被压缩。

---

① 男，汉族，37岁，本科，党员，T县某社区书记，访谈于2019年5月27日。

② 男，汉族，37岁，本科，党员，T县某社区书记，访谈于2019年5月27日。

③ 李利文：《软性公共行政任务的硬性操作——基层治理中痕迹主义兴起的一个解释框架》，《中国行政管理》2019年第11期。

## 三　心理空间重构：搬迁与常规化治理的双重挤压

心理空间是社会空间的一种，与生计空间一起构成社会空间。相对于自然空间，社会空间对人的发展影响更大、更加直接。[①] 心理空间受自身因素、地理环境和周边氛围的共同影响，是个体社会行为与社会实践的有力支持。研究表明，受运动式搬迁与常规化治理的双重挤压，易地扶贫搬迁的心理空间面临重构。因为，一方面，移民往往是整村搬迁，其结果是原有的社会关系和社会网络被削弱，心理漂浮感增强。例如，T县23个乡镇200多个村4993户20366人搬迁到11个安置点，搬迁的分散程度比较高，搬迁后的社会关系必将受到影响。另一方面，搬迁后移民的不适应问题比较明显。对于这一点，T县某社区主任说："刚来的时候，有些人觉得生活上不习惯，觉得这里啥都有约束，不能吐痰，不能扔垃圾，在村子里做这些是没人管他们的。另外一个，就是他们认为费用的问题，这些人在农村用水几乎是不要钱的，但是在这里的话，每个月都有一二十块钱的水费，电费也比农村多。而且，在农村的生活费较低，蔬菜跟米都不用买，但这里都要花钱，葱、蒜都要花钱买，所以他们一下子觉得支出多了，不习惯，想搬回去住。"[②] 这说明，搬迁后的不适应是普遍现象。"而他们的焦虑点在于，做了一辈子的事了，突然坐在这里什么都不能做，他们心里面觉得无所适从，生命有一种停滞感，如果很劳碌，反而会很充实。"[③] 一名社区兼职心理咨询师如是说。

本来，搬迁会产生一些问题，如为抢速度会缩短搬迁住房的建设工期、为抢效益会产生搬迁动员的胡言乱语、为抢时间会降低搬迁工作的精细管理、为抢人数会减少搬迁对象的精准识别等，由此会提高搬迁后社区治理的难度。鉴于此，搬迁后的社区治理就应该在人员配备、资金拨付、组织架构、管理手段和服务供给等方面有所创新，而非"常规化治理"。但事实是，上级政府还是以"常规化"的方式在做顶层设计，这会使移民的心理产生适应问题。当然，由于心理问题本身的复杂性与综合性等特点，心理空间在重构过程中往往面临困境。事实上，已有的

---

① 渠鲲飞、左停：《协同治理下的空间再造》，《中国农村观察》2019年第2期。

② 男，汉族，36岁，本科，党员，T县某社区主任，访谈于2019年5月26日。

③ 女，汉族，33岁，党员，社区兼职心理咨询师，访谈于2019年5月28日。

易地扶贫搬迁，有时因政府功能定位不清而成效不显著，或者因信息不对称增加治理成本。[①] 例如，调研时发现，易地扶贫搬迁后，原来的帮扶干部还需要对贫困户“两不愁三保障”工作进行跟踪，防止他们返贫。也就是说，帮扶干部是社区管理干部之一，他们与社区干部一样，有责任为移民创造更多的机会和平台。然而，有人告诉我们：“帮扶人帮扶几年，已经和贫困户有感情了，贫困户也习惯有事就找帮扶干部，到安置点社区后仍然如此。”[②] 这就导致帮扶干部与社区干部的分工和职责不明，在有些工作上相互推诿。

## 第三节 大数据驱动易地扶贫搬迁有效治理的逻辑

由于空间本身具有社会属性，是特定社会关系的载体。因此，在运动式搬迁与常规化治理的双重挤压下，作为具有模糊性的软性行政任务，易地扶贫搬迁社区的空间再造工作必然难以清晰化，除非运用技术工具。技术治理的逻辑是用扁平化、网格化和数据化的手段，对基层社会治理结构进行重塑，将大量隐藏在模糊公共行政任务背后的逻辑以透明化、可视化、数字化的方式呈现，从而实现管理的精准性和科学性。[③] 大数据就是这样的技术工具。大数据的兴起及传播，对国家治理生态、政府运作流程、组织运行方式都进行了重塑，同时对政府决策方式、监管模式和评估机制的升级进行了驱动，是提高行政效率、降低行政成本、弥补资源不足的有效手段。这一点，T 县易地扶贫搬迁后续管理大数据平台体现得特别明显。面对移民社区治理资源不足的压力，2018 年 8 月，该县建立了易地扶贫搬迁后续管理大数据平台。该平台是易地扶贫搬迁后续管理和帮扶平台，旨在为易地扶贫搬迁移民从哪里来、住哪里、干什么工作等，提供可追溯、可分析的大数据管理，从而达到搬迁社区服务管理工作“底数清、情况明、服务优、效果好”之目的。那么，该平台是如何驱动易地扶贫搬迁后期管理工作的呢？主要是在资源短缺的情

---

① 渠鲲飞、左停：《协同治理下的空间再造》，《中国农村观察》2019 年第 2 期。

② 男，汉族，31 岁，本科，党员，街道副主任，访谈于 2019 年 5 月 27 日。

③ 李利文：《模糊性公共行政责任的清晰化运作——基于河长制、湖长制、街长制和院长制的分析》，《华中科技大学学报》（社会科学版）2019 年第 1 期。

况下，通过生计空间、服务空间和心理空间的再造，来确保搬迁户能够“搬得出、稳得住、可致富”（见图 6－2）。

## 一 生计空间再造：促进就业帮扶的精准化

易地扶贫让移民的生计结构得以优化，外出务工已成为移民生计活动的主流。但是，易地扶贫搬迁户大多长期居住在农村，文化水平较低，无一技之长，就业的难度较大。例如，T 县的贫困户中，因病贫困的占 32.6%，缺技术的占 17.7%，缺劳动力的占 5.1%。这说明，55.4% 的贫困户属于弱劳动力或无劳动力、缺技术的家庭。难怪访谈时，有帮扶干部指出：“我们这里有个地方是整组搬迁的，但是由于思想观念，有些群众还是不愿意离开这个地方，他们最担心的问题是出去后如何生存。”① 可见，生计问题是易地移民能否“稳得住”的关键问题。因此，针对“运动式搬迁”对贫困户生计途径准备不足的弊端，T 县充分利用大数据技术，对移民的生计进行了精准帮扶。一是建立就业服务大数据平台，平台汇聚了移民的个人情况和就业需求，同时将招聘的职位数量与要求上传，并配备专人做好求职登记、就业推荐、就业创业咨询、职业指导，成效显著。截至 2019 年 6 月，全县已搬迁入住劳动力家庭 3878 户 8249 人，实现就业 6451 人。二是利用大数据平台进行就业培训。根据大数据提供的信息，精准锁定移民的技能短板和实际需求进行就业培训、残疾人培训、妇女培训和群众培训。2018 年以来，培训移民 3280 人，成功就业 2162 人，就业成功率是 65.9%，实现就业补贴 61.38 万元，发放创业资金 30 多万元。培训效益在 BG 社区比较明显。该社区书记说：“培训后，大约有 60% 的人成功就业，工资高的是护工护理，听说已经涨到 7000 块钱一个月了。”② 培训增强了移民的技能，提升了移民的市场竞争力，但由于种种原因，移民可持续就业的状况并不理想。正如某社区主任所忧虑的：“持续稳定就业的人，大概也只有 50%，这里面有老百姓不能胜任的原因，还有本人比较懒的原因，还有就是他觉得这个工作不适合他。”③ 针对培训后不能稳定就业的家庭，大数据平台

① 男，苗族，32 岁，本科，党员，T 县某乡组织委员，访谈于 2019 年 5 月 27 日。
② 男，汉族，37 岁，本科，党员，T 县某社区书记，访谈于 2019 年 5 月 27 日。
③ 男，汉族，36 岁，本科，党员，T 县某社区主任，访谈于 2019 年 5 月 26 日。

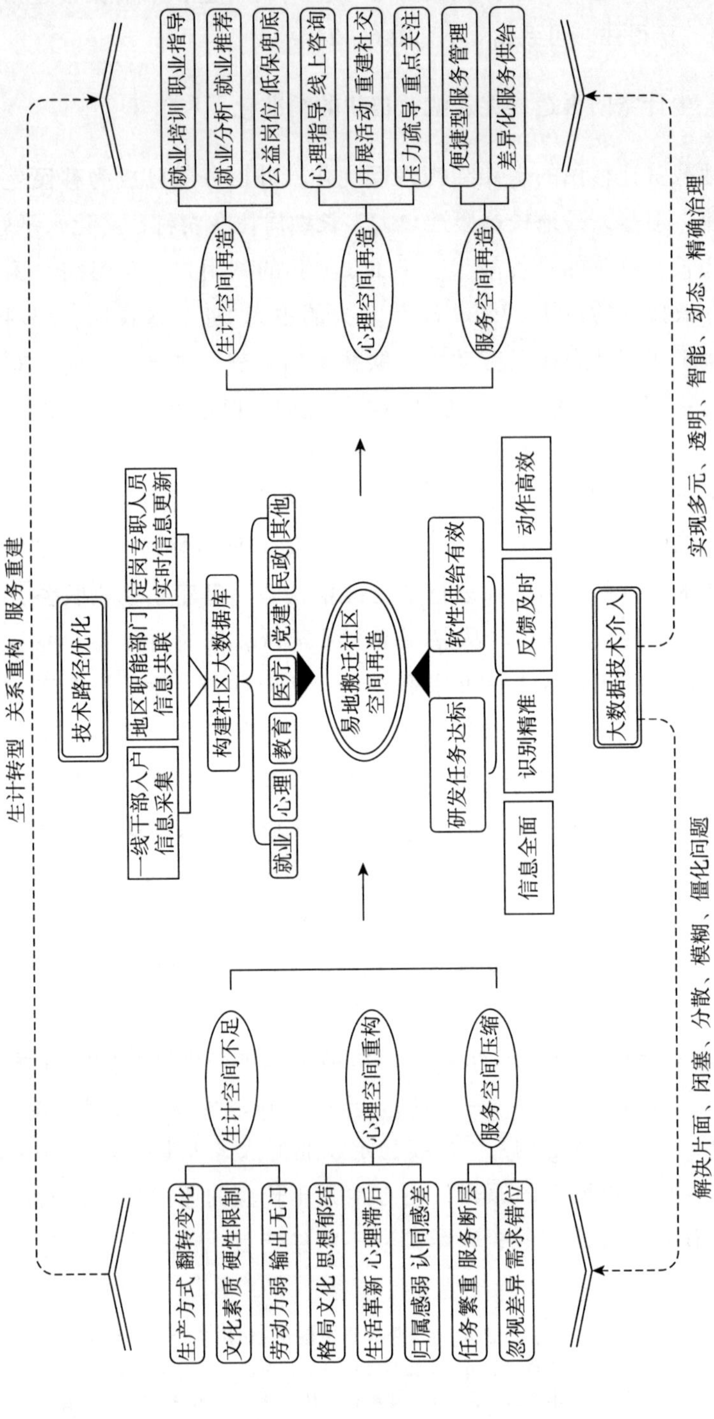


图6-2 大数据实现易地扶贫搬迁社区有效治理的逻辑

提供了两条解决路径：一方面，将弱劳动力或无动力家庭的大数据分析报告提交给人社局和民政局，供他们进行决策参考，将部分家庭纳入低保兜底；另一方面，利用大数据平台分析有劳动力未就业家庭的原因，然后根据他们的就业需求推荐合适的就业岗位。正如访谈时某社区主任告诉我们的："在系统里面录入数据之后，我们根据年龄结构和劳动力的基本情况进行分析，看哪些已经务工，剩下的我们会根据他的兴趣、爱好和特长，以及他所接受的培训，对手上的用工需求进行匹配，然后推荐就业。"[①] 针对大家都想做离家近、收入稳定的保安、环卫工作，大数据平台提供了200多个公路养护和保洁的工作岗位、330多个公益性岗位。

可见，T县易地扶贫搬迁后续管理大数据平台利用其数据庞大、信息对称、追踪及时等优势，根据移民的需求提供有针对性的就业培训和推荐，实现了就业帮扶的精准化，重构了社区的生计空间。

## 二 服务空间再造：推进服务供给的精细化

大数据是实现服务供给充分化、均等化、便利化的可靠途径。大数据具有的量化、全面、精准的分析功能，无疑为因时、因地、因人制宜的服务提供了强大的技术支持。[②] 因此，针对常规化治理下治理资源不足的短板，T县充分利用易地扶贫搬迁后续管理大数据管理平台，为移民提供差异化、便捷化和个性化的服务。第一，实现差异化服务供给。由于资源短缺，社区给移民提供的服务，往往是标准化、统一化的，忽视了移民的差异化需求。大数据平台让移民通过网络、在线获取、订单式服务等方式，表达差异化需求。管理人员根据移民上传的差异化需求，进行有针对性的服务。例如，访谈时，某社区主任指出："我们用得比较多的是对特殊群体的差异化服务，如空巢老人、留守妇女、留守儿童、残疾人等，大数据平台可以直观地把他们的情况显示出来，这样我们就好提供有针对性的帮助。个别劳改释放人员、不讲文明礼仪的人员以及公安重点关注的人员，我们也会在社区重点关注，通过大数据平台随时

① 男，汉族，36岁，本科，党员，T县某社区主任，访谈于2019年5月26日。

② 陈潭：《大数据驱动社会治理的创新转向》，《行政论坛》2016年第6期。

了解他们的动向。”[①] 第二，实现个性化服务供给。大数据的网格化平台能够对不同的人群和社区进行精细分析，找到各移民社区和不同人群的异同，进而提供有针对性的服务。例如，针对残疾人，可以提供专门的培训，并申请一些适用的物品如近视眼镜、拐杖、盲杖等；针对像智障者、劳教人员这样的特殊群体，数据平台专门建立档案，定期进行跟踪访问；对于无劳动力或劳动力弱的贫困户，上报民政局将其纳入低保系统；针对长期不出家门的老年人，派工作人员上门服务。实践中，PL 社区就利用大数据的追踪功能，挽救了一名 3 天没出门的老年人的生命。第三，实现便捷化服务供给。通过数据共享和信息整合，T 县所有移民 44 项个人基本信息都录入其中，可供 11 个社区管理人员随时查看。同时，该平台包括社区基本公共服务、培训和就业服务、文化服务、社区治理和基层党建五大体系的实时数据，移民也可以随时查看。正所谓，一方面，社区管理者“主要通过大数据系统来进行便捷服务，一旦数据有调整，随时进行更新”[②]；另一方面，“一旦移民自己或家庭出现什么变化，我们可以通过大数据系统及时知道，然后会立马进行处理和解决”[③]。

综上，T 县的大数据平台通过数据汇聚和数据开放，革除了社区服务供给中信息不对称、需求错位等弊端，实现了服务供给的差异化、个性化与便捷化，增强了服务方式的灵活性与主动性，重构了社区服务空间。

## 三　心理空间再造：实现心理服务的科学化

心理服务很重要，不仅可以缓解基层干部的压力，让社区更加和谐，还可以让移民有归属感，实现对社区的认同。然而，尽管 T 县走在了全省甚至全国的前列，请来了心理专家对移民进行开导和咨询，但最开始的效果并不理想。究其原因，就是咨询的科学化不够，而这一问题，大数据平台能够有效解决。首先，T 县所有的志愿者服务都在大数据平台里有专门的模块，心理服务是其中一种，当移民需要志愿者服务时，可以通过平台有针对性地选择。志愿者也可以通过平台的预约系统，详细

① 男，汉族，36 岁，本科，党员，T 县某社区主任，访谈于 2019 年 5 月 26 日。

② 男，汉族，37 岁，本科，党员，T 县某社区书记，电话补充访谈于 2020 年 2 月 18 日。

③ 男，汉族，31 岁，本科，党员，T 县某街道副主任，访谈于 2019 年 5 月 27 日。

了解移民的需求，以提供相匹配的服务。平台开放以来，T 县已为移民提供了法律援助、心理咨询和家庭教师等 300 多人次的服务。由此带来的效果，某社区主任感慨道："其实帮扶的志愿者起到的作用不仅仅是一点点志愿服务，在更高层面的是拓展了这些贫困户的思想。"[①] 其次，大数据平台是需求者与供给者交流的平台，让搬迁移民公开、透明和个性化地表达了利益需求，对缓解他们的心理压力有重要的作用。访谈时某社区兼职心理咨询师指出："其实这些人没有心理问题，他们是无聊，想找人说话，并不是真正心理学意义上的心理问题。印象最深的是有名 67 岁的老爷爷追着我说'领导领导，我跟您反映个事，您看我身体好不好吧，您给我找个事做'。"[②] 这说明，大数据平台的心理服务模块确实对缓解移民的心理压力有作用。再次，T 县处于山区，地形封闭，导致大多数贫困户思想的封闭和保守，内生动力不足，大多数贫困户对迁入城镇生活后的生计来源产生担忧，怕难以融入城市生活，因此刚来的时候就产生各种不适应。该县扶贫办副主任说："他们从老家搬来最不习惯的一点就是，他们觉得哪里都要钱，喝一口水要钱，吃一根葱也要钱，另外他们最担心的就是就业问题，他们觉得自己文化程度不高，也没什么技能，没有怎么出过门，就对就业没信心。"[③] 针对这一问题，T 县利用大数据平台，提供了多次心理咨询讲座。"其实，说是心理咨询讲座，实际是定期给移民提供说话的机会。不然他们没事干，每天都想找人倾诉，社区干部的工作量就大了。"[④] 最后，利用大数据平台精准掌握社区居民的思想意识和心理状况。掌握后，有针对性地对重点人群的心理问题进行关注、对特殊人群的心理需求进行疏导、对可能引发的心理危机进行预警，从而为减少社区矛盾、增进社区和谐作出贡献。

综上，T 县易地扶贫搬迁后续管理大数据平台，是符合党的十八届五中全会关于"健全社会心理服务体系和疏导机制、危机干预机制"要求的平台，是促进社区心理服务规范化、科学化的有效手段，由此带来

① 男，汉族，36 岁，本科，党员，T 县某社区主任，访谈于 2019 年 5 月 26 日。

② 女，汉族，33 岁，党员，T 县某社区兼职心理咨询师，访谈于 2019 年 5 月 28 日。

③ 女，汉族，42 岁，本科，党员，T 县扶贫办副主任，访谈于 2019 年 5 月 29 日。

④ 女，汉族，33 岁，党员，T 县某社区兼职心理咨询师，访谈于 2019 年 5 月 28 日。

的，必将是社区心理空间的重构。

## 第四节 大数据驱动易地扶贫搬迁有效治理的面向

大数据在其他领域如食品药品系统、公共权力领域的深度嵌入及具体应用，已经积累了丰富的经验和模式，创造了多元、透明、智能、动态、精确治理的途径与方法，提供了科学、客观的研究对象与研究素材。但是，大数据在易地扶贫搬迁领域的应用在国内尚属首次，因此，当从空间再生产的角度来探讨大数据在易地扶贫搬迁社区中的作用及机理时，应更多从本土化的视角来思考如下三个问题：这样的再生产面临哪些困难？再生产的空间具有哪些属性？如何实现各再生空间的协同？

显然，大数据驱动的易地扶贫搬迁社区空间再生产首先是一项技术治理。迄今为止，技术治理是一个无处不在却令人捉摸不定的“幽灵”，他在精细化、差异化、个性化提供服务的同时，在精准扶贫、电子政务、人口管控、疫情治理等领域的应用出现一些困境。[①] 这些困境虽各有不同，但有相似的草蛇灰线，那就是数据本身的建设、完善、融合与共享问题，这些问题在文章中也被捕捉到。一是该数据平台目前还处于建设阶段，数据的分析、利用、开发不足，尤其是利用这些数据来优化决策还远远不够。访谈时，该县扶贫办副主任的回答印证了这一观点，她说：“我们利用平台确实比较少，最多进去看看图形、了解百分比，到目前为止，更多处在统计数据阶段，还在靠帮扶干部和社区干部更新，自动更新的功能没有，不过我们打算研发一个手机 App，如果帮扶干部发现有什么变化，就直接在手机上填了。”[②] 二是数据质量不稳定。数据平台建设是一个系统工程，是对实际工作的统计汇总、管理和监测，但部分乡镇操作人员频繁更换，有些信息数据平台管理人员无法精准掌握，导致数据平台在质量上有差距。针对该问题，访谈时 T 县大数据管理中心工作人员说：“我觉得实际上不是大数据中心缺人才，而是各个部门和乡

---

① 彭亚平：《技术治理的悖论：一项民意调查的政治过程及其结果》，《社会》2018 年第 3 期。

② 女，汉族，42 岁，本科，党员，T 县扶贫办副主任，访谈于 2019 年 5 月 29 日。

镇，他们因为缺这方面的人，数据意识不强，录入和上传较慢，利用和分析更是不会。”[①] 至于数据采集的难点，该县某社区主任认为是“工资收入”。他说：“采集起来比较困难的数据是老百姓的工资待遇，他不一定跟你说真话，如果家里孩子在外上班，老人会说不知道孩子挣多少，或者说工资不会有保障，一个月只有几百块，有些严重的是生活费都不够还要往家里寄，所以这种收入的动态采集非常困难。遇到这样的情况，我们一般亲自给外出务工人员打电话，通过聊天的方式希望他们说实话，如果还是不说，我们就只好估算，按当地的平均工资估算。”[②] 三是数据孤岛现象仍然存在，数据没有真正共享。例如，某社区主任指出：“我们现在的数据没有全部打通，该填的扶贫系统还是要填。”[③] 同时，该平台是县里自主开发的，与全国扶贫开发信息系统中的数据结构、数据标准和数据格式不一致，这就导致虽然扶贫搬迁平台的数据信息经常更新，但涉及的教育、医疗、住建、残联等部门的信息无法及时同步更新，在很大程度上仍然要靠帮扶责任人来进行核实，核实后再将信息反馈给操作人员，这就导致工作衔接不畅，各部门的信息不一致。“其一是数据的更新主要靠包户干部和社区人员，不能从相应的职能部门直接导入或共享。其二是因人手不足，有些信息不能及时上传，老百姓在平台上看不到，有些有意见，认为我们故意隐瞒了，甚至有些认为我们是在作秀，所以又得花时间去解释。”[④] 该街道副主任的感叹，说明该平台靠人工更新的操作，可能会引发干群矛盾。这一点，该县某社区书记也说：“至于数据系统存在的问题，我觉得还是有的，比如，刚才讲的低保系统，每个季度要变动一次，重复性的工作，臃肿的、无意义的，是不是可以通过电脑自动导进去，自动更新反而更精准。还有医疗问题，合医那边是有数据的，但不能共享，移民生病后，还是得出院了我们才能录入，是不是可以由合医那边自动更新？”[⑤] 四是数据平台本身的功能模块有缺陷，无法满足千变万化的实际情况。例如，该县扶贫办副主任说：“我们

---

① 男，汉族，37 岁，中师，党员，T 县大数据管理中心工作人员，访谈于 2019 年 5 月 27 日。

② 男，汉族，36 岁，本科，党员，T 县某社区主任，访谈于 2019 年 5 月 26 日。

③ 男，汉族，36 岁，本科，党员，T 县某社区主任，访谈于 2019 年 5 月 26 日。

④ 男，汉族，31 岁，本科，党员，T 县某街道副主任，访谈于 2019 年 5 月 27 日。

⑤ 男，汉族，37 岁，本科，党员，T 县某社区书记，访谈于 2019 年 5 月 27 日。

这个系统有技术缺陷，没有像国办系统那样，有自动识别逻辑错误的功能。”[①] 再如，“因残贫困家庭”中的残疾人死后，无残疾人不能定义为最初的贫困原因，而现实中定义新的贫困原因又有难度，也不好体现帮扶措施逻辑问题。

可见，尽管大数据使社区治理结构的扁平化、过程的协商化和主体的协同化成为可能，但数据平台本身的问题和体制机制配套的障碍，产生上述困境也不意外。不过，既然大数据是通过重构生计空间、服务空间和心理空间来实现搬迁社区生活的再生产，那么，各空间及其依存载体的关系和协同，就决定了社区生活再生产的质量，也昭示着空间贫困问题得以彻底解决。因此，仅仅是空间再造是远远不够的，还需要在此基础上实现空间协同，这种协同体现在以下几个方面。第一，政府与社区的协同。平台利用互联网、物联网以及微博、微信等新媒体形成的动态融合，使社区治理的相关数据和信息资产成为公共财产，供所有社区治理主体使用，能够实现政府与社区之间的协同。第二，各社区三大空间的协同。易地扶贫搬迁使移民村原有的资源有了重新组合的机会，有利于提高资源的使用效率。在资源重组开发的过程中，社区之间的平等协作、第三方组织的适当介入比较重要。要实现这一目标，大数据的整合功能就很有价值。大数据让所有的移民社区实现了信息互通与数据共享，社区三大空间的协调会更加顺畅。第三，社区内部协同。互助性使乡村社会的鳏寡孤独皆有所养，是在长期的农业生产中形成的一种乡土特质，这种特质使乡村社会在相当长的时间里保持着稳态结构。[②] 然而，因为是异质性较强的移民社区，这种互助性比较少，这就需要有人员或平台将不同的社区力量组织起来，形成一种共同参与的局面。大数据为构建制度化的沟通渠道和参与平台提供了契机。借助大数据平台，可以扩大参与主体，实现弱势群体与其他群体之间的平等对话，构建治理主体间“互联、互通、互信”的平等合作关系，实现社区内部的协同。

也就是说，只有实现了政府与社区之间、社区三大空间之间以及社

① 女，汉族，42岁，本科，党员，T县扶贫办副主任，访谈于2019年5月29日。

② 邱建生、方伟：《乡村主体性视角下的精准扶贫问题研究》，《天府新论》2016年第4期。

区内部的协同治理，大数据的作用以及由此驱动的空间再生产才能得以实现。但是，一如前面所分析的，面对大数据治理中的应用困境与数据壁垒，仍然需要从现实的角度去解决，这就要求做到：一是加大对数据平台操作人员的业务素质培训，形成稳定的操作人员，非特殊原因不能频繁更换人员，确保平台运用的平稳性与高效性，保证平台质量，使大数据平台“设之有用，用之有效”；二是加大对各科局的信息比对力度，通过比较激励的方式缩小不同科局之间数据平台与平台质量的差距，以此驱动关联更紧密的数据链的构建，并要加强对数据信息的分析利用，发挥好数据平台对实际工作的指导作用；三是不断优化和完善数据平台，包括弥补数据平台缺陷、根据实际工作变化适时完善好系统功能等，全面优化系统的性能与功效，确保大数据平台在权威性与稳定性的基础上提高系统的开放性和透明性；① 四是完善顶层设计，给基层政府的大数据发展提供资金、人才和政策，强化基层大数据政务运用，优化大数据人才培养机制，完善基层大数据人才引进政策，夯实基层政府大数据应用的有效性。

2020 年 3 月 6 日，习近平总书记在决战决胜脱贫攻坚座谈会上的讲话中指出，当前部分地区还存在脱贫不实、脱贫质量不高的问题，也存在因病、因灾、因残等返贫的多种风险，因此要建立“稳定脱贫和防止返贫的长效机制”。在易地扶贫搬迁后续管理中，这一机制有技术路径，也有制度路径，本章探讨的就是建立该机制的技术路径，即通过大数据空间再生产达成建立易地扶贫搬迁社区长效治理机制之目的。当然，T 县建立的易地扶贫搬迁后续管理大数据平台之所以成功，与大数据驱动的空间再生产不无关系，并使得重构的空间具有生活性。

① 李晓园、钟伟：《大数据驱动中国农村精准脱贫的现实困境与路径选择》，《求实》2019 年第 5 期。

# 第三部分　贫困治理的技术迭代应用

# 第七章　区块链在贫困治理中的应用

自 2013 年我国实施精准扶贫以来，扶贫成效显著，但也面临贫困人口识别精准度不高、数据真实性不足、扶贫资金使用不透明、扶贫过程监管不力、扶贫资源匹配错位、扶贫考核不精准和贫困户内生动力不足等问题。而区块链特有的不可篡改性（也可称防篡改性）、高安全性、可追溯性及去中心化特征，以及共识机制、分布式账本、智能合约、激励机制、时间戳等底层技术，对促进贫困治理流程再造，实现更精准的识别、更高效的帮扶、更透明的监管、更科学的评价、更公平的问责具有无可比拟的优势。恰好党的十九届四中全会提出，我们即将进入区块链时代，要把区块链作为核心技术自主创新的重要突破口，提高国家治理体系与治理能力现代化水平。党中央、国务院的这种战略眼光告诉我们，如果将区块链技术应用于贫困治理，将大大提升治理的能力与成效，故本书下面将专门研究区块链技术及其在贫困治理中的应用。

## 第一节　区块链应用于贫困治理的背景

区块链技术来源于比特币。2008 年，一位化名为中本聪的人撰写了一篇文章，文章题目是《比特币：一种点对点的电子现金系统》。在这篇文章中，他构建了一套完整的货币发行、流通和支付结算网络。与其他网络不同的是，该网络以区块链为底层技术，具有去中心化的特征。①2009 年 1 月 4 日，作为比特币世界的第一个区块——中本聪制作的“创世区块”问世，自此拉开了区块链技术发展的序幕。随着时间的推移，区块链的重要性日益得到政府和社会的关注，人们将它与人工智能、虚拟现实放在一起，称为影响未来发展的三大并列技术之一。贵阳是较早

① 井底望天等主编《区块链与大数据：打造智能经济》，人民邮电出版社，2017，序言第 3 页。

关注并系统诠释区块链技术及其应用的城市，其典型表现是2016年12月发布的《贵阳区块链发展和应用》白皮书。这些应用与推广，让区块链技术慢慢进入了国家领导人的视野。在2018年5月召开的中国科学院第十九次院士大会、中国工程院第十四次院士大会上，习近平总书记就指出，作为新一代信息技术的代表，区块链在科技革命、产业变革和全球经济结构重塑中大有可为。在2019年10月24日中共中央政治局第十八次集体学习时，习近平总书记再次强调，区块链技术的集成应用在新技术革新和产业变革中起着重要作用。同年10月召开的党的十九届四中全会更是明确指出，要加快推动区块链技术的应用和产业创新的发展。事实上，这次会议还强调要运用区块链的技术特征，提高社会治理的智能化、精细化和法治化水平。贫困治理是社会治理的重要工作，是区块链技术应用于社会治理的主要场域，因此，从区块链的角度来探讨贫困治理，具有重要的价值和意义。

从技术的角度看，区块链是一种以时间顺序相连的方式组成的链式数据结构，是一种分布式账本，是基于点对点的价值传输协议。[①] 站在社会价值的角度来看，区块链技术让信息互联网向价值互联网转变，是实现互联互通、安全共享、经济共赢的一种底层支撑技术，具有透明性、去中心化、不可篡改性、可追溯性等特性。2015年特别是党的十九届四中全会以来，区块链受到了学界的热烈关注。仅在中国知网里，截至2019年12月18日，就有9331篇探讨区块链技术的文章，这些文章主要聚焦于区块链技术及其应用的探讨。通过VOSviewer软件进行关键词共现及聚合的可视化分析后发现，就区块链技术本身而言，学界对“数字货币”“比特币”“去中心化”“智能合约”等几个关键词的研究最多；就区块链的应用领域而言，“银行业”“互联网金融”等出现的频次最高；就技术的关联性而言，“大数据”“人工智能”“区块链技术”三个关键词出现最多。这说明，区块链与比特币、数字货币有关，去中心化是其最明显的特征，智能合约是其使用最多的底层技术，银行、互联网金融行业的应用最多，且与大数据、人工智能有较大的关系。

---

① 井底望天等主编《区块链与大数据：打造智能经济》，人民邮电出版社，2017，序言第4页。

由于本章主要研究区块链技术在贫困治理领域的应用，因此应重点关注相关领域的研究，这些研究主要集中在以下几方面：一是在政治投票领域，作为一种加密的共识机制，有人将区块链用于促进低成本、防篡改的投票行为，从而提高人们对投票机构和投票结果的信任度①；二是在城市治理领域，去中心化的区块链可将原本需要数百台服务器的中央数据库，分散在多个城市参与者的信息节点上，会大幅降低城市运行和维护的成本②；三是在社会治理领域，可以借助区块链的“去中心”功能，解决公共服务供给主客体关系模糊化、角色不清的问题，保障公共服务供给的高效性和公正性③；四是在贫困治理领域，可以借助区块链技术的“共识机制、防篡改性、可追溯性和共监管”等特征，来优化精准扶贫的全过程，实现扶贫项目和资金的全流程管理。④ 不仅如此，区块链技术能够迎合扶贫对象的实际尤其是金融需求，多维度识别扶贫对象并建立扶贫诚信体系，有效解决贫困治理面临的“精准化不够”“透明度不高”“监管不到位”等难题。⑤ 因此，区块链是比大数据信息更简单、开放程度更高、共享程度更高的新技术，其具有的“共识机制、防篡改机制、共监管机制和可追溯机制”是区块链技术能够应用于贫困治理的四大核心机制（见图 7－1），这些机制让贫困治理的大数据在一个个块内形成一种互相联通的领域，再把一个个区块连接起来，进而产生更大的区块链网状结构，有利于推进贫困治理的透明化、智能化、精准化、科学化和公平性，必将成为 2020 年后贫困治理的主要技术手段和支撑。然而，从现有的研究动态来看，学界研究区块链技术的应用主要涉及市场与金融信任机制的建立、部分政府职能的监管以及用户信息共享等方面，应用于贫困治理的研究相对较少。即使有，也主要集中于金融扶贫方面，这凸显出本书的原创性、前瞻性与重要性。

---

① 张亮、李楚翘：《区块链经济研究进展》，《经济学动态》2019 年第 4 期。

② 高奇琦、阚天南：《区块链在城市治理中的空间与前景》，《电子政务》2020 年第 1 期。

③ 朱婉菁：《区块链技术驱动社会治理创新的理论考察》，《电子政务》2020 年第 3 期。

④ 湛泳、唐世一：《区块链技术促进精准扶贫的创新机制研究》，《宁夏社会科学》2018 年第 3 期。

⑤ 冯果、吴双：《技法融合：应用区块链实现金融精准扶贫的法治进路》，《上海政法学院学报》（法治论丛）2018 年第 2 期。

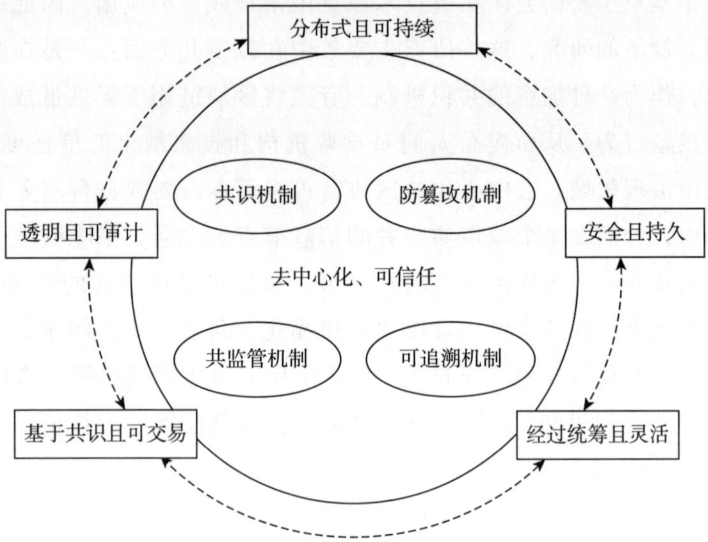


**图 7-1　区块链技术的四大核心机制**

## 第二节　区块链应用于贫困治理的价值

较早将区块链技术应用于精准扶贫项目的是贵阳市红云社区。据悉，截至 2017 年 3 月，该社区共有临时救助户、医疗救助户和低保户 143 人，另有残疾人 197 人。为积极响应贵阳市政府的号召，推动区块链技术的应用实践，确保政务数据精准、安全，防止徇私舞弊、弄虚作假，2017 年 5 月，该社区携手网录科技有限公司，共建区块链助困系统。该系统主要由以下几部分构成。第一，基本身份信息模块。该模块的主要功能是将相关人员身份信息存在区块链系统上，起到保留修改痕迹，防止任意篡改的作用。在后续使用过程中，身份信息被加密存储，授权查看，可防止信息泄露，恶意篡改。第二，服务信息模块。该模块的主要功能是将相关服务人员要完成的服务信息，准确完整地记录在区块链系统上，起到防止任意篡改的作用。同时，由于服务信息是后续工作的重要依据，因此要对其进行相应的权限管理，防止信息泄露和篡改。第三，资金使用信息模块。该模块的主要功能是将系统内所有资金使用、流动、去向等情况完整登记，并存储在区块链系统上。系统可详细了解每一笔资金的具体使用情况，以达到对资金使用进行可信监管、完整记录之目的，监管部门可依据此数据对资金进行监管和调整。第四，数据展示模块。该模块的主要功能是将系统内记录过的数据，通过可视化界面，形象完整地展示出来，以供人查阅和使用。第五，基础平台模块。基础平台是借助区块链技术的特征如不可篡改性、可追溯性、分布式账本等，而搭建起来的底层技术平台，其目的是保证数据的真实可靠、加密存储、授权查看。

分析发现，区块链助困系统的运行呈现四个特点。一是唯一身份识别：残疾人与贫困人口每次享受服务，都是通过唯一的身份识别进行，避免了身份的盗用和伪造。二是一人一个账户：每个贫困户和残疾人都拥有一个账号，可随时利用该账号对资金使用情况进行监管。三是追溯资金流向：秉持公正、有效的原则发放、流转和使用扶困救残资金，实现资金监管、追溯和结算的透明化和精确化。四是实现无缝对接：将区块链助困系统与贵阳市“社会和云”系统数据进行无缝对接，培育从数据溯源、数据储存到数据共享相统一的应用体系，构建集智能闭合、共识机制、分布式存储于一体的社会信用体系。[①] 也就是说，该系统通过记录贫困和残障人员的身份信息、扶贫助残的服务信息、资金流向的跟踪信息，实现了扶贫助残的去中心化、透明化和精准化管理，取得了显著的成效。

上述案例说明，将区块链技术应用于贫困治理，具有重要的意义，这些意义表现在以下几方面。第一，可以创新贫困治理的长效机制。根据“区块链技术的特征”和“贫困治理过程”两条逻辑线索，以区块链技术能够促进贫困治理的精细化、智能化、科学化、透明化和公平性为前提预设，以区块链技术能够提升政府贫困治理能力与实现治理体系现代化为目标，通过创新贫困治理的精准识别机制、精确帮扶机制、有效监管机制、科学评价机制和公平问责机制，构建贫困治理的长效机制。第二，可以丰富贫困治理的研究工具。将区块链技术应用于贫困治理中，既要有价值判断，也要有工具考量。价值判断要求技术的使用者重塑贫困治理的逻辑和手段，形成技术介入贫困治理的思维模式；工具考量指

---

① 《首个区块链用于精准扶贫的项目宣布落地》，新浪网，2017 年 5 月 27 日，https://tech.sina.cn/roll/2017-05-27/detail-ifyfqqyh8794819.d.html。

运用区块链技术构建开放平台，实现治理流程再造，促进贫困治理的智能化、精准化与透明化。故此，可将区块链技术作为分析工具，分析其应用于贫困治理的必要性与可行性，这能够丰富现有的研究工具，开启新的研究思路，实现区块链技术与贫困治理的有效融合。第三，有利于实现贫困治理的精准化，为顶层设计提供有力参考。利用区块链技术进行贫困治理，有利于确保贫困治理的精准化。因为，区块链“去中心化、共识机制、防篡改性和可追溯性”等特征与技术，可以让贫困的识别更加透明、精准与公平，进而从源头上化解治理可能带来的风险。如此，可达至减少贫困治理成本、降低贫困治理风险之目的，最终实现贫困治理质量的提升，为政府的顶层设计提供参考。第四，有利于增强贫困治理的公平性，为科学决策提供依据。公开、公平和公正，是区块链技术应用于社会治理领域最大的附加值之一。公开，是指区块链上所有的数据都是公开且永久保存的，谁都可以在任何时候、任何地点、任何场合查看。数据公开的好处是，真正实现了信息的透明，没有信息的不对称。当然，这里的公开，并非毫无保留的公开，在很多情况下，只是公开了把加密数据上传到链上这个行为。但这就足够了，以后，数据所有者随时可以用他的密钥获取数据，以供大家核对。有了这样的公开机制，中间商可能就很难获取由于信息不对称而产生的高额收益。公正，说的是区块链上所有的数据都是经过多方认可的，而且是用私钥签名的，是不可以抵赖和否认的，再加上数据经过链式存储，如果没有超过 51% 的算力是基本不可能篡改的。公平，是指没有一个中心的组织能独自获利，所有的人，都有机会参与和获利，也即通过不同的方式，让每个人都能享受公平。如此，将区块链技术应用于贫困治理领域，其治理的公平性将会得到极大提升，进而为科学决策提供依据。第五，有利于促进贫困治理的智能化，为政府行动提供借鉴。作为区块链的底层技术之一，智能合约是区块链技术呈现“去中心化”特征关键。本质上，智能合约是一个数字合约，除非满足要求，否则不会产生结果。但是，按照程序设定，智能合约允许人们在不需要第三方同意的情况下，执行可追溯、不可逆转和安全的交易。因此，将区块链的智能合约应用到贫困治理领域，一旦数据满足了治理过程中识别、监管和评价的要求，其系统就会自动产生这些功能，进而实现治理的智能化，为政府行动提供有效支持。第六，有利于推动贫困治理的透明化，为风险防范提供技术支撑。在区块链中，个人的身份是用密码学来隐藏的，区块链的密码有私匙和公匙之分，用户的私人信息用私匙，区块链中的公共信息用公匙。通过公钥，用户可以访问区块链的任何数据信息而不受限制，整个系统的数据信息高度透明。在此背景下，将其与贫困治理结合，无论是身份的识别、资源的供给、过程的监管还是成效的评价、结果的问责，都处于一种高度透明的状态，有利于防范治理风险。

## 第三节　区块链应用于贫困治理的过程

目前，学界主要将区块链技术应用于教育、金融和版权领域，这些领域的研究成果为本书提供了重要的支撑和坚实的基础。但将区块链应用于贫困治理过程的研究较少，且主要集中在金融扶贫方面，尚未形成系统化和本土化的理论体系。下面，拟结合贫困治理的五个关键环节——识别、匹配、监管、评价和问责，从应用逻辑的角度反思区块链技术是如何应用于贫困治理过程的。

### 一　区块链在贫困识别中的应用

贫困识别标准单一且不统一、识别不精准是精准扶贫阶段面临的主要问题。为何会有这些问题，这与我国的精准扶贫标准和政策有关，与村干部和驻村干部有关，也与统计技术和数据本身有关。第一种原因，主要通过优化顶层设计来解决；而第二、第三种原因，可以运用区块链技术来解决。在区块链技术中，每个人都是一个单独的节点，出于自身利益最大化的考虑，他们都会遵从协议设定好的规则，自发去监管其他节点数据的真实性与有效性，并将认为是真实的节点记录保存下来，再加上节点之间相互独立且具有竞争性，因此代表每个节点的个人合谋的概率趋于零。[①] 由此，运用区块链技术的共识机制能够有效地预防和化解贫困户的识别问题，其具体做法是：扶贫工作者需要将所有待选的贫困户以及相关的数据及时准确地录入区块链系统，这些数据不仅要包括

---

① 戚学祥：《精准扶贫 + 区块链：应用优势与潜在挑战》，《理论与改革》2019 年第 5 期。

他们的收入和支出等显性量化指标，还要结合贫困成因的其他相关数据，如存款、医疗、劳动力人口等其他隐私指标，从而精准摸清这些人的贫困原因和贫困程度，建立基于区块链技术的精准扶贫大数据管理平台。[①]然后，利用区块链技术不可篡改的特性，将上传的所有数据盖上时间戳。时间戳是平台数据的唯一身份证明，能够保证数据的完整性与不可篡改性。接下来，这些加盖了时间戳的区块会按照相应的时间顺序和密码学的组合方式连接起来，形成区块链。[②] 也就是说，区块链技术的共识机制和不可篡改性，让所有数据一经上传，经过全网广播确认后就无法更改，即使村干部、驻村干部以及相关扶贫部门的工作人员想要修改也不可能，进而可以保证数据的真实性，使识别的精准度进一步提高。[③]

## 二　区块链在扶贫干部匹配中的应用

由于帮扶单位与贫困村存在信息不对称的问题，因此扶贫干部的匹配存在以下问题：一是驻村干部业务能力强，但缺乏必要的农业发展知识；二是部分帮扶单位不重视，选派驻村干部流于形式；三是扶贫工作环境艰苦、任务重、压力大以及长时间远离家庭等原因，部分驻村干部内生动力不足，积极性难以调动。[④] 区块链技术为解决这一问题提供了可能。区块链技术可在不同扶贫主体之间建立分布式的网络节点，各方通过访问将节点上的记录确认下来。[⑤] 然后，依靠“分布式账本”的功能，先将所有贫困村的贫困成因、特点、人才需求等相关信息录入系统，再将所有待选的驻村干部以及他们的相关信息，如工作经历、成长经历、业务专长等，根据贫困村的实际需求进行精准匹配。最后，通过区块链

---

① 湛泳、唐世一：《区块链技术促进精准扶贫的创新机制研究》，《宁夏社会科学》2018年第3期。

② 焦汉泰、白雪冰、李世荣：《区块链技术在精准扶贫领域应用的创新与思考——以安徽省区块链应用实践为例》，《山西农经》2019年第7期。

③ 孟程、张莉：《贫困人口识别精准度强化路径研究——基于区块链技术》，《边疆经济与文化》2019年第8期。

④ 卢冲、庄天慧：《精准匹配视角下驻村干部胜任力与贫困村脱贫成效研究》，《南京农业大学学报》（社会科学版）2016年第5期。

⑤ 劳莘、成竹：《智能合约：基于区块链的人资匹配》，《企业管理》2019年第5期。

技术的相关算法，为贫困村挑选出合适的驻村干部，提高用人需求和选人供给的契合度，提升扶贫干部选派的精准性，进一步发挥驻村干部的优势以及内在潜力，实现驻村干部和贫困村的双赢。[①]

## 三　区块链在扶贫监管中的应用

扶贫资金和扶贫项目贯穿于精准扶贫的全过程，因而容易出现盲目决策、弄虚作假等形式主义问题以及虚报冒领、贪污挪用等违法违纪行为。据《中国纪检监察报》的报道，自党的十九大以来，在精准扶贫领域，全国已有13.31万个贪污腐败和作风败坏案件被查处，涉案人员为18.01万人。[②] 这说明，扶贫资金和扶贫项目的监管问题，是精准扶贫领域最关键的问题，亟须解决。区块链技术的可追溯性和共监管机制，为规范扶贫资金和扶贫项目的运行过程提供了契机，从而实现对扶贫参与各方的“全程管理、跟踪监督、有效监管”。[③] 具体来说，区块链技术的可追溯性引入了时间的维度，每一个区块生成时都需要经过验证并加盖时间戳进行记录，从而就确定了写入时间，可以进行时序排序，每一个加盖了时间戳的区块连接起来，就成了一条区块链；区块链的分布式储存方式，可以让分布式网络中的节点验证和跟踪之前的所有记录[④]；区块链技术的可追溯性，可以有效地在技术层面杜绝冒领、挪用扶贫资金的可能性。也即，区块链技术应用于扶贫监管的逻辑在于：能够实现扶贫资金的溯源追踪，也可以对资金的流向进行实时监管，通过对每一笔扶贫资金的审批到使用进行全记录，保障扶贫资金不被截留、挪用，避免人为造假，确保贫困户领到足额的扶贫资金。[⑤]

---

① 戚学祥：《精准扶贫 + 区块链：应用优势与潜在挑战》，《理论与改革》2019 年第 5 期。

② 周根山：《党的十九大以来严查扶贫领域腐败和作风问题》，《中国纪检监察报》2018 年 12 月 31 日。

③ 胥爱欢、李红燕：《区块链技术在我国金融精准扶贫领域的应用》，《金融理论探索》2017 年第 5 期。

④ 张玉庆、栾江：《以区块链技术助推精准扶贫升级》，《天津日报》2019 年 11 月 20 日，第 9 版。

⑤ 谢治菊：《块数据在农村精准扶贫中的应用及反思——兼与“条时代”大数据应用相比较》，《南京农业大学学报》（社会科学版）2017 年第 5 期。

## 四 区块链在扶贫绩效评价中的应用

精准扶贫能否见效，关键在于考核和评价。内部考核通报的方式导致考核结果公开度不高，难以发挥社会的监督作用。[①] 区块链技术运用数学的方法构建分布式节点间的信任关系。[②] 因此，根据区块链对于数据记录的可追溯性和完整性，可以构建立体化、多元化的绩效考核体系，精确反馈每个扶贫对象的帮扶效果，在达到扶贫目标后实现及时有效退出。[③] 同时，由于区块链网络体系中没有核心的权威管理机构，也不需要任何一方提供信用背书，每个主体都在法律意义上实现了权利和义务的平等。[④] 所以将区块链技术运用于精准考核，除了传统的自上而下的考核方式，还可把社会意见纳入考核体系，更加重视贫困户的切身感受和基层的真实声音，让人民群众为扶贫干部、村干部和扶贫工作“打分”，从而形成多元主体、多元渠道、多维指标的考核体系，增强考核的客观性和公正性。[⑤] 简言之，去中心化的特性要求帮扶主体除了“往上看”来满足上级要求和考核外，更要“向下看”来尊重群众意愿和偏好，真心实意地投入扶贫工作。[⑥]

## 五 区块链在扶贫问责中的应用

精准扶贫工作的开展，离不开扶贫责任机制的完善与推进。但是，扶贫责任主体不清、问责机制不透明、基层干部责任过重等问题也日益突出。虽然现有基于区块链的问责研究并没有专门针对扶贫领域，但以下两种研究还是为本书提供了参考：一种研究认为，区块链技术可以构建多层协作、多头互联的公共责任机制，这大大突破了科层制模式下自

---

① 陈爱雪、刘艳：《层次分析法的我国精准扶贫实施绩效评价研究》，《华侨大学学报》（哲学社会科学版）2017 年第 1 期。

② 袁勇、王飞跃：《区块链技术发展现状与展望》，《自动化学报》2016 年第 4 期。

③ 张玉庆、栾江：《以区块链技术助推精准扶贫升级加力》，《天津日报》2019 年 11 月 20 日，第 9 版。

④ 邵奇峰等：《区块链技术：架构及进展》，《计算机学报》2018 年第 5 期。

⑤ 戚学祥：《精准扶贫 + 区块链：应用优势与潜在挑战》，《理论与改革》2019 年第 5 期。

⑥ 孟程、张莉：《贫困人口识别精准度强化路径研究——基于区块链技术》，《边疆经济与文化》2019 年第 8 期。

上而下的问责形式，能够解决大数据时代的决策风险，推动决策责任机制的根本变革①；另一种研究显示，作为促进信息互动的有效方式，区块链可以创建信任机制和责任机制。② 事实上，从概念上讲，区块链是一个开放的、公共的、分布式的和安全的数字注册中心，其中信息交易是安全的，并且具有明确的来源、明确的途径和具体的价值。正因如此，以区块链为基础的问责机制可以量化责任对相关主体的影响，并强化责任干预的相对价值。同时，采用区块链技术的机构可以向相关人员提供保障和认证，进而使问责的依据、过程和结果更加公开、公平、客观和透明。这意味着，区块链是比特币等加密货币背后的技术，它为我们提供促进合作和公平使用彼此服务的最佳机会，它为协调各方利益提供了一个公平的解决方案。在区块链中，分散的利益相关者代替了以前只有一个中心的数据拥有者，这些利益相关者维护区块链的运行，共享运行收益，产生共识机制，可以实现公平、公正和透明的问责。③

## 第四节　区块链应用于贫困治理的路径

从上述分析可知，区块链技术在扶贫对象识别、扶贫干部匹配、扶贫过程监督、扶贫绩效评价与扶贫结果问责方面有独特的优势和重要的价值，体现出如下特征。第一，以多学科研究为取向，从宏观思路、中观路径与微观技术层面探讨区块链技术提升贫困治理成效的必要性与可行性。第二，强调区块链技术在解决精准扶贫“最后一公里”难题中的作用。大约在2017年，区块链去中心化、不可篡改性、可追溯性、分布式账本、安全性、透明性、高效性等特征和底层技术，在解决精准扶贫“识别不够精准、帮扶不够精准、监管不够透明、评价不够科学、返贫现

---

① 蒋余浩、贾开：《区块链技术路径下基于大数据的公共决策责任机制变革研究》，《电子政务》2018年第2期。

② E. Funk et al.，“Blockchain Technology：A Data Framework to Improve Validity，Trust，and Accountability of Information Exchange in Health Professions Education，” *Academic Medicine* 12（2018）：1－18.

③ 周亮：《区块链技术可以成为问责制和透明度的工具》，电子发烧友网，2018年11月30日，http://www.elecfans.com/blockchain/823768.html。

象严重、内生动力不足”等方面的价值，已得到人们的认同，这对解决精准扶贫“最后一公里”难题有重要的帮助。第三，洞察到区块链应用于贫困治理可能带来的风险。这些风险，一方面来源于区块链自身的技术特性所具有的内部风险，另一方面来自物联网、量子计算、人工智能等先进技术对区块链应用于贫困治理所带来的外部风险，具体来说，包括技术风险、法律风险和社会风险等。[①] 但是，区块链技术应用于贫困治理的前提是决策者有区块链意识、实施者有区块链素养、扶贫者懂区块链技术、受益者懂区块链知识，只有这样，才能保证区块链在贫困治理中的应用落到实处，否则，应用的效果会大打折扣。即便如此，如何保证贫困户收入测算的真实性、识别标准的科学性和人为排斥的包容性，也是区块链技术不能解决的问题。也就是说，如果保障机制不健全，贫困治理思维没转变，治理流程未重塑，贸然将区块链技术应用于贫困治理，也可能会面临数据失真、识别无效、确认困难、指标错位等风险。[②] 因此，需要对现有的路径进行优化，对未来的研究进行展望。

在路径优化方面，具体举措有以下几种。第一，建立符合区块链技术要求的贫困识别体系。运用区块链技术的共识机制能够有效地预防和化解贫困户的识别问题，借助区块链技术的共识机制和不可篡改性，村干部、驻村干部以及相关扶贫部门的所有数据只要一上传，经过全网广播确认后就无法更改，这样就可以保证数据的真实性，从而使识别的精准度进一步提高。因此，可以利用区块链技术，构建不可篡改的大数据系统，建立相对贫困的识别标准、识别方法和识别系统，进而进行精准识别。第二，构建与区块链技术相匹配的资源供给体系。前面分析过，区块链技术可以给帮扶主体提供有针对性的需求信息，让治理资源得以有效匹配，让贫困对象得到精确帮扶。怎样才能做到这些呢？下面分别从扶贫项目、扶贫干部和扶贫资金的角度来讨论。在区块链技术下，扶贫项目的匹配路径是：扶贫负责人通过访问区块链得到关于贫困户的各

① 戚学祥：《超越风险：区块链技术的应用风险及其治理》，《南京社会科学》2020 年第 1 期。

② 谢治菊：《块数据在农村精准扶贫中的应用及反思——兼与“条时代”大数据应用相比较》，《南京农业大学学报》（社会科学版）2017 年第 5 期。

种信息，由此信息可以分析贫困户的生活状态及其周围的地理位置、生态条件、自然资源等，然后根据这些特点对扶贫项目进行拟定，最终利用区块链的共识机制确定项目。扶贫干部的匹配路径是：各个政府机构及相关扶贫单位将所属扶贫干部信息通过共识机制和激励机制上传到区块链上。然后，由扶贫负责人对扶贫干部的信息进行审核，确保信息的真实性，并结合贫困地区的实际需求对干部进行匹配。最后，通过智能合约接口将匹配结果上传至区块链，如果结果相符，干部匹配成功，如不相符，则要通过区块链的可溯源机制再进行实地信息搜集，重新进行扶贫干部的精确选派，直到匹配成功为止。扶贫资金的匹配路径是：采用区块链技术中的智能合约来进行扶贫资金的自动分配，这就要求扶贫负责人首先部署智能合约，然后扶贫干部将扶贫项目信息作为一个触发条件，来调用部署的合约。合约接收到触发条件后，会自动执行，并根据相应的扶贫项目将资金分配到每一个贫困户的账户上。第三，培育与区块链技术相契合的全程监管体系。传统政府监管表现出分散化、模糊化、静态化、碎片化、人工化等特点，信息不对称、方法不对应、供需不对等、依据不科学，导致监管效率低下、质量不高。为解决这些问题，建议以区块链技术条件下三维监管平台——帮扶主体监管平台、区块链监管平台、网络舆情监管平台——的搭建为重点，利用区块链技术的“共监管”特征，从系统内部和外部两个方面建立平台模块化监管机制，实现“三维一体”平台内外的交流、共享和沟通。第四，强化与区块链技术相吻合的绩效评价体系。根据实际需要，构建立体化、多元化的绩效评价体系，精确反馈每个扶贫对象的帮扶需求和帮扶效果，实现评价标准、评价主体、评价内容、评价方式的科学化。第五，建立与区块链技术相适应的结果问责体系。智能合约是区块链的核心技术，也是保障问责机制的技术基础。它是一种依赖于技术、程序与流程而自动执行的合约机制。相比传统合约（法律合同等），智能合约属事前预定、预防执行模式，依赖于抵押物、保证金等数字化抵押资产，当触发条件出现时，自动判断严格执行，在状态判断、奖惩执行、财产处置方面具有低成本优势。因此，可利用区块链的分布式账本实现各主体间在协商基础上的责任划分和确认；然后利用区块链的智能合约，通过程序员的算法技术和程序设计形成代码与执行条件，一旦触发问责机制，则实行问责预警和实际问责。①

展望区块链技术在贫困治理中的应用研究，应注意以下几个转变：一是研究视角从单向度的内容研究转向内容关系的多维度研究，推动区块链技术与贫困治理的交叉融合；二是研究重点从现有的贫困理论体系建构与政策设计，转向区块链技术介入的价值探讨、典型案例与实践路径；三是研究方法从经验研究、传统研究走向基于区块链的大数据扶贫研究，重点在于构建基于区块链的贫困识别、匹配、监管、评价与问责机制。

① 湛泳、唐世一：《区块链技术促进精准扶贫的创新机制研究》，《宁夏社会科学》2018年第3期。

# 第八章　区块链在扶贫资源匹配中的应用

在巩固脱贫攻坚成果与乡村振兴有效衔接的过程中，扶贫资源有效匹配存在的项目精准确立难、干部精确匹配难、物资精细追溯难等问题仍然会存在。而作为一种具有去中心化、不可篡改性、透明性和可追溯性的分布式数据库，区块链为扶贫资源有效匹配提供了新途径。因此，本章从区块链角度出发，分析“区块链+扶贫资源匹配”在巩固脱贫攻坚成果和促进乡村振兴方面的功能优势和模型方法，并就存在的困境和其在乡村振兴中的价值进行了阐释。

## 第一节　区块链应用于扶贫资源匹配的缘起

区块链是一种由各种技术和通信协议组成的全新的互联网底层软件基础架构。[①] 从技术的角度来看，区块链是一种以时间顺序相连的方式组成的链式数据结构，是一种分布式账本，是基于点对点的价值传输协议；站在社会价值的角度，区块链是实现互联互通、安全共享、经济共赢的一种底层支撑技术，是互联网的核心技术之一。区块链技术来源于中本聪2008年所写的《比特币：一种点对点的电子现金系统》一文[②]，被认为是继大型计算机、个人计算机、互联网、移动社交之后的第5次颠覆式计算范式，是人类信用进化史上继血亲信用、贵金属信用、央行纸币信用之后的第4个里程碑。[③] 当时，作为最重要的底层技术，区块链为比特币构建了一套完整的去中心化的货币发行、流通和支付结算网络。[④] 2009

① 井底望天等主编《区块链与大数据：打造智能经济》，人民邮电出版社，2017，序言第4页。

② S. Nakamoto, “Bitcoin: A Peer-to-peer Electronic Cash System,” https://bitcoin.org/bitcoin.pdf.

③ M. Swan, *Blockchain: Blueprint for a New Economy*, USA: O'Reilly Media Inc, 2015.

④ 井底望天等主编《区块链与大数据：打造智能经济》，人民邮电出版社，2017，序言第3页。

年1月4日，中本聪制作出了比特币世界的第一个区块——“创世区块”。作为一种去中心化的数字账本，区块链技术先后经历了1.0密码货币、2.0可编程区块链、3.0价值互联网三个重要时期，更是随着加密数字货币的发展在金融、政治、科技、供应链等领域受到了极大关注。由于其具有去中心化、透明性、不可篡改性、可追溯性等特性，区块链技术的出现快速引起了政府部门、金融机构、科技企业和资本市场的广泛关注。在国家的战略支持和市场的有效推动下，区块链技术呈现前所未有的创新趋势，被称作与人工智能、虚拟现实并列的影响未来发展的三大技术之一，在国家政策与政府文件中多次被提及。

例如，2016年10月工信部发布的《中国区块链技术和应用发展白皮书（2016）》，总结了国内外区块链发展现状和典型应用场景，介绍了我国区块链技术发展路线图以及未来标准化方向；2016年12月，“区块链”首次被作为战略性前沿技术写入《国务院关于印发“十三五”国家信息化规划的通知》；2018年5月由工业和信息化部主编的《2018年中国区块链产业白皮书》提到了供应链金融、物联网等22个重点应用领域；同年5月，习近平总书记在中国科学院第十九次院士大会、中国工程院第十四次院士大会上指出，以人工智能、量子信息、移动通信、物联网、区块链为代表的新一代信息技术，正在重构全球创新版图、重塑全球经济结构；2019年1月，国家互联网信息办公室正式发布了《区块链信息服务管理规定》，随后的10月，习近平主席在中央政治局第十八次集体学习时强调把区块链作为核心技术自主创新重要突破口，加快推动区块链技术和产业创新发展，党的十九届四中全会更是明确指出，要把区块链作为核心技术自主创新重要突破口，加快推动区块链技术和产业创新发展。当然，党的十九届四中全会同时也强调，要加强和创新社会治理，完善党委领导、政府负责、民主协商、社会协同、公众参与、法治保障、科技支撑的社会治理体系。要实现这一要求，将最新科技成果应用于社会治理，区块链大有可为，因为区块链可以提升社会治理智能化水平，助推社会治理精细化和法治化建设。扶贫资源是我国脱贫攻坚战取得胜利的重要密码，也是巩固脱贫攻坚成果的重要载体，更是“十四五”时期“四个不摘”——不摘责任、不摘政策、不摘帮扶、不摘监管的重要内容，属于区块链技术应用于社会治理的主要场域，因此，从区块链的角度来探讨扶贫资源的有效匹配，具有重要的价值与意义。

在巩固脱贫攻坚成果与乡村振兴有效衔接的重要时期，也是全面开展乡村振兴与推进农业农村现代化的重要节点，在脱贫攻坚与乡村振兴实践中，区块链技术在其中的功效，从以下的研究中可以窥知一二：一是可以将区块链技术的共识机制、防篡改机制、可追溯机制应用于精准扶贫的全过程，创新其管理机制、问责机制、合作机制以及具体实践①；二是可以将区块链技术应用于精准帮扶资金监管与诚信体系建设，这样可以零失误精确投放帮扶资金，有效克服现存的障碍，迎合金融精准扶贫的需求②；三是区块链金融在脱贫攻坚中的应用比较成熟，能够解除征信危机、助力精准识别、降低交易成本和实现资金透明化管理，并通过改善正规信贷供给、推进普惠金融发展和完善金融市场治理等高效推动乡村振兴③；四是可以利用区块链技术的溯源与追踪功能，对农产品质量安全进行全程监管，推动农业信息化发展④，引导产业转型升级，助力乡村产业振兴。⑤ 这些研究主要聚焦于区块链在精准扶贫对象识别、过程监管与产品溯源中的应用，为区块链在脱贫攻坚成果巩固与乡村振兴有效衔接中的应用提供了重要思路与借鉴。然而，现有研究鲜有关注区块链在扶贫资源匹配中的作用，尤其没有关注扶贫资源匹配模型与案例，这使现有的研究略显不足。

事实上，扶贫资源的匹配是脱贫攻坚战中最基础、最薄弱的一环，也是建立防止返贫监测与帮扶机制最重要的一环。扶贫资源的有效匹配是解决贫困户需求最基本的方法，也是提高扶贫项目效率的重要保障。关于此，已有少部分研究。例如，高强等指出新时代的反贫困工作，需

① 湛泳、唐世一：《区块链技术促进精准扶贫的创新机制研究》，《宁夏社会科学》2018年第3期。

② 冯果、吴双：《技法融合：应用区块链实现金融精准扶贫的法治进路》，《上海政法学院学报》（法治论丛）2018年第2期。

③ 李阳、于滨铜：《“区块链+农村金融”何以赋能精准扶贫与乡村振兴：功能、机制与效应》，《社会科学》2020年第7期。

④ 李拔豪：《“区块链+”在精准脱贫乡村振兴领域应用研究》，《信息系统工程》2020年第4期。

⑤ 郭倩、刘英：《区块链技术助力乡村产业振兴的应用研究》，《中国市场》2021年第7期。

要建立一套突破相对贫困的体制机制，无论是在脱贫攻坚还是在乡村振兴战略中，都要整合扶贫资源，优化扶贫结构①；苏昕等指出当前我国贫困的可持续治理需要优化扶贫制度设计，合理化扶贫资源的分配，构建乡村振兴战略下的脱贫长效制度体系②；黄征学等指出2020年脱贫攻坚完成后的减贫战略要完善减贫助弱对象的精准识别和动态调整机制③；刘欢指出中国农村扶贫工作的新瓶颈是扶贫资源最优化分配。④ 因此，在脱贫攻坚向乡村振兴有效衔接的阶段，保证扶贫资源的有效匹配十分重要。而区块链技术对于解决此问题具有明显的优势。区块链技术本身的去中心化、透明性、不可篡改性、可追溯性等特性可以很好地融入扶贫资源的匹配工作中。也即，利用区块链技术不仅可以有效确定帮扶项目和帮扶干部的最佳匹配机制，还可以实现帮扶资金和帮扶物资的分配与追溯。

因此，本章拟从区块链技术的角度出发，深入分析区块链技术与扶贫资源有效匹配的机制和方法，设计基于区块链技术的扶贫资源匹配模型与应用。具体思路是：首先，利用区块链技术的共识机制以及不可篡改性实现帮扶项目的确定；其次，利用区块链技术的激励机制和公开透明特性解决帮扶干部的最优匹配问题；再次，利用区块链技术的公开透明、智能合约和可追溯特性完成扶贫资源的分配与追溯等问题；最后，拟对区块链技术能够有效匹配资源的逻辑、启示与展望进行分析。

## 第二节　区块链应用于扶贫资源匹配的过程

巩固脱贫攻坚成果与乡村振兴有效衔接的核心在于资源，关键体现在资金、项目和扶贫干部等方面的有效匹配上。扶贫资源在向下输送的

---

① 高强、孔祥智：《论相对贫困的内涵、特点难点及应对之策》，《新疆师范大学学报》（哲学社会科学版）2020年第3期。

② 苏昕、赵琨：《发展性福利视域下中国贫困的可持续治理》，《山西大学学报》（哲学社会科学版）2019年第6期。

③ 黄征学等：《中国长期减贫，路在何方？——2020年脱贫攻坚完成后的减贫战略前瞻》，《中国农村经济》2019年第9期。

④ 刘欢：《从绝对到相对转变视域下的中国农村脱贫新探析——基于精准扶贫背景的分析》，《软科学》2017年第5期。

过程中，会存在以下三方面的困境：一是资金使用困境，针对贫困村和贫困户展开私人定制模式的扶持，使得帮扶资金在使用上呈现碎片化，无法发挥实际的扶贫资源规模效应①；二是帮扶干部匹配困境，帮扶干部存在帮扶走过场、形式主义以及政策执行不到位等问题，未能公平地分配扶贫资源②；三是扶贫资源监督缺位，项目主管部门重审批、轻监管，各类职能部门的督察又存在形式主义、官僚主义、痕迹主义等弊端③，造成扶贫资源下拨不精准、难追责等问题的发生。针对以上困境，区块链技术的共识机制、激励机制以及可追溯机制恰好能予以解决。

## 一　共识机制确立帮扶项目

如何提高贫困地区帮扶项目的精准度是巩固脱贫攻坚成果的基础。贫困户的返贫原因具有多维化特征，疾病、技术、资源、劳动能力等因素都有可能导致返贫。要精准帮扶贫困户，应该根据某个具体脱贫村、脱贫县独有特征和返贫原因制定相应的帮扶项目。但是，在现实中，帮扶项目的确立不仅需要考察贫困户本身的情况，还需要匹配合适的项目，但返贫原因的多维性导致帮扶项目与贫困户之间难以一一匹配，且由于贫困地区位置偏远，贫困人口文化程度较低，因此帮扶项目难以实现全面覆盖。可以说，帮扶项目的确立是实现扶贫资源匹配的基础。区块链技术能够提高帮扶项目的精准性，进一步降低返贫概率，因此可以利用区块链技术的不可篡改性、透明性和共识机制等特性，结合帮扶地区的贫困原因和产业特色以及贫困群体的需求，根据不同贫困地区的特色，总结合适的帮扶项目方案，满足贫困群体的真正需求。利用区块链技术确定帮扶项目的过程如图 8－1 所示。

首先是收集贫困数据。区块链上存储的数据是公开透明的，访问区块链可以获取贫困地区各项信息，包括贫困原因及当地产业特色，贫困户生活需求等，通过对这些信息集进行分析与处理，可以找到符合贫困

① 钟晓华：《可行能力视角下农村精准扶贫的理论预设、实现困境与完善路径》，《学习与实践》2016 年第 8 期。

② 王晓毅：《精准扶贫与驻村帮扶》，《国家行政学院学报》2016 年第 3 期。

③ 谢治菊、范飞：《区块链扶贫监管：优势、风险和路径展望》，《电子政务》2020 年第 10 期。

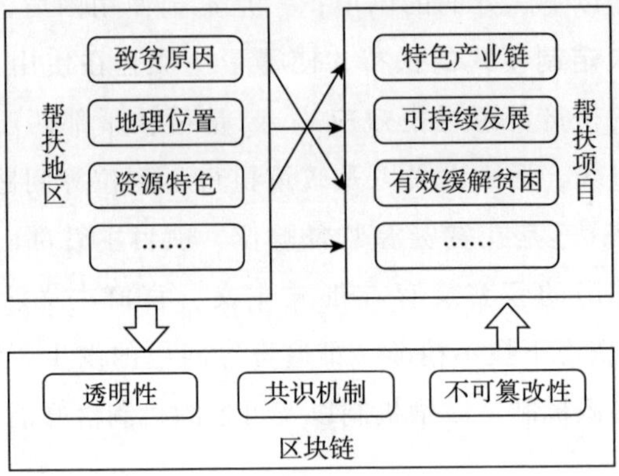


**图 8－1 帮扶项目匹配过程**

地区需求特点的帮扶项目。其次是拟定帮扶项目。通过分析贫困地区数据，可以拟定帮扶项目。帮扶项目应在满足贫困户生活需求的条件下符合贫困地区生态特色和发展趋势。区块链的透明性和不可篡改性能够保证贫困数据的及时更新。最后是共识帮扶项目。帮扶项目拟定之后，由负责人对帮扶项目进行签名并在区块链上广播，利用区块链的共识机制对帮扶项目进行投票从而达成共识，当一轮共识机制结束后，帮扶项目在全网进行公布。区块链的不可篡改性机制使得帮扶项目永久记录在区块链上，且能够作为凭证进行审计。

## 二 激励机制选择帮扶干部

帮扶干部的选择是实现扶贫资源匹配的关键。帮扶干部的精准选派包括两部分：首先是从党政、企事业单位遴选出创新能力强、业务能力突出的党政干部；其次是将选出来的干部根据脱贫村的致贫因素等具体情况“因村派人”。不过，一方面，由于脱贫村和帮扶部门之间信息不对称，加上致贫因素复杂多样，帮扶干部上下级之间没有有效的信息交流传递机制，以致帮扶干部的遴选缺乏针对性、有效性；另一方面，由于技术等原因，帮扶工作者这一方无法对脱贫村的相关信息进行实时更新、动态归纳，难以从脱贫数据中来分析返贫原因及产业市场需求。因此，对于帮扶干部的选派面临如下问题。一是帮扶单位重视不够，选派驻村干部流于形式。一般而言，帮扶单位要选派业务能力强的人担任帮扶干部，但考虑到将业务骨干或是储备干部派去帮扶，将会极大影响本单位的工作效益，部分帮扶单位不重视或消极应付帮扶工作，将单位中的一些能力较差的干部派出去扶贫。当然，帮扶单位并不一定清楚脱贫村发展需要什么样的干部，抑或脱贫村需要的干部在帮扶单位找不到，但由于考核要求以及利益关系，部分单位甚至可能会选派不符合要求的干部，以帮助他们获得更多的晋升机会，从而导致选出的帮扶干部不符合要求。二是帮扶干部积极性不高。定点帮扶是一项制度性安排，各帮扶单位都需要完成选派帮扶干部的考核任务。由于帮扶工作环境艰苦、任务重、压力大以及长时间远离家庭等，部分帮扶单位的人员对选派工作意愿不高、积极性不够。区块链的公开透明特性保证了帮扶干部的工作经历、业务能力以及创新能力等数据在区块链上随时可见。根据帮扶项目的要求，选择最适合帮扶地区地点的、有相关工作经验的帮扶干部能够更高效地实现扶贫资源的精确匹配。区块链的激励机制能够提高帮扶干部的积极性，使帮扶干部紧密联系贫困群体，同时防止帮扶干部脱离人民群众，作出违法乱纪行为，基于区块链技术的帮扶干部选择过程如图8－2所示。

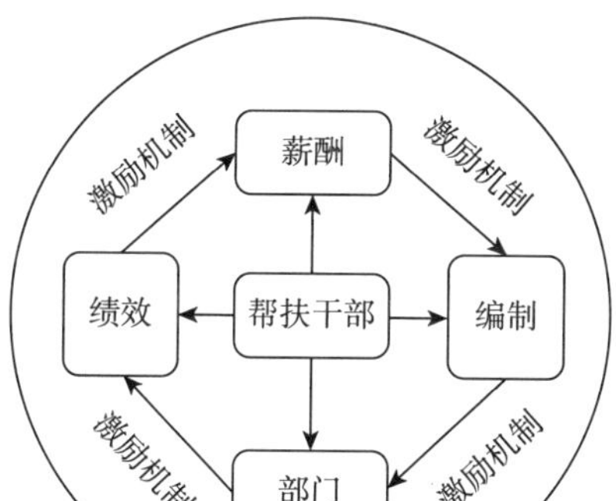


**图8－2　帮扶干部选择过程**

首先是数据采集。通过区块链技术采集并存储帮扶干部数据，帮扶干部数据在区块链上公开透明且不可篡改，体现了帮扶干部选择的公平公正公开。其次是激励机制。通过在区块链上设计激励机制，可以提高帮扶干部的积极性。激励机制主要是指奖惩机制，一方面奖励积极参与扶贫的帮扶干部和帮扶单位，促进帮扶干部在选派过程中的良性竞争；另一方面惩罚积极性不强、参与度不高的一些扶贫单位。区块链技术的激励机制能够有效地提高扶贫工作的效率，合理分配帮扶干部，缓解底层扶贫工作人员的压力。最后是干部选择。通过帮扶项目的确立选择对应的帮扶干部。帮扶干部的个人信息数据集与帮扶项目的数据集均在区块链上公开，通过定义的映射关系选择满足最佳条件的帮扶干部能够促使脱贫攻坚工作事半功倍。

### 三 追溯机制跟踪帮扶物资

帮扶物资的跟踪是实现扶贫资源匹配的核心。扶贫资源的使用状况直接关系到脱贫攻坚成果巩固的效率和效果，涉及扶贫资源的投入、分配、拨付、使用等环节，影响着脱贫攻坚成果巩固的公平与效率。在落实当前帮扶项目的过程中，多种因素导致扶贫资源落实不精准，难以发放到真正的贫困户手里。根据当前帮扶工作的深度与难度，扶贫资源管理面临如下难题。一是扶贫资源配置不准确。一些帮扶干部对贫困户的调查有偏差，导致目标偏离，使得扶贫资源配置粗放、效率不高，难以满足贫困户的真正需要。二是扶贫资源被冒领。扶贫资源的管理和使用是政府自上而下统一完成的，社会多元主体的参与和监督仍需强化。三是扶贫资源被挪用。为促进扶贫资源的灵活使用，大部分扶贫资源的管理和使用权限已下放至县甚至乡镇一级，但这也可能加剧扶贫资源被挪用的风险。区块链技术可以实现帮扶物资使用过程的追踪溯源，支持帮扶物资流转的高效检测查询，并能支持帮扶物资源头及流转目标的检测，通过智能合约对特定帮扶物资的拨款条件、使用范围等规则进行自定义，支撑扶贫资源使用的全周期、全方位管控，使扶贫资源的投向更具有精准性，做到“真扶贫，扶真贫”。区块链智能合约是一组有特定规则，能够自动执行的协议。根据帮扶项目的特征自定义拨款条件、范围以及规则，并利用智能合约部署到区块链上。当条件满足时，智能合约自动执行，实现自动化拨款，不仅有利于降低审批成本，而且能提高扶贫资源匹配的效率。基于区块链技术的帮扶物资跟踪过程如图 8 - 3 所示。

首先是智能合约部署。帮扶负责人根据帮扶项目制定拨款条件、范围及规则，并联系帮扶干部，将扶贫资源与政府部门、金融部门联系起来，然后将合约部署至区块链上。智能合约一旦部署之后就无法更改，当触发条件满足时将自动调用。其次是智能合约调用。帮扶干部确定贫困户信息，并将当前的帮扶项目信息与贫困户信息一一对应。帮扶干部在区块链上上传贫困户信息，上传后，系统将根据传入的数据判断智能合约是否达到调用条件。当贫困户信息满足条件时，合约就会自动执行并将帮扶物资分配到贫困户的账户上。最后是扶贫资源溯源。当扶贫资源使用出现错误或者分配到贫困户账户的资源不正确时，利用区块链的可追溯性可以对扶贫资源进行追踪溯源。区块链上包含所有的扶贫资源记录且无法进行更改，能实现扶贫资源管理的公开透明。当扶贫资源匹配出错时，能根据区块链上的记录进行反向查询追溯，并找到问题源头。区块链的可追溯性可以有效减少资金分配和使用不当现象，保证帮扶资金精确到户。

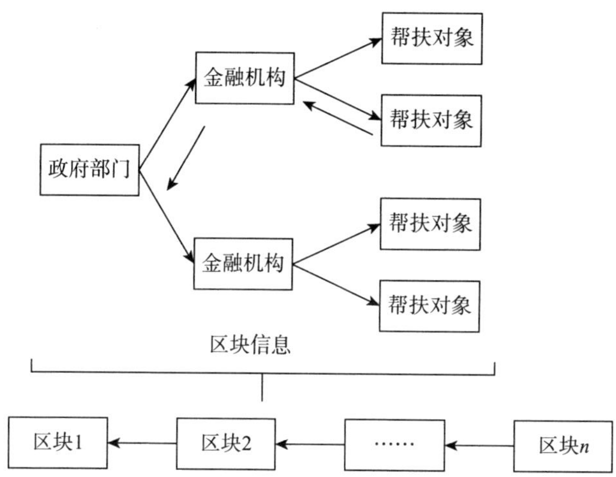


**图 8－3　基于区块链技术的帮扶物资跟踪过程**

## 第三节　区块链应用于扶贫资源匹配的案例

确保贫困人口彻底稳定消除贫困，须从根源入手，教育帮扶是彻底稳定脱贫的重要推手。本节拟以教育帮扶为案例，分析利用区块链技术实现教育帮扶的过程。

## 一　基于区块链的教育帮扶项目选择方法

政府和相关教育机构首先应针对贫困地区出台各项帮扶政策，这些帮扶项目应因地制宜。而非政府组织，例如福利机构、慈善团体的帮扶项目也应深度考察贫困地区之后再确定，帮扶项目在确定过程中保证其有效性以及可追踪性是防止帮扶项目工作出现腐败贪污现象的重点（见图 8－4）。

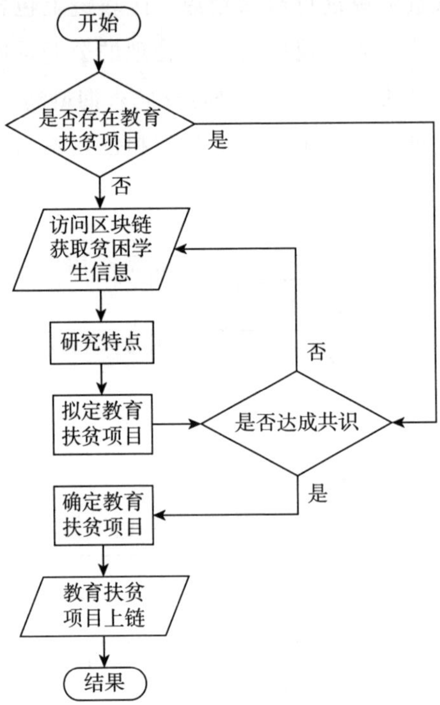


图 8－4　基于区块链的教育帮扶项目选择方法流程

一是帮扶负责人首先查看是否已经存在教育帮扶项目，若已经存在教育帮扶项目，就可将此项目放至区块链上，由节点进行投票，若能达成共识，则确定此项目（教育帮扶项目应该具有针对性和灵活性，对于教育贫困地区，如果之前已拟定了教育项目 $P_1$ 和 $P_2$，$P_2$ 可能不适合贫困地区 A，但是 $P_2$ 可能适合地区 B）。二是若该地区不存在教育帮扶项目，则需要新建和确定。首先通过访问区块链获取教育贫困地区的信息，研究其返贫原因，教育贫困原因包括缺少资金、缺少帮扶教师、缺少基础设施等。充分分析返贫的多项成因，总结出其需要什么样的帮助。三是拟定帮扶项目，帮扶项目的拟定需要有理有据。在拟定好帮扶项目之后，重复第一步，直至区块链上所有节点达成共识之后确定最终项目。帮扶项目确定之后，由负责人对其进行签名并将项目各项信息上传至区块链作为公开凭证，以作为后期追踪溯源的证据。

## 二　基于区块链的师资队伍最佳匹配模型构建

在教育帮扶领域中，加强师资团队建设是教育帮扶的核心，因此，为克服传统的师资队伍随机分配和强制分配带来的弊端，可以构建区块链技术条件下师资队伍的最佳匹配模型，实现最优的师资匹配和选派。具体方法是：首先将教育项目与教育贫困地区进行匹配，其次进行教师与教育项目的匹配，最后实现教师与教育贫困地区的匹配（见图 8－5）。

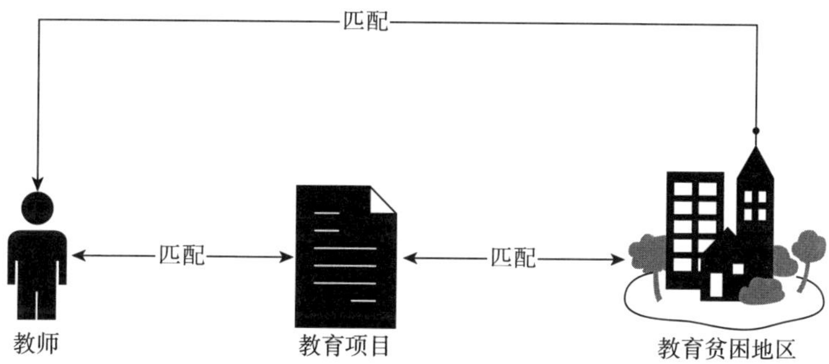


**图 8－5　师资队伍匹配模型**

一是政府教育部门或者发达地区的高校将政治觉悟高和思想品德端正的在职教师或者退休特级教师或者政府扶持就业的高校毕业生、大学生村干部、农村富余小学教师、未就业高校毕业生等人的信息收集并上传到区块链中永久记录，因为他们是积极响应国家教育帮扶政策的群体之一。区块链技术的不可篡改性和可追溯性可以防止信息提供单位伪造数据，所以能够保证区块链上的教师信息真实可靠，负责匹配选择教师的教育帮扶人员就可以获取准确的教师信息。二是从区块链上获取教师信息后，帮扶负责人会通过调用智能合约进行教师的分类，大致从三个方向分类：专业（通识教育专业和职业技术专业），创新能力，地理位置。通过分类将每个教师的类型整合并上传至区块链中记录，其中教师信息是公开透明的，因此上传至区块链的教师分类不可能伪造和被随意篡改。三是教师分类完成之后，教育帮扶负责人会获取区块链上记录的教育项目信息，此项目是根据对应地区的教育贫困情况拟定的，因此会写明对应地区所需师资队伍详情，根据其项目的详情，对项目进行所需教师类型的分类，并将分类结果上传至区块链中公开记录。四是教育帮扶负责人通过获取的教师分类信息和教育项目分类信息进行教师与教育项目的匹配，匹配方法如图 8－6 所示。五是教师匹配结果上链之后，要进行匹配结果的检验，其检验过程由区块链网络中的教育贫困地区的节点进行，它们获取到对应的教师信息，然后结合当地的教育贫困实情对教师的匹配结果进行反馈和制定相应的所需教师标准并上传至区块链，教育帮扶负责人根据标准进行一致性检验，如果检验基本一致，就确定教师为对应教育贫困地区的帮扶人员。如果不一致，可再进行教师、标准和教育项目的关联性检验，如果教师与教育项目的关联度和教育项目与标准的关联度相差不大，就确定教师的匹配结果，否则重新进行教师的匹配。六是教育帮扶负责人将确定的教师信息上传至区块链中公开记录。至此，整个匹配过程顺利完成。

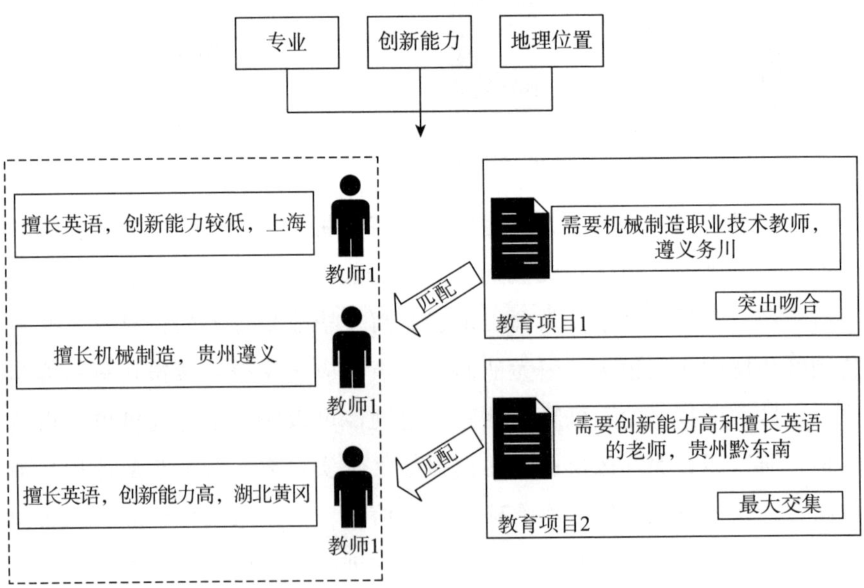


图 8－6 教师与教育项目实例匹配模型

要实现教师队伍的最佳匹配，首先，应将教育项目的信息作为调用智能合约自动执行的触发条件，其次，梳理整条区块链中的教师分类信息，查询是否存在吻合的情况，即完全匹配或教育项目所需要的教师类型就是教师类型信息所包含的，如果存在，即将此类教师匹配给教育项目，并将匹配结果上传至区块链中。此类教师匹配完毕之后，其他未被匹配的教师会成为后备匹配群体。

### 三　基于区块链的教育扶贫资源分配和追踪溯源

教育扶贫资源的分配和追溯具有基础性、关键性和持续性的特征。而传统的教育扶贫资源分配不能做到准确、高效、可追溯。为解决这些问题，本书引入教育帮扶领域下基于区块链的资源分配和追踪溯源模型，运用区块链的智能合约和可追溯性实现教育扶贫资源的追踪溯源。模型主要包括教育扶贫资源的分配模型和追踪溯源模型。首先看基于区块链的教育扶贫资源分配模型。先检查帮扶地区的教育扶贫资源是否已经被分配。如果没有被分配，帮扶负责人就从区块链上获取贫困地区的学校和学生的账户信息，同时从区块链上获取教师信息。然后，根据从区块链上获取的信息，得到相应的需要帮扶的项目信息。接下来，把学校和学生的账户信息、教师信息、相应的项目信息写入合约，并记录在区块链中。合约接收到信息后，会自动执行触发条款，进行教育扶贫资源的分配（见图 8－7）。

其次看基于区块链的教育扶贫资源追踪溯源模型。先追溯学生账户信息，获取区块链上的交易记录和学生账户信息，检查交易记录和学生账户信息是否一致，判断学生是否准确得到了相应的教育扶贫资源。如果没有得到相应的教育扶贫资源，说明学生资源分配过程出现问题。然后，获取相应的项目信息，检查该项目信息是否可以匹配。如果匹配的话，追踪溯源完毕。如果没有匹配的话，说明负责帮助学校和学生信息上链的帮扶负责人录入信息有误（见图 8－8）。

## 第四节　区块链应用于扶贫资源匹配的困境

在扶贫资源匹配过程中，区块链技术为数据感知、收集、处理以及

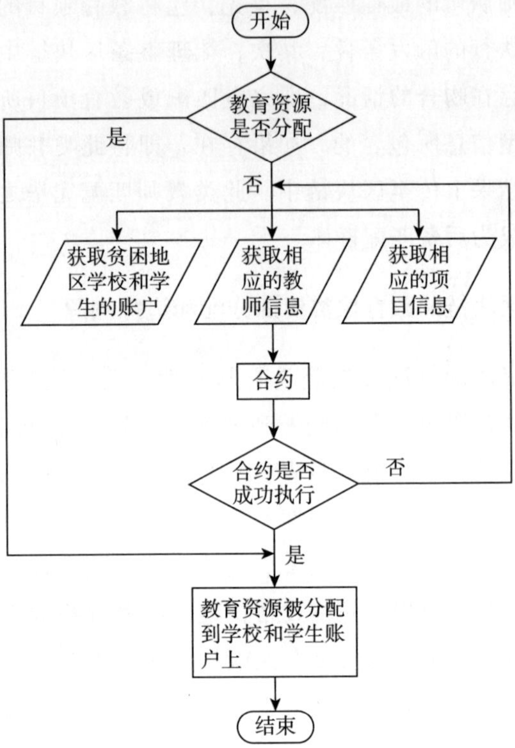


图 8－7 基于区块链的教育扶贫资源分配模型

分析提供了一种便捷有效的手段，可以降低信息成本、便利相关帮扶部门间的信息检索，一定程度上能够解决扶贫资源匹配效率和安全的问题，并在实践过程中取得了显著的成效。但是区块链是一门新兴技术，当其嵌入扶贫资源匹配过程时，会由于技术本身的自主性、失控性和不确定性而带来一定的技术隐患①，也可能由于帮扶主体技术运用不当而引发数据缺陷、算法歧视、隐私信息安全受到威胁等，从而导致扶贫资源在匹配实践过程中存在一定的困境。

## 一 扶贫资源难以实时匹配帮扶需求

在扶贫资源匹配过程中，整个扶贫资源服务链由各级政府部门、金融机构和帮扶对象组成。帮扶对象的精准识别是扶贫资源有效匹配的关

① 黄新华、陈宝玲：《政府规制的技术嵌入：载体、优势与风险》，《探索》2019 年第 6 期。

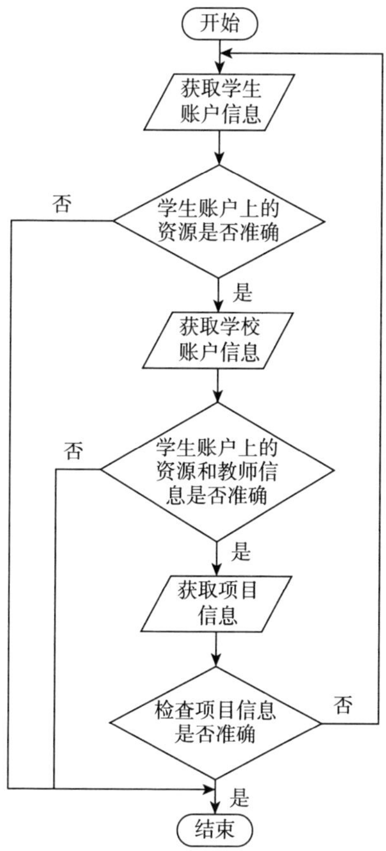


**图 8－8　基于区块链的教育扶贫资源追踪溯源模型**

键保障，然而在实践中，由于存在识别成本困境与扶贫行政指标困境等因素①，难以真正区分和瞄准真正的帮扶对象，其中最大的瞄准偏差主要体现在两方面：一是随着脱贫攻坚与乡村振兴有效衔接的稳步推进，帮扶对象的信息未能及时更新；二是帮扶项目是根据帮扶地区的产业特色和需求变动而确立的，后扶贫时代帮扶地区的产业扶贫和金融扶贫等信息会随着经济和科技的发展而变动。综合以上两种原因，对于帮扶对象的信息更新和帮扶地区的需求变动，扶贫资源服务链难以统一协调整个管理环节和完善信息共享机制，使得金融管理机构不能适应动态的变化，导致帮扶信息不对称，从而造成扶贫资源难以实时匹配帮扶

① 胡志平：《精准扶贫：文献综述及研究展望》，《上海行政学院学报》2019 年第 3 期。

对象的需求。

## 二　扶贫资源服务链不够完善

技术嵌入政府规制为多主体参与规制治理提供了可行路径，为消弭规制主体间“信息孤岛”开辟了新路径。[①] 在扶贫资源服务链中，数据化、物联化和智能化让扶贫资源的有效匹配涉及多个参与方，将它们整合在一起，可以有效规制各级政府部门、社会组织和金融机构，保证扶贫资源的精准匹配，提升治理绩效。然而在现实环境中，由于存在机制不完善、资金易断裂以及社会组织参与不足等现象，扶贫资源的配置效率不高，这主要表现在以下几方面。首先，各级政府部门、社会组织和金融管理机构间尚未建立较为完善的协调机制，条块化严重，部门间存在显性或隐性的信息壁垒，使得金融管理机构不能有效衔接帮扶项目和识别帮扶对象，因此出现扶贫资源匹配失效的问题。其次，金融管理机构与各级政府部门之间的审核周期长，处理速度慢，金融机构偶尔会出现供给不足的情况，这将造成扶贫资源服务链的断裂，使得扶贫资源与帮扶对象匹配失效。最后，在实际资源帮扶过程中，政府部门居主体地位，社会组织未能发挥真正的作用，造成资源规模缩小，从而使得扶贫资源的作用发挥不到位。

## 三　扶贫资源区块链模式落地难

历经十余年发展，区块链技术推动了各行各业的创新性融合，推动了社会结构的变革，在脱贫攻坚与乡村振兴中展现出强大的优势。但区块链技术仍然是一门新兴技术，由于存在认知不足、基础设施不完善以及技术特质风险因素，在实践应用中会造成一定的技术压力和应用障碍，导致区块链模式落地难，具体表现在：一是区块链技术在帮扶地区的部署和应用需要大规模的基础设施建设，不仅需要强大的通信网络支撑，而且需要大量的信息处理设备，而基层在基建方面较为薄弱；二是对于帮扶地区的地理位置和人文环境而言，现有的帮扶人员缺少对区块链技

---

① 达雷尔·韦斯特：《数字政府：技术与公共领域绩效》，郑钟扬译，科学出版社，2011，第65页。

术的掌握，技术人员普遍不足，这就需要建立基于区块链技术的扶贫资源网络平台和信息系统，这对于帮扶地区来说很难实现；三是由于其独特的性质，在区块链上存储的数据是不能更改的；四是区块链技术的公开透明特性使得无法对财富信息等数据进行保护，在一定程度上造成了隐私泄露。综上所述，基于区块链技术的扶贫资源匹配模型仍然需要不断探索。

## 第五节　区块链应用于扶贫资源匹配的趋势

在将区块链技术引入到脱贫攻坚成果巩固与乡村振兴的过程中，扶贫资源的流转路径均可以利用区块链技术查询和检测，可以实现扶贫资源的开放透明。可以说，区块链技术打破了传统信息屏障，一方面提高了扶贫资源匹配的效率，另一方面为帮扶对象提供了高效可追溯的查询手段，具有重要的价值。一是当前我国在扶贫资源匹配过程中仍存在帮扶项目难以精准确立、帮扶干部积极性待增强、资源管理透明度待提高、扶贫资源使用效率待提升、帮扶对象返贫现象时有发生等问题，而区块链技术的去中心化、透明性、不可篡改性、共识机制、智能合约和激励机制等功能优势，能够有效提高扶贫资源在匹配过程中的透明度和精准度，为推动脱贫攻坚与乡村振兴的有效衔接创造了良好的技术手段和方法。二是随着信息技术和科技手段的发展，区块链技术能够有效打破政府部门和金融机构之间的信息屏障，能够带动帮扶对象的积极性，增强帮扶对象的信心，可以为乡村帮扶带来新的经济体系和发展方式，进而扩大减贫效应和推动区域经济增长，从而有力推动乡村振兴。三是将“区块链 + 扶贫资源匹配”运用于脱贫攻坚成果巩固与乡村振兴中，仍需要在技术、安全、组织和监管等方面并肩突破。

为此，建议首先构建基于区块链技术的扶贫资源匹配模型。为使扶贫资源更好地输送到具体的帮扶对象手中，需构建一个政府主导，社会组织、金融机构参与的大帮扶格局，提高帮扶的效率。[①] 区块链技术恰

① 斯丽娟、尹苗、杨富强：《以大扶贫格局打破双重扶贫悖论——改革开放 40 年扶贫政策创新》，《兰州大学学报》（社会科学版）2018 年第 5 期。

好能够让各个帮扶主体在整个帮扶体系中协同合作，从而发挥每个帮扶主体应有的价值。一是发挥政府部门的引领作用。我国传统体制下的“大政府，小社会”模式使扶贫资源的分配权主要聚焦于政府层面，而政府主导的帮扶在控制力与执行力方面具有无可比拟的优势。[①] 作为帮扶项目的主导者，政府部门也是扶贫资源匹配的第一负责人。在这个过程中，要大力发挥政府对扶贫资源的规划、引导和协调作用，具体来说，政府部门可负责收集帮扶对象和帮扶地区的数据，并根据帮扶对象的返贫原因及帮扶地区的产业特色、地理位置等分析最适合帮扶地区的帮扶项目。二是打通金融机构与政府之间的信息壁垒。构建多元协同贫困治理机制，需要现代化的信息技术作为支撑和保障，通过建立科学的扶贫信息协同机制，实现扶贫信息在政府、社会与公众之间的共享。因此，可利用区块链技术打通金融机构与各级政府部门的信息壁垒。三是强化帮扶对象的主体作用。帮扶对象是扶贫资源的接收者。帮扶项目确立后，帮扶对象应认真学习扶贫策略，利用帮扶地区的产业特色实现自我脱贫，并在收到扶贫资源后，及时进行登记并确认。当扶贫资源未能及时有效分配到帮扶对象手中时，帮扶对象应及时上报情况并进行检查，保证扶贫资源服务链的正常运行（见图 8 –9）。

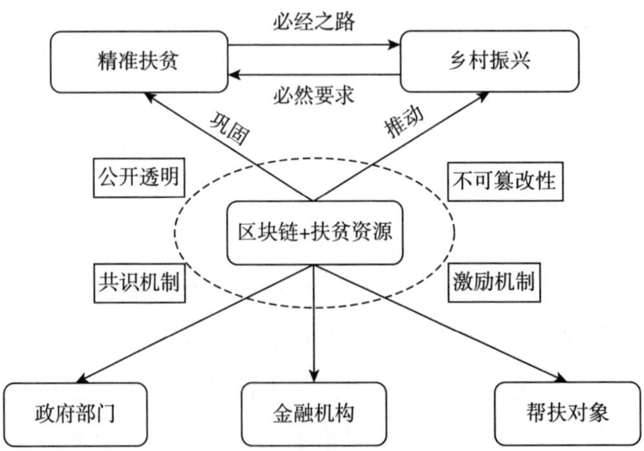


**图 8 –9 “区块链 + 扶贫资源”模型**

① 彭小霞：《多元协同扶贫模式之构建：特征、现实必要性与路径选择》，《湖北社会科学》2019 年第 9 期。

具体来说，区块链依托其透明性、共识机制、激励机制和不可篡改性等功能优势，可以提高扶贫资源有效匹配和资源透明化管理程度，打通各级机构之间的信息屏障，通过帮扶项目确立、帮扶干部选择、扶贫资源追溯等管理机制，解决扶贫资源匹配过程中审核速度慢、扶贫效率低、资源使用不透明、腐败空间滋生以及监管难度大等困境，从而促进脱贫攻坚成果巩固与乡村振兴的有效衔接；与之相对，通过结合帮扶地区产业特色、推进乡村经济发展和完善乡村特色供应链等治理机制，“区块链＋扶贫资源”模型可以打破乡村特色产业融资困难、供给结构不健全和金融安全风险高等市场困境，进一步促进乡村振兴。与此同时，“区块链＋扶贫资源”模型还能够推动农村区域经济增长，促进乡村经济的发展和资本积累，进一步提高帮扶对象的幸福感，从而有力推动乡村振兴。

不仅如此，针对区块链技术在扶贫资源匹配中的困境，首先，应加大对“区块链＋扶贫资源”的政策支持力度，提高并鼓励更多的商业机构加入并提供支持，开展应用示范试点，加大对帮扶地区的基础设施建设投入力度和提高资源使用效率。其次，应加强对区块链技术的研发，培养优质人才，鼓励人们深入帮扶地区进行技术建设，各级政府部门出台相关人才引进政策支持帮扶地区。最后，应建立良好的政策环境，制定相关法律法规，打破信息屏障，促进精准扶贫和乡村振兴的发展。

此外，“区块链＋扶贫资源”模型对乡村振兴也有重要的价值。乡村振兴需要结合乡村特色产业，优化乡村供给结构，带动乡村经济增长，实现乡村经济与绿色协调发展。产业兴旺是乡村振兴的经济基础和动力支撑，是乡村振兴战略实现过程中必不可少的物质保障。而产业兴旺的重点则在于挖掘乡村特色产业，优化农业供给结构，促进农村一二三产业深度融合发展。[①] 然而，产业兴旺对农村金融提出了更高的现实需求，其主要体现在金融支持构建现代农业产业体系、生产体系与经营体系，以金融要素为媒介发挥市场在农业农村资源要素配置中的决定性作用，提高资源利用率，为农村产业融合发展与特色产业建设提供内生性资源

① 李阳、于滨铜：《“区块链＋农村金融”何以赋能精准扶贫与乡村振兴：功能、机制与效应》，《社会科学》2020 年第 7 期。

支持。[①] 因此，加快区块链技术与乡村振兴战略结合能够高效挖掘乡村特色产业，为乡村振兴提供帮扶项目的支持，推动“农业企业 + 金融机构 + 农户”“农业企业 + 合作社 + 金融机构 + 农户”“农业企业 + 农业园区 + 金融机构 + 农户”等组织支持模式的融合。同时，区块链技术能够为乡村特色农产品构建金融体系，实现绿色无污染的生态农业经营。进一步分析可以发现，区块链技术的公开透明保证了农产品的新鲜度和生态健康，能够以金融机构为媒介发挥绿色农业在市场中的配置作用，助力实现产业兴旺，有力推动乡村振兴。

① 吴比、张灿强：《实施乡村振兴战略对农村金融的需求》，《农村金融研究》2017 年第 12 期。

# 第九章　区块链在扶贫过程监管中的应用

相较于传统扶贫监管与大数据扶贫监管，区块链的去中心化、不可篡改性、可追溯性、共识机制以及分布式账本等特征，使扶贫监管主体、方法、时间、空间、工具等方面都发生了巨大的变化。在此背景下，本章以贵阳市红云社区区块链扶贫监管平台为个案，对区块链扶贫监管的优势特点、风险大小、路径展望进行了系统分析。分析发现，区块链技术可以让扶贫监管变得更加精准化、透明化与智能化，但可能存在弱化政府主权监管以及监管失灵等风险。为此，需要从建立主权区块链扶贫监管平台、建立区块链扶贫问责机制以及配套主权区块链监管法律制度三方面进行优化。展望未来，人工智能监管是区块链监管的迭代升级，也是挖掘和改善区块链潜在应用价值的未来方向。

## 第一节　区块链应用于扶贫过程监管的缘起

第十九届中央纪律检查委员会第四次全体会议公报提出，要尽全力保障脱贫攻坚的胜利成果，强化对稳定脱贫以及脱贫摘帽后“不摘责任、不摘政策、不摘监管、不摘帮扶”情况的监督检查。[①] 之所以要保持对稳定脱贫成效的监察，是因为目前的扶贫监管仍然存在以下三个问题。一是主体资源不足引发的监管缺位问题。受监督效度层层减弱、纪检压力层层式微等因素的影响，扶贫资金与项目的管理权限下放到县级政府后，一些纪检监察机关处理问题不及时、监管不到位，项目、资金运行风险犹存。[②] 二是信息传递效率不足带来的监管模糊问题。信息化建设滞后会降低扶贫监管信息的获取、传递和共享水平，使得监督部门难以

---

① 《中国共产党第十九届中央纪律检查委员会第四次全体会议公报》，人民网，2020 年 1 月 16 日，http://cpc.people.com.cn/n1/2020/0116/c419242-31551763.html。

② 付胜南：《精准扶贫监督体系的构建与完善——基于机制设计理论的视角》，《求索》2019 年第 3 期。

准确、全面、及时掌握基层扶贫信息[①]；再加上，扶贫信息公开滞后、公开程度不足等问题也会加剧信息不对称，导致监管精度和效度锐减。三是部门间信息壁垒造成的碎片化监管问题。虽然我国精准扶贫采取的是自上而下的强力政治动员的方式，扶贫主体多元化、资金来源多样化的特征比较明显，但各地区、各部门扶贫功能的碎片化问题也比较突出。一如有人所指出的："各职能部门之间缺乏协调的沟通机制会导致信息互通不畅，各自站在自身立场处理问题，进而使各部门的监督工作缺乏有效配合。"[②] 正是由于现在的扶贫监管存在上述三点问题，各级政府部门与相关机构很难对帮扶对象的真实信息进行审查，也难以对扶贫项目进展及资金使用情况进行全程跟踪与管理。

扶贫监管存在的上述问题，会带来严重的危害，这些危害包括以下几种。一是扶贫资金被冒领。有学者指出，扶贫资金的管理和使用是政府自上而下统一完成的，缺乏社会多元主体的参与和监督；且由于方法不当或工作不力，一些地方干部在使用扶贫资金的过程中目标瞄准偏离，资金发放未精准到户，甚至提交虚假的银行数据。[③] 例如，中山市港口镇的一名股级干部在十一年的工作中共计冒领了 3500 多万元的专项扶贫资金，很长时间内都未被发现。[④] 二是扶贫资金被挪用。为提高扶贫资金的使用效益，目前扶贫资金的管理和使用权限已下放至县一级，但这也会让扶贫资金面临被挪用的风险。据财政部 2018 年的统计数据，2017 年共计有 7.3 亿元的扶贫资金被冒领和挪用，贫困户因此不能享受到足额的帮扶资金。[⑤] 例如，凉山州雷波县溪洛米乡乡长冯莹盈挪用扶贫款 88 万元还高利贷，长期未被发现，直至她自首。[⑥] 三是扶贫项目瞄准有偏差。项目制是精准扶贫资金自上而下配置的主要制度，是理解精准扶

---

① 《中央脱贫攻坚专项巡视公布反馈情况综述》，《中国纪检监察报》2019 年 1 月 31 日，第 8 版。

② 李志娴：《关于精准推进扶贫领域监督工作的调研》，《中国纪检监察报》2018 年 9 月 27 日，第 7 版。

③ 戚学祥：《精准扶贫 + 区块链：应用优势与潜在挑战》，《理论与改革》2019 年第 5 期。

④ 《一群懒猫"养肥"一只硕鼠》，《南方农村报》2018 年 11 月 29 日，第 4 版。

⑤ 刘永富：《中国特色扶贫开发道路的新拓展新成就》，《智慧中国》2017 年第 9 期。

⑥ 马直辰：《67 张补助存折是如何"消失"的——四川省雷波县溪洛米乡原乡长冯莹盈案件警示录》，《中国纪检监察》2018 年第 12 期。

贫举措在基层落实的关键因素。受基层政府项目选择缺乏自主性、项目甄别成本较高和项目呈现碎片化等因素的影响，扶贫项目的运行效率不高，瞄准有偏差。虽然后来中央以“四到县”的方式及时调整了扶贫项目的运作机制，但项目运行中的打包发包偏差以及落地后的精英俘获问题仍然比较明显。① 例如，许汉泽、李小云的研究发现，扶贫项目的真正受益主体是处于中间环节的执行主体和参与主体，贫困群体因缺少话语权而被排斥在外，这严重违背了精准扶贫的初衷。② 这些问题说明，现有的扶贫资金和项目仍然存在违规违法行为，这固然有政策设计、体制机制的原因，但监督方式不当引发的信息失真、证据不足、数据篡改等问题，也是主因，这就需要对监管方式进行改革。

基于此，有学者提出将大数据应用于扶贫监管，一些部门也纷纷建立了大数据扶贫监管平台，如贵州省桐梓县的“民生项目（资金）监察大数据平台”。事实上，大数据监管确实取得了较好的成效，让扶贫过程更加公开、透明与精准，但也存在一些问题，如有些地方搞数字脱贫，虚报扶贫政绩，不少地方存在“被脱贫”现象。③ 这说明，大数据有时候难以判断扶贫数据的真实性。再加上，一些职能部门大数据平台的数据并没有真正共通共享④，大数据扶贫监管存在漏洞。因此，运用新技术克服大数据监管弊端的想法就呼之欲出，区块链就是这样的新技术。

区块链是分布式数据存储、点对点传输、共识机制、加密算法等计算机技术在互联网时代的创新应用模式⑤，是一种以时间顺序相连的方式组成的链式数据结构，是信息互联网向价值互联网转变的底层支撑技术，是实现互联互通、安全共享、经济共赢的一种分布式账本。⑥ 区块链的本质是各种数据处理和交易运作过程中的去中心化数据库系统，能够解决大数

① 殷浩栋、汪三贵、郭子豪：《精准扶贫与基层治理理性——对于 A 省 D 县扶贫项目库建设的解构》，《社会学研究》2017 年第 6 期。

② 许汉泽、李小云：《精准扶贫视角下扶贫项目的运作困境及其解释——以华北 W 县的竞争性项目为例》，《中国农业大学学报》（社会科学版）2016 年第 4 期。

③ 李晓园、钟伟：《大数据驱动中国农村精准脱贫的现实困境与路径选择》，《求实》2019 年第 5 期。

④ 王银梅、曲丰逸：《运用大数据强化政府预算监管》，《宏观经济研究》2016 年第 5 期。

⑤ 井底望天等主编《区块链与大数据：打造智能经济》，人民邮电出版社，2017，序言第 4 页。

⑥ 《中国区块链技术和应用发展白皮书（2016）》，2016，第 15 ~ 17 页。

据生态下的数据安全和数据整合问题，有效提高数据价值和降低数据应用成本，因此，可以将其认为是大数据的一种特定迭代方式。[①] 目前，区块链技术的应用研究涉及金融、版权、政务服务、医疗、公益以及扶贫等行业，且集中在"监管、信用与存证"等领域。将区块链技术的去中心化、可追溯性以及信息不可篡改性与监管相结合，可以突破传统科层制的垂直监管模式，从而实现协同监管、全面监管、智能监管的创新模式。[②] 同时，区块链有助于解决陌生人之间的信任问题，因为它可以借助哈希加密算法、智能合约、共识机制以及时间戳等算法，将公民活动有关的数据纳入区块链中，归集形成社会信用大数据，实现信息互联共享[③]，从而构建出一个去信任的公民共同体信用体系，促进制度绩效的提高。[④] 在存证方面，如果以区块链技术来记录扶贫中的关键信息与证据，其不可篡改性将得到充分体现，这将为扶贫信息的真实性提供有力支撑，为日后的审计和责任追究提供证据。可以说，区块链在很大程度上弥补了一般大数据现存的弊端，是一种监管方式更简单、开放程度更高、共享程度更强的新技术，其具有的"共识机制、防篡改机制、共监管机制和可追溯机制"是区块链技术能够应用于扶贫监管的四大核心机制，这些机制让扶贫监管的大数据在一个个块内形成开放、共享、连接的区块，再把一个个区块开放、共享和连接起来，进而产生更大的区块链网状结构，有利于推进扶贫监管的透明化、智能化、精准化、科学化和公平性，必将成为2020年后扶贫监管的主要技术手段和支撑。[⑤]

在此，我们参照"狩猎社会是1.0、农业社会是2.0、工业社会是3.0、信息社会是4.0、超智能社会是5.0"的提法[⑥]，将扶贫领域的传统监管界定为1.0版本，大数据时代的扶贫监管界定为2.0版本，区块链

---

① 周茂君、潘宁：《赋权与重构：区块链技术对数据孤岛的破解》，《新闻与传播评论》2018年第5期。

② 牛宗岭：《利用大数据及区块链技术构建"政府智慧大脑"》，《人民论坛》2019年第33期。

③ 张毅：《基于区块链技术的新型社会信用体系》，《学术前沿》2020年第5期。

④ 罗伯特·D. 帕特南：《使民主运转起来：现代意大利的公民传统》，王列、赖海榕译，江西人民出版社，2001，第214～215页。

⑤ 谢治菊：《论区块链技术在贫困治理中的应用》，《学术前沿》2020年第5期。

⑥ 周利敏、钟海欣：《社会5.0、超智能社会及未来图景》，《社会科学研究》2019年第6期。

技术的扶贫监管界定为3.0版本。之所以将区块链技术的扶贫监管界定为监管的3.0版本，是因为与传统的监管手段和大数据时代的监管手段相比，区块链技术让扶贫监管的主体、方法、时间、空间、工具都发生了变化，具体变化如表9－1所示。

**表9－1　传统扶贫监管、大数据扶贫监管以及区块链扶贫监管的对比**

| | 传统扶贫监管 | 大数据扶贫监管 | 区块链扶贫监管 |
|---|---|---|---|
| 主体 | 单一、独立 | 协同、合作 | 多元主体、所有用户 |
| 方法 | 模糊 | 清晰、精准 | 清晰、精准、智能 |
| 时间 | 静态 | 动态、实时 | 动态、实时 |
| 空间 | 部分 | 整体、过程、中心化 | 整体、过程、去中心化 |
| 工具 | 经验 | 证据、循数 | 证据、循数、可追溯 |

从表9－1可知，区块链扶贫监管首先是信息监管，即对多元主体扶贫活动相关的数据进行存储、公开、追溯、纠偏与存证。如此一来，一旦资金或项目出现问题，就可以追溯到相应负责人，进行明确问责。其次是技术监管，由大数据集中式监管向区块链去中心化监管的转变，能够以技术突破传统“官僚主义”的权威，实现全民主动共监，进而消解集体行动的困境，起到提高监管效率和维护公平正义的作用。正是由于区块链监管兼具信息监管与技术监管的特征，将其用于精准扶贫中，不仅能够弥补大数据监管带来的漏洞，还能提高监管的精准化、智能化与透明化，并可以对相关负责人进行公平问责。例如，胥爱欢、李红燕的研究指出，区块链技术的可追溯性能有效解决扶贫资金“去哪了、谁领了”的源头问题，从而实现对扶贫过程进行全面、全周期的审计与追溯。① 也就是说，通过区块链技术的可追溯性，可以在技术层面杜绝冒领、挪用扶贫资金的可能性。另外，作为一种产生网络的方法，区块链不仅可以创建有效性、信任机制和责任感②，形成多元主体协作、多头

① 胥爱欢、李红燕：《区块链技术在我国金融精准扶贫领域的应用》，《金融理论探索》2017年第5期。

② Funk Eric et al., “Blockchain Technology: A Data Framework to Improve Validity, Trust, and Accountability of Information Exchange in Health Professions Education,” *Journal of the Association of American Medical Colleges* 12 (2018): 1791－1794.

互联的责任机制[①]，还能通过设置诚信积分的方式对帮扶干部进行综合全面的评估，评估不及格的，就进行问责，这能增强问责的公平性。[②]也就是说，现有的中心化扶贫数据管理模式，存在信息不公开、不真实、易于篡改等弊端，而区块链技术特有的可追溯性、防篡改性、去中心化等本质特征，使得任何一方作假的成本大为提高，后续管理机构在不可篡改的数据和证据面前，易于辨别信息真假，使得扶贫的对策更精准、施策更科学、成效更显著，进而让扶贫监管更加高效、透明、公正、智能。因此，本章拟系统探讨区块链技术条件下扶贫监管的价值、风险、路径及趋势。

## 第二节　区块链应用于扶贫过程监管的逻辑

区块链技术嵌入扶贫监管的根本优势在于让业务监督、审计监督、纪检监察、法律监督与民众监督，共同构成全方位、多主体的网络节点，形成全过程监管机制。这一点，贵阳市红云社区走在了全国前列。

为积极响应贵阳市政府的号召，推动区块链技术的应用实践，确保政务数据精准、安全，防止徇私舞弊、弄虚作假，2017 年 5 月，贵阳市红云社区携手网录科技有限公司，共建区块链助困系统。该系统将社区 143 名临时救助户、医疗救助户、低保户和 197 名残疾人的信息录入系统，通过基本身份信息模块、服务信息模块、资金使用信息模块、基础平台模块，实现了“一人一身份”“一人一账户”“资金共监管”“系统无缝对接”等目标，体现出如下的监管特征。一是信息监管。利用区块链技术的不可篡改性，保证被记录的贫困户、残障人士的身份信息和补助信息不被扶贫干部篡改，起到事前监督的功能。二是多主体监管。扶贫办、纪检监察部门以及贫困户等人员可以通过手机账户登录客户端查询资金的流向以及相应的帮扶人员，区块链的去中心化，保证了所有贫困户都可以透明地看到数据信息，消除了信息

---

① 蒋余浩、贾开：《区块链技术路径下基于大数据的公共决策责任机制变革研究》，《电子政务》2018 年第 2 期。

② 湛泳、唐世一：《区块链技术促进精准扶贫的创新机制研究》，《宁夏社会科学》2018 年第 3 期。

不对称以及部门信息壁垒，起到事中监管的作用。三是干部共谋监管。线下编制一份合约，上传到链上，当贫困户的条件符合，就会触发区块链的智能合约机制，自动发放补助资金，减少扶贫干部操纵资金发放的现象，起到监管干部的功能。四是责任追溯功能，利用区块链的可追溯性，对相关负责人进行权利痕迹追溯，起到问责的作用（见图9-1）。①

通过贵阳市红云社区区块链监管的案例可知，区块链技术的分布式账本让每个节点既是参与者，又是监管者，从而实现全网所有节点共同参与、共同治理以及共同监管的目标。因此，将区块链技术应用于扶贫监管是可行的，可以实现监管的精准化、智能化以及透明化。但由于目前区块链技术仍处于发展初期，红云社区区块链扶贫监管系统在顶层设计、功能设置等方面还有一定的局限性，不过仍可从该系统中发现区块链应用于扶贫监管的价值。

（1）区块链使扶贫监管内容更加精准化

精准扶贫是由扶贫资金、扶贫项目、扶贫产业等多种资源整合，由政府、企业、社会组织、贫困户等多种主体参与，由精准识别、精准帮扶、精准管理以及精准考核等多个环节构成的系统工程。该工程运行是否可靠，监管起到很大的作用，传统监管因信息传递不足而导致的监管模糊，降低了扶贫信息的获取、传递和共享效率，监督部门难以准确、全面、及时掌握扶贫信息，进而影响扶贫监督的精准度与有效性；同时，扶贫信息公开滞后、公开程度不足的问题也加剧了信息不对称。因此，将区块链技术应用于扶贫监管，能够很好地提高扶贫监管的精准性。之所以这么认为，是因为该监管模式将建立一条区块链扶贫链，将所有贫困户的身份信息、贫困信息写进链上，并将此链保存到区块链扶贫系统里；同时，将该链与扶贫相关部门的信息管理系统相对接，查询贫困户的银行信息、税务、保险等数据；然后，利用区块链的去中心化、透明化等特征对贫困数据进行关联分析，发现贫困户的贫困程度、致贫因素、贫困类别以及帮扶需求，从而能够精准地了解贫困户的真实需求，实时

① 《首个区块链用于精准扶贫的项目宣布落地》，新浪网，2017年5月27日，https://tech.sina.cn/roll/2017-05-27/detail-ifyfqqyh8794819.d.html。

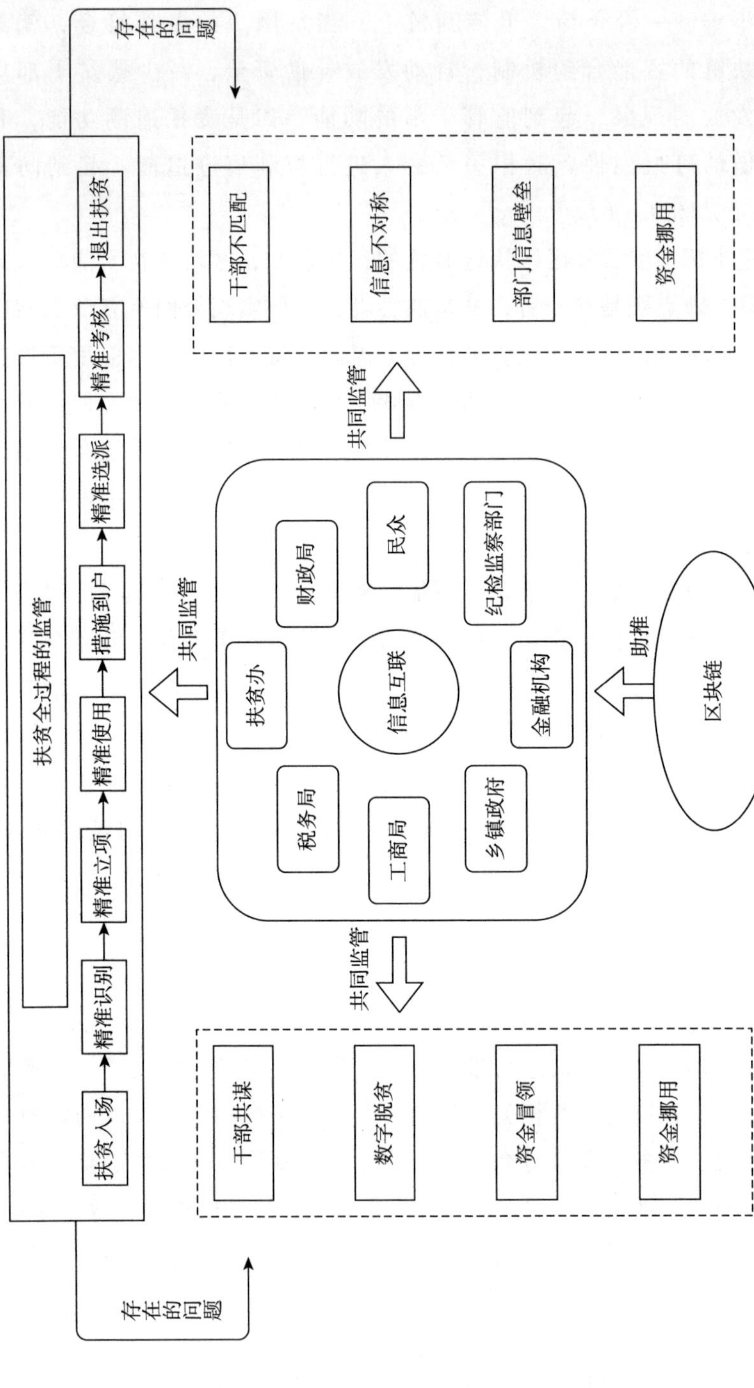


**图 9－1 贵阳市红云社区区块链扶贫监管过程**

地将分析结果更新保存在区块链扶贫系统中；最后，建立区块链技术条件下的监管链，用于记录识别过程，将扶贫链和监管链进行跨链对比，开展区块链存证工作。区块链存证提供了简便易行的审查工具，通过多方监督的证据，以少量的人力完成网络化追踪记录存储、检查验证结果等，无须进行集中审订，各方对数据和证据不存在事后的争议，解决了业务审核中的痛点问题。例如，可以记录主要的信息和关键的证据，包括贫困户、残障人员的身份信息，扶贫、助残的帮扶信息，扶贫项目进展情况，扶贫资金流向信息，从而实现精准监管帮扶动向之目的。因此，区块链系统可以对扶贫资金使用过程以及权力运行痕迹进行追溯和核查，从而使扶贫工作能够实现多主体、多维度、分布式的全程实时监管，进而实现监管的精准化。

（2）区块链使扶贫监管手段更加智能化

由于人性的多面性及行为的复杂性，单纯靠制度来约束权力的运行变得困难，制度与技术的良性互动才是促进政府治理的一大举措，因此技术赋能是改变组织结构的一大变革。传统扶贫监管中人的主观因素会造成监管失灵，突出表现为：一方面，受自身主观价值、学识以及经验的影响，项目主管部门的监管存在较大的误差；另一方面，项目主管部门重审批、轻监管，各类职能部门的督察又存在形式主义、官僚主义、痕迹主义等弊端，因而监管的实效不明显。为解决这些问题，可利用区块链技术的智能合约机制，让职能部门、审计部门以及纪检监察部门提前商讨，制定相应的监管方案和制度规则，线下编制一份合约，上传到链上。当政府帮扶人员操作行为违反合约时，就可以触发区块链的智能合约功能，自动监管，减少人为操纵的随意性，提高监管的效力。同时，由于区块链本身的不可篡改性，写入的监管规则无法人为更改，后续的扶贫过程只能严格按照智能合约上的信息运行。另外，还可通过创建“双链”即“监管链与扶贫链”来实现治理过程的智能监管。监管链用于记录帮扶过程，区块链技术的公开透明和不可篡改性可以保证帮扶主体的帮扶行为真实可靠；扶贫链用于记录贫困群体的信息及所需资源，与监管链相区分。进行跨链对比，即对比监管链中的帮扶记录和扶贫链中贫困群体的综合信息及所需的帮扶资源。例如，利用扶贫对象的身份证号码或者建档立卡编号，将原始数据与法定数据进行跨链比对，将结果不一致的贫困户从贫困库中删除，如删除拥有小汽车、商品房、开办公司以及有犯罪记录等不符合要求的“伪贫困户”，达到一种自动化、智能化监管之目的，减少人工比对、人工监管以及人工排除的主观性，从而最大限度地提高扶贫资源的利用效率，增加资源使用的透明度，建立扶贫资源使用的责任追究机制，及时做好风险防范，降低返贫率，实现监管的智能化。

(3) 区块链使扶贫监管过程更加透明化

要使权力受到监管和制约就应建立党委和政府共协同、主管部门和帮扶部门共监督、审计和纪检监察部门共运行、群众与舆论监督共存在的多元扶贫监管体系。[①] 然而，这样的监督体系缺乏运行载体，需要依托于区块链技术方能有效。因为，受部门信息壁垒和主体监管缺位的影响，传统扶贫监管会导致监督失灵，而区块链技术可以打破信息壁垒和监管缺位，正好可以弥补这一缺陷。在区块链技术条件下，党委、政府、扶贫主管部门、审计部门、纪委监察部门以及群众等多元主体，都会成为区块链条上的网络节点，并可通过区块链的分布式账本，深度查看与追踪职能部门的权力运行痕迹和扶贫资金的使用明细，实时记录每次的扶贫主体行使权力的痕迹和每笔扶贫资金的流动方向信息。同时，区块链的去中心化和公开透明等特征，可以让所有网络节点都可以看到扶贫资金的动向、帮扶项目的进展以及资金的匹配情况，从而实现扶贫资金、项目的公开透明。此外，区块链的防篡改性，使任何一次“篡改舞弊”都会被所有网络节点拒绝通过，从而能够保证信息的完整性和安全性。另外，区块链的去中心化，可以破除部门间的信息壁垒，从而可以有效地打通扶贫机关横向与纵向之间的信息交流障碍。当然，区块链存证保留的扶贫记录，区块链中的相关参与者都可以进行审查，违反真实性、提交虚假证据或虚假材料，将受到法律和公众监督的极大约束。最后，以“区块链”技术来记录扶贫的关键信息与相关证据，不可篡改性能得到充分体现，对扶贫信息的真实性起到支撑作用，日后审计中发现的违规行为将具有不可抵赖的特征。因此，将区块链技术特征和扶贫过程监管相结合，可以使参与扶贫的多元主体对扶贫过程进行共同、实时的监

① 刘万振：《完善精准扶贫监督考核机制的路径选择》，《改革》2018 年第 1 期。

管，并通过打破部门信息壁垒和解决监督主体之间的信息不对称问题，使精准扶贫全程监管变得更加透明化。

## 第三节　区块链应用于扶贫过程监管的案例

2020年底，我国的脱贫攻坚战取得了决定性胜利。脱贫攻坚战投入的人力、物力和财力是前所未有的，由此形成的大量扶贫资产，对“十四五”时期巩固脱贫攻坚成果与全面推进乡村振兴具有重要的价值。事实上，2021年中央“一号文件”提出的“乡村建设行动计划”关涉的基础设施建设、公共服务供给、人居环境整治、村庄规划行动等，大都是在“十三五”时期所形成的扶贫资产基础上的深化。由此，要切实落实好习近平总书记2021年2月25日在全国脱贫攻坚总结表彰大会上的重要指示（“巩固拓展脱贫攻坚成果同乡村振兴各项工作的有效衔接”），对扶贫资产的管理与优化就必不可少。扶贫资产是农户增加收入，实现稳定脱贫、长效脱贫的重要载体。规范扶贫资产管理，进一步发挥扶贫资金项目效益，巩固提升脱贫攻坚成果，健全完善长效稳定的减贫机制，可为全面脱贫与乡村振兴有效衔接提供牢靠的物质基础；加快建立资产家底清晰、产权归属明晰、类型界定科学、主体责任明确、收益分配合理、运行管理规范的扶贫资产管理制度，对实现乡村全面振兴具有重要的意义。

党的十八大以来，广东实现省内脱贫攻坚与东西部扶贫协作“一场战役、两个战场”统筹推进，坚持精准扶贫精准脱贫基本方略，采取超常规举措，加大扶贫资金投入力度，决战决胜脱贫攻坚，探索出了一条解决相对贫困的新道路。至2020年底，广东现行标准下161.5万相对贫困人口全部稳定脱贫，东西部扶贫协作各项指标也超额完成，帮助桂川黔滇4省（区）93个贫困县摘帽500多万贫困人口脱贫。在此过程中，形成的扶贫资产大致有三类：第一类是公益性扶贫资产，包括道路交通、农田水利、供水饮水、教育、文化、体育、卫生、电力等方面的公益性基础设施；第二类是经营性扶贫资产，包括农林牧渔业产业基地、生产加工设施、经营性旅游服务设施、经营性电商服务设施、经营性基础设施、光伏电站，以及具有资产收益的扶贫项目形成的股权、债权等权益性资产；第三类是到户类扶贫资产，主要是为支持贫困户生产发展所提供的生物资产或固定资产等。虽然2020年5月省扶贫办与省财政厅已经出台《关于进一步规范和加强扶贫资产管理工作的通知》，并明确了三类资产的管理原则、管理范围、管理途径与监管方式，但由于现有扶贫资产资金量大，管理流程、管理环节和管理内容烦琐，管理的科学化、规范化、精细化、智能化还有待提升，故而建议利用广州打造全国首个区块链发展先行示范区的条件与优势，运用区块链技术助推广东扶贫资产管理科学化，形成扶贫资产管理的广东经验与广东模式。

## 一 区块链助推扶贫资产监管力度加大

一是资产登记不全，摸清家底较难。扶贫资金渠道多、投向广，所形成的扶贫资产分布广泛、类型多样，既包括公益性扶贫资产和经营性扶贫资产，也包括到户类扶贫资产。到户类扶贫资产主要包括养殖圈舍、光伏发电设备、生物资产等，到户类扶贫资产涉及的主体少、产权相对清晰；公益性扶贫资产在扶贫资产总量中的占比较大，包括但不限于道路交通、农田水利、供水饮水、环卫公厕、文化广场以及教育、体育、电力等固定资产，实施主体相对较多，资产形成和移交环节相对复杂。经营性扶贫资产在管理中最为复杂，主要表现为：一是财政专项扶贫资金项目所形成的资产不在一个相对明确的法人主体或使用人（如企业或部门）内部，而是涉及不同级别的政府相关部门以及不同的村集体，资产所有权需要进一步确认；二是扶贫资产所有权人有可能与资产受益者不一致，同样存在不同受益者、不同经营者的问题，也需要再次确认资产的受益人、使用人等。这说明，现有的各类扶贫资产所有人和管理者相对分散，同时存在所有人和管理者分离的情况，在实际操作过程中，有不少扶贫项目并没有明确记录资金的来源和使用情况，对所形成的扶贫资产也没有进行登记造册和清产核资，由此造成扶贫资产家底不清，产权、责任、利益不够明晰。

二是过程管理不优，责任追溯较难。从环节上来看，扶贫资产管理包括开始环节、中间环节和结束环节。开始环节是资产的形成与登记，登记确认相应的资产所有者入账，确认所有权、经营权和利益分配权，同时行业部门需要确认监管权；中间环节时间跨度相对较长，一般会有专门的管理人员和规范的程序，如登记入账、按期进行折旧、定期维护等，确认管护运营主体；结束环节主要是资产的处置，需要资产所有者提出扶贫资产管理申请，由监管部门进行审批，方能进行资产账务处理。可见，扶贫资产管理流程、环节和内容较为烦琐，而现有资产管理系统对项目建成后所形成的扶贫资产入账、移交、处置、监管等缺乏精细设计，在对扶贫资产登记、管理、确权与核查的过程中较难发现是哪些环节、主体、内容出了问题，进而难以进行明确的责任追溯，从而引起扶贫资产闲置、浪费、流失、损毁，或者导致扶贫资产不扶贫。同时，使用权和所有权分离，加之扶贫资产管理整体比较滞后，后续管护机制缺失，相关管护制度薄弱，扶贫资产管护责任不够清晰明确，特别是，来源于不同渠道的建设项目形成的各类扶贫资产分散在各个部门、各个村镇，缺乏统一的部门管理，导致扶贫资产管理主体模糊，部分处于多头管理甚至无人管理的状态，一旦出现问题，责任的追溯就更加困难。

三是资产权属不清，运行监管较难。近年来，扶贫资金除用于贫困户个人保障支出外，还用于解决贫困村脱贫及设施农业、集体光伏、乡村旅游等项目的投入，从而形成了大量的实物资产及基础设施。财政扶贫资金按照《财政部财政扶贫资金报账制管理办法（试行）》实行报账制管理，财政扶贫资金构建的实物资产及基础设施的支出票据向财政部门或承担扶贫工作的专门机构报账，致使扶贫项目建设好后，建设单位没有相关依据将固定资产入账，由此形成的实物资产既未在财政部门登记固定资产账，又未按资产使用权办理资产移交手续，财政扶贫资金构建的固定资产往往形成了监管真空，容易造成资产流失，扶贫资产进行登记造册和清产核资时，难以明确扶贫资产的所有权、收益权和管护责任。

四是绩效考评不精，收益评价较难。扶贫资产管理绩效考评是指对扶贫资产管理制度、管理过程、管理效果以及资产效益进行综合考评。自建立财政扶贫资金绩效考评制度以来，财政扶贫资金的使用受到严格监管。虽然扶贫资金绩效考核理念、指标、方式和内容可以为扶贫资产考核提供借鉴与启示，但毕竟扶贫资金与扶贫资产的权属、性质与类型不同，考核指标体系的建立也会大相径庭。而现有制度对如何建立扶贫资产考评体系的规定较少，对扶贫资产管理水平和效益的评价还比较模糊，甚至有些地方用扶贫资金考评来代替扶贫资产考评，考评的精细化、精准化、专业化、规范化远远不够，这会影响扶贫资产的收益评价，进而影响收益分配，不利于脱贫攻坚成果的巩固。

### 二 区块链技术助推扶贫资产监管

作为一种新兴的技术，区块链提供了一种去信任化的分布式新型计算范式，在不可信网络中建立信息与价值传递交换的可信通道，融合演进成为新一代网络基础设施，并得到国家政策的大力支持。区块链技术能广泛应用于政务、医疗、金融、农业、供应链等各领域，这为乡村振兴与脱贫攻坚成果巩固提供了重要的助力。故此，建议完善扶贫资金的管理、登记和使用流程，强化扶贫资产的保值增值、确权登记、运营维护、收益分配、监督管理，建议建立基于区块链技术的扶贫资产管理系统来巩固脱贫攻坚成果。

一是加强顶层设计，使用区块链技术全程监管扶贫资产。建议国家乡村振兴局牵头，会同财政、审计、纪检监察等部门，研究出台基于区块链技术进行扶贫资产管理的具体政策、技术标准和监管内容。发挥区块链技术所具有的天然难篡改、可追溯特性，构建扶贫资产区块链监管系统。该区块链系统应包括信息安全上链、过程可溯源、智能合约自动审核三个核心功能。其中，信息安全上链，指的是资产各种属性、产权、收益权等信息的上链，同时在链上将行业部门与相关资产进行绑定和记录，确认好资产的负责主体；过程可溯源，指的是产品在生成过程中，所涉及的各个重要环节信息如维护日期、对象、相关情况等的登记上链，厘清资产在中间环节的变化；智能合约自动审核，指的是在交易过程中，设计可自动完成的电子合约，以及可写入区块链的智能合约，形成自动生效、自动监督、自动完成的合约机制（见图9－2）。

二是强化科研引领，建立基于区块链的多中心化资产登记模式。建议成立扶贫区块链实验室，依托国内区块链领域优势高校进行建设，统筹开展自主可控的扶贫区块链技术攻关、系统研发、应用实践，打造面向全国的高效、公平、透明、易监管的扶贫资产区块链平台。由于存在资产的所有权和收益权分离、资产的所有人和管理者分离等问题，相关监管部门难以对资金来源和使用情况进行完备的审查，在进行追责时，

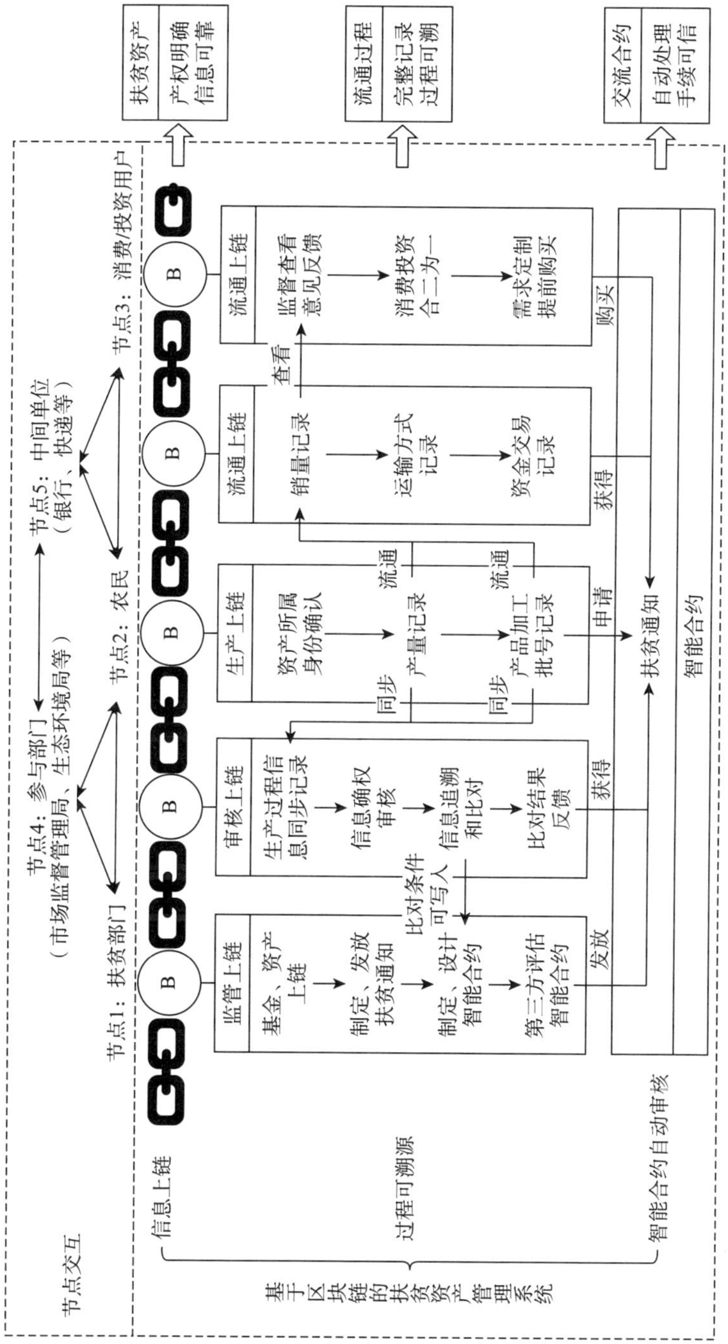


图9-2　基于区块链技术的扶贫资产管理平台

相关责任方之间可能存在“踢皮球”的情形，缺乏对不良行为的制约能力。建议对扶贫资产的涉及方按利益划分群体，依据区块链的多中心化、信息共享的特点，让多部门同时进行扶贫资产登记造册，资产信息上链，如此一来，可使监管部门和不同利益群体之间监管链和资产信息链实现跨链整合和信息互信，起到相互制衡、相互监督的作用，在资产状况发生变化时，各方自觉提交信息和证据，资产信息链与监管链自动识别、比对以及稽查，从而明确资金的来源和使用情况，确保扶贫资产的产权、责任、利益的清晰化。

三是完善闭环监管，优化基于区块链思维的资产权属管理流程。利用区块链技术完善扶贫资产闭环监管体系，要做到以下四点：一是鼓励资产的管理方、监管方，以及负责资产的各部门、各村镇在区块链平台上记录信息、相互联系，并在上面公开各自的信息，参与多方互动、见证和监管，将权责进行匹配，使每个部门既是监管者又是被监管者，从而消除多头管理和无人管理的现象；二是基于区块链技术对各方负责的资产进行确权，确保确权数据在区块链上进行安全保存；三是引进区块链技术提供给各参与方，参与方将自己负责的资产在平台上录入登记，实现资产数字化，然后上链确权，保障资产的唯一性；四是部署多个交易验证节点，使交易记录由多个中心进行校验与监督，使其安全透明、易于跟踪，有效保证存储的电子数据不被篡改，保障确权数据的真实性和原始性。

四是利用智能合约，打造基于区块链的自动化考评体系。利用区块链的去中心化智能合约执行能力，提高扶贫资产的绩效管理水平。建议政府通过前期调研、专家座谈对扶贫资产管理质量和管理效益评价制度进行凝练，从而将资产管理绩效的评价指标、赋值标准确定下来，根据不同考评项目设置具体评价指标，如将公益性扶贫资产、经营性扶贫资产、户类扶贫资产这三类资产各自设置一套评价体系，然后把这套体系的相应评估指标写入智能合约中。如此一来，相关扶贫资产的使用方、管理方和监管方日常将数据上传到区块链平台时，会自动触发智能合约的评价机制，区块链平台便开始进行数据分析与评价，实现智能化审核和绩效评分，从而提升扶贫资产管理的绩效考评水平。

## 第四节 区块链应用于扶贫过程监管的风险

区块链技术与人工智能、互联网、大数据等信息技术深度融合，不断拓展在政务服务、金融改革、社会民生、精准扶贫等领域的应用场景，促进了信息技术革新、传统产业变革与社会治理创新。马克思曾指出，机器具有减少人类劳动和使劳动更有成效的神奇力量。[①] 可见，在某种意义上，任何新技术的发展与经济社会的融合，都会带来一定的应用风险，区块链技术也不例外。现有研究已经考虑到了一些风险，具体包括以下几种。一是具体应用层面的风险。金融是当前区块链技术应用落地最广泛、最成熟的重点领域，区块链技术在增加金融监管有效性的同时，也给监管者的数据分析能力、应对风险能力以及明确责任对象等带来了挑战[②]；在通证经济下，区块链技术容易引发难以形成权利与通证的流通循环、产生非诚信行为以及规则垄断等风险[③]；在数字版权方面，区块链技术应用存在技术架构与社会架构的风险，而隐私保护与平台责任的风险尤为突出。[④] 二是法律监管层面的风险。区块链的应用存在一定的法律风险，在智能合约的订立、权益证明、物权转让以及认证服务等领域给现行法律制度带来挑战[⑤]；在界定数据权利、虚拟代币的法律地位认可、法律适用选择等问题上，区块链在法律逻辑上也存在风险；同时，区块链技术也涉及风险识别、风险防范、市场维护等方面的法律风险[⑥]；此外，一旦被不法之人利用，区块链技术还可能被用于非法集资犯罪、合同诈骗罪等进而产生多重风险。[⑦] 三是技术风险。区块链自身的技术缺陷所引发的内部风险以及物联网、量子计算、人工智能等先进技术的快速发展带给区块链应用的外部风险比较明显。四是社会风险。

① 《马克思恩格斯选集》第 1 卷，人民出版社，1995，第 775 页。

② 黄锐：《金融区块链技术的监管研究》，《学术论坛》2016 年第 10 期。

③ 李晶：《“区块链 + 通证经济”的风险管控与对策建议》，《电子政务》2019 年第 11 期。

④ 石丹：《论区块链技术对于数字版权治理的价值与风险》，《科技与出版》2019 年第 6 期。

⑤ 夏纪森、臧志宏：《论区块链应用的社会风险与法律治理》，《常州大学学报》（社会科学版）2019 年第 1 期。

⑥ 张夏恒：《区块链引发的法律风险及其监管路径研究》，《当代经济管理》2019 年第 4 期。

⑦ 张庆立：《区块链应用的不法风险与刑事法应对》，《社会科学文摘》2019 年第 5 期。

区块链技术与社会系统中的某些因子如人口、资源、财富、文化、习俗等结合以后，会引发社会问题，产生社会矛盾。① 可见，区块链的应用风险随着信息技术的发展、应用领域的延伸以及其对社会认知与控制程度的加深而逐渐显现，而区块链与监管相结合也同样会带来应用层面的风险。

## 一　去中心化可能导致扶贫监管的权利弱化

我国建构了以现代国家制度为中心的国家治理体系，强调现代国家机构的合法权利、法定权威，以自上而下的方式制定和实施各项政策，从而实现经济持续发展、社会稳定和谐。② 传统政府监管是集权式、中心化以及非匿名性的，这无疑与区块链去中心化和匿名性的特征相违背。虽然随着信息技术如人工智能、大数据、生物科技以及区块链等技术的发展进步，人类自身、人类与自然、人类与人造物如智能机器之间的关系发生了较大的变化，这些变化在很大程度上改变了社会结构，但此时政府仍然是社会治理的主体，政府机构仍然是社会治理最核心最主要的部分。区块链最初是由崇尚“无政府主义”的技术极客创造的，他们希望在虚拟的网络空间里打造一个无政府状态的自治社区。但是，具有加密技术、匿名性等特征的区块链，可能会成为不法之徒的牟利工具。因此，弱化扶贫过程中的政府主权监管会带来不好的结果。当去中心化应用于扶贫监管时，每个节点都有相同的权限、权利以及义务，每个节点都可以参与到扶贫监管过程中。这样一来，虽然提高了监管的透明度，使扶贫过程更加公平公正，但却极大地弱化了政府部门的主权监管，弱化了政府职能部门在整个扶贫过程中的关键地位和核心作用，以致传统政府职能部门在扶贫信息收集、储存、传递等方面的功能逐渐丧失。因为，去中心化后，全体网络节点集体维护数据的日常运营，各个节点（用户）各自承担相应的责任，一旦个人的私钥（证明自己身份信息的唯一标识）丢失，被别人所获取，造成的后果和损失，政府部门无法进行相应的补救。

---

① 戚学祥：《超越风险：区块链技术的应用风险及其治理》，《南京社会科学》2020 年第 1 期。

② 万岩、高世楫：《国家治理现代化视野下的监管能力建设》，《中国行政管理》2019 年第 5 期。

## 二　顶层设计不完善可能引发扶贫监管的安全隐患

区块链技术可将多方利益相关者纳入公共治理的平等对话平台，使他们通过共识机制公开、民主、透明地表达诉求，解决问题[①]；同时，也可以为政府部门打造一个运作高效的行政系统，促进政府组织机构的扁平化和协商化。[②] 鉴于此，政府部门可以利用区块链技术来打造大数据平台以提高工作效率，而平台是否全面有效运行，顶层设计非常重要。本来，区块链技术是一种比较安全的技术，但由于顶层设计不合理、专业能力不够以及缺乏有效的调整机制，区块链的应用平台可能存在安全隐患。例如，2016 年 6 月，运行在以太坊区块链上的 The Dao 应用被黑客攻击，损失 6000 万美元，最后查明原因发现以太坊区块链并没有什么问题，而是 The Dao 应用上的智能合约存在较大安全漏洞，由此说明区块链自身的安全性并不能保证区块链应用的安全性。[③] 我们知道，扶贫过程是一个涉及多主体、多过程及长周期的复杂系统工程，当区块链技术应用于扶贫监管时，其对平台的顶层设计要求也更高，若缺乏一个成熟、全面以及完整的顶层设计，那么政府委托开发出来的监管平台也会存在上述安全风险。例如，如果不法分子利用区块链技术的漏洞，窃取扶贫资金，损失会比较惨重；再如，区块链去中心化特征带来的众包模式，可能让不法分子逃避监管，而区块链技术的匿名性特征带来的基于地址的交易，使监管机构只能追踪到地址而无法追溯到不法分子背后的真实身份，也就无法追回损失的资金。由此给贫困户带来损失的同时，也会使政府公信力遭到质疑。

## 三　法律制度滞后可能招致扶贫监管失灵

区块链是继互联网、大数据之后出现的一种新兴技术，新技术的出现及应用会使其技术逻辑与应用逻辑发生较大的变化。对于这种变化，我国的法律是滞后的，当技术发展超出法律发展时，原有法律体系应用

---

① Melanie Swan, *Blockchain: Blueprint for Anew Economy*, O'Reilly Media, Inc., 2015, pp. 23 - 26.

② 张毅等：《区块链技术对政府治理创新的影响》，《电子政务》2016 年第 12 期。

③ 王俊生等：《区块链技术应用的安全与监管问题》，《计算机科学》2018 年第 S1 期。

于新技术则会产生无法兼容的困境。[①] 自最初在货币领域的应用到现如今的政务服务、金融改革以及社会民生等的应用，区块链技术本身已经发生了变化，而现行的法律制度却无法适应区块链技术迅猛发展的要求，缺乏与时俱进的法律制度，导致法律监管滞后。目前，在金融领域，中国人民银行、证监会等主体虽出台了规制区块链技术应用的相关监管政策，但也存在主体责任界定不清、理念与方法落后以及规范效果不佳等问题。而其他领域的相关法律制度也是缺乏的，扶贫领域更甚之。虽然区块链的技术特征与扶贫相结合，能够保证政府与民众的数据公开透明、真实以及不可篡改，但数据在全网广播的时候易导致数据的泄露，会被别有用心之人窃取，而目前，政府监管这种行为的法律还不完善。因为，一方面，区块链本身的技术特征会带来立法困难。区块链技术是去中心化的开放式的分布式账本，由所有用户共同维护，没有一个中心的负责主体，因此，当制定法律制度时，在中心化的网络里，很容易确定贫困户、扶贫干部以及政府职能部门等主体的相关责任；而在去中心化网络里，任何人都可以登入链中，很难界定主体的责任；智能合约的不可篡改性与传统合同可修改、撤回以及终止相冲突，其匿名性特征将导致发生纠纷时无法确定相关主体。另一方面，现行有关扶贫的政策体系难以与区块链技术应用相对接，法律无法很好地规制。因此，由于法律的缺失，在将区块链技术应用于扶贫监管领域时，没有相应的规则对已产生的不良行为进行界定及责任追究，这可能会导致监管失灵。

## 第五节 区块链应用于扶贫过程监管的策略

信息技术的快速发展使得数据收集、处理以及分析变得更加容易，与以前相比，监管机构能更加及时地掌握完整、真实和有效的信息，使得监管更为透明、公正、科学。将区块链技术运用于扶贫实践时，技术的内在规则范畴也存在风险问题。因为，虽然技术作出的监管决策相对人而言更加客观、透明、规范以及可追溯，但平台的开发者却无法知晓

① M. Fenwick et al., "Regulation Tomorrow: What Happens When Technology Is Faster Than the Law?" *American University Business Law Review* 6 (2017): 561 - 595.

和控制算法产生的所有后果，往往存在算法歧视、算法错误等问题，这些算法决策会影响个体福利和社会总体福利水平。[①] 因此，结合第三部分所分析的外部风险，运用区块链技术进行扶贫监管时，应该坚持内外协同，其中，内在方面，应该建立主权区块链扶贫监管平台；外在方面，应该建立区块链问责机制与配套区块链法律制度，促进区块链扶贫监管的有效运行，实现扶贫监管的智能化、公开化、透明化，从而提高监管的效率。

## 一　建立主权区块链扶贫监管平台

区块链的去中心化特征使得政府对区块链上的交易动向无从得知，链上节点由于主观性较强，很可能会有意或无意地作出与国家法律相违背的行为，从而可能导致国家主权、公共利益、区块链参与者权益受损。[②] 为此，贵阳市人民政府出于维护政府主权监管和政治权威的目的，在发布的《贵阳区块链发展和应用》白皮书中提出了主权区块链概念。相对于非主权区块链而言，主权区块链必须在国家主权监管下进行发展以及应用，强调将区块链运行过程置于国家主权和法律的监督之下，而非单纯依赖于技术。[③] 众所周知，扶贫是一项艰巨的工作，政府在这个过程中起到重要作用。因此，应建立如图 9－3 所示的主权区块链扶贫监管平台，在提高监管透明度的同时也维护了政府的主权监管权威。

从图 9－3 可知，主权区块链扶贫监管平台由扶贫主体的权力监管（权力数据铁笼）功能模块、数据痕迹监控功能模块以及网络舆情监控功能模块三部分构成。第一，权力数据铁笼功能模块。数据铁笼是通过对区块链技术特征的深度融合分析，实现有效监管扶贫主体权力痕迹的一种机制。通过区块链技术的分布式账本来记录和监督权力运行的整个过程，对大量数据进行整理和分析，编织出制约与监管权力的数据笼子，从而实现权力痕迹的全程信息化，让权力运行和决策过程清晰、透明、规范。也即，将涉及扶贫过程的多个主体，例如，将党委、政府、扶贫主管部门以及帮扶部门、审计部门、纪检监察部门等多个相关主体的信

---

① J. Kleinberg et al., "Discrimination in the Age of Algorithms," *NBER Working Paper* 2 (2019): 47－93.

② 大数据战略重点实验室：《重新定义大数据》，机械工业出版社，2017，第 35 页。

③ 贵阳市人民政府新闻办公室：《贵阳区块链发展与应用》，2016，第 21～22 页。

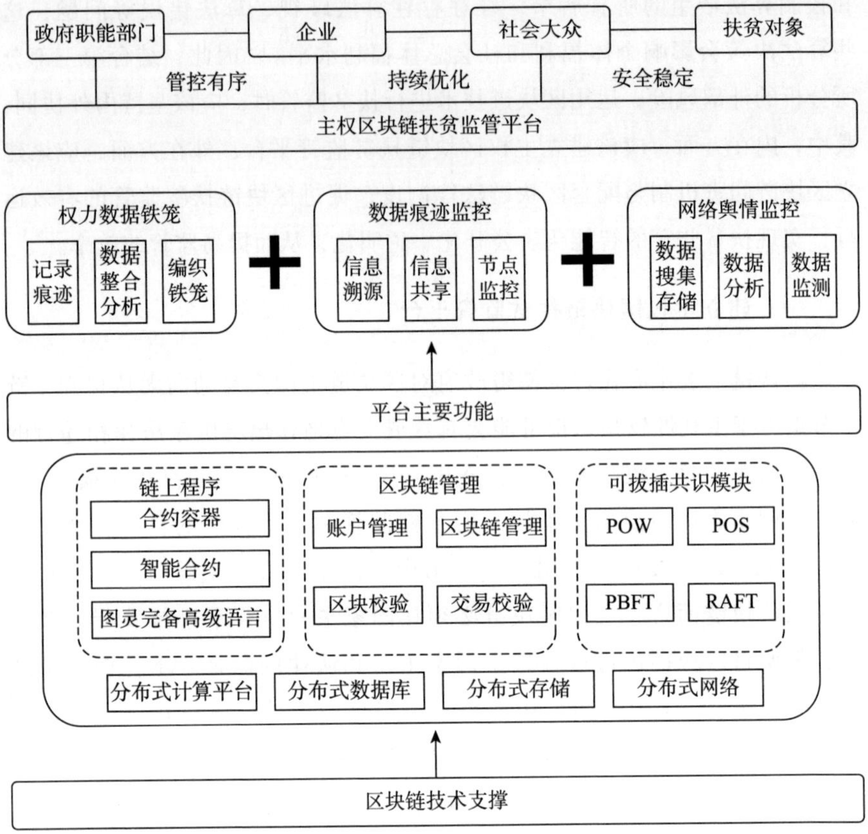


**图 9-3　主权区块链扶贫监管平台**

息管理系统接入区块链平台，消除各部门间信息壁垒，能够实时透明地查询权力运行痕迹，实现部门间相互监督，从而将权力关进笼子里。第二，数据痕迹监控功能模块。将区块链作为底层账本的记录载体，通过三个步骤核查与追溯扶贫数据信息的痕迹，来了解和监管直接利益相关者的信息与行为。为此，首先，要形成可靠、可信任的数据信息流。根据区块链的分布式账本、无法篡改等特性，让利益相关者共用一本账本，解决扶贫对象与帮扶部门之间信息不对称的问题，杜绝贫困户信息造假带来的资金冒领现象。其次，构造责任追溯网络。利用区块链技术构造一个可信任、可靠的责任追溯网络。扶贫主体在决策过程中，每个参与方的数据写入和内容更新都会在链上形成一个新的区块，有相应的时间戳和电子签名，一旦链上扶贫数据与线下不同时，就追溯相关责任人。

最后，形成信息共享、交叉验证机制。贫困户、政府职能部门、帮扶主管部门以及监督组等相关主体，通过扶贫链与监管链进行信息跨链比对，实现扶贫参与方之间信息交叉验证，使扶贫主体间相互监督，保障信息的公开、透明以及可信。第三，网络舆情监控功能模块。该模块首先实时记录贫困户、非贫困户、媒体人以及其他主体发布的与扶贫过程相关的言论及看法；其次，对舆论进行分析，从数据汇总、统计角度展开，通过数据的数值、发生的时间以及数据流动流程、出处证明等细节的记录上分析个体或机构活动的规律以及扶贫过程中的真实态度，以此鉴别发布信息的真伪和估计其未来的舆论动向；最后，对分析的舆论结果进行交叉验证，并制定高精准度方案，决定舆情监管方案作用于哪些人，以什么手段在什么时间点实施，从而提高扶贫过程中的舆论监管效能，避免舆论道德绑架。

## 二　构建主权区块链扶贫问责机制

扶贫工作的开展，离不开扶贫责任机制的完善与推进。但是，扶贫责任主体不清，问责机制不健全、基层干部责任过重等问题也日益突出。区块链技术是一种新兴的数字组合技术，也是一种新型的社会协作模式，将其运用于问责机制中具有明显的优势，可构建主权区块链扶贫问责机制。具体来说，主权区块链扶贫问责机制的建立有以下几个步骤：首先，将所有贫困人口的贫困成因、特点、需求等录入系统，明确贫困户的责任与义务，区块链的分布式账本通过数据公开，实现各主体间在协商基础上的责任划分和确认；其次，将所有驻村干部以及扶贫单位的资料信息，如工作经历、扶贫举措、结果成效等录入系统，明确扶贫干部和单位的责任；再次，将各主体的责任与义务上链，形成区块，数据的更新累积与区块的增加同步进行，区块链的不可篡改性保障了初始数据到最新数据、记录的完整性，当数据更新写入区块链平台上时，就会被盖上相应的时间戳，而时间戳是上传数据的唯一身份证明，防止传统中心—边缘数据管理体制中，高层数据管理者为“隐瞒”或者“销毁”数据代表的信息，利用权限篡改数据以此逃避问责的行为；另外，区块链技术的可追溯性能有效解决扶贫资金“去哪了、谁领了”的源头问题，对扶贫过程进行全面、全周期的审计与追溯；最后，形成“区块链存证”，并使其具有法律效力，将所有的包括贫困户、扶贫干部以及政府职能部门等主体的数据、合同、记录以及审批计划书等相关的信息存入区块链，形成问责证据，各类信息与证据提交、确认后就具有法律效力，且不可更改，提交者必须承担真实性责任。同时，在一定程度上、一定范围内公开的相关信息、证据，将接受扶贫系统、公众的监督。所有节点都参与互动和见证、监督，最终使得履约过程中所有节点都无法违反、抵赖已经达成一致的约定，以起到约束的作用（见图 9－4）。

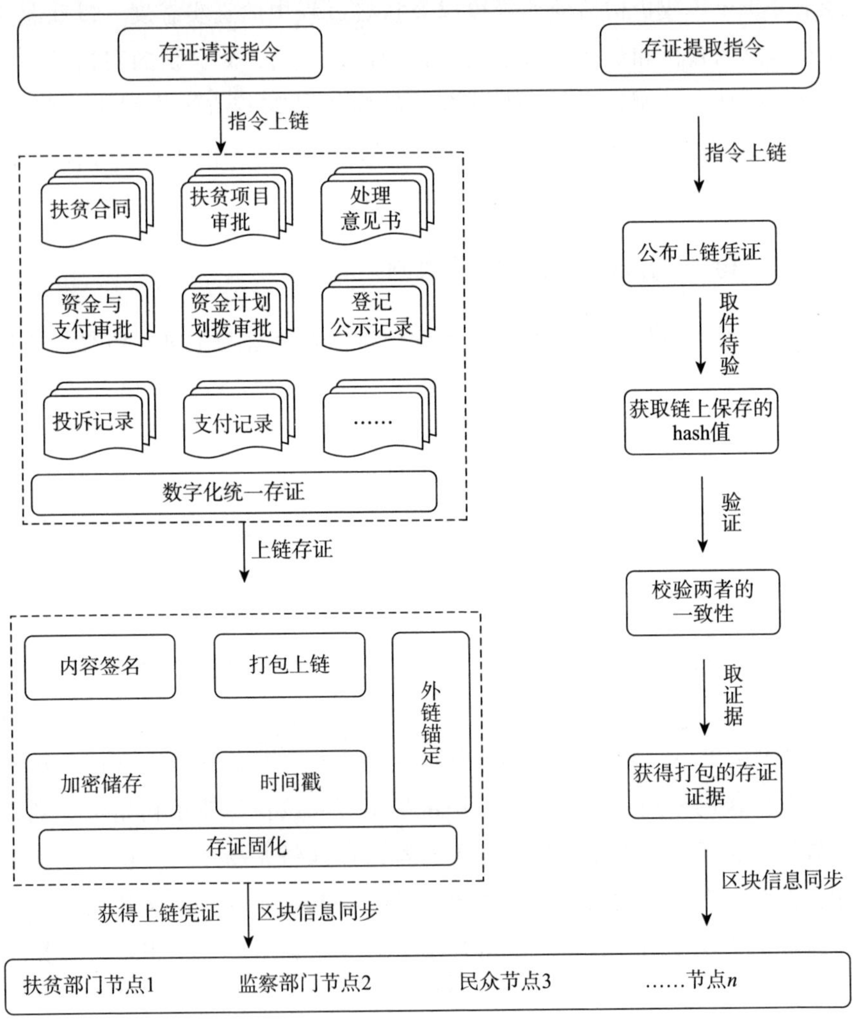


图 9－4　区块链存证问责机制

### 三　配套主权区块链扶贫监管法律制度

新技术的应用，会使曾经依靠法律规制的社会领域被技术规制所替代，技术规制领域出现的新问题还需要法律予以解决。[①] 法律制度不会变得可有可无，它必须与良好的法律框架相结合，才能最大限度地发挥其影响。从某种意义上而言，区块链技术的应用需要更多的监管，而不是更少的政府干预。[②] 因此，主权区块链扶贫监管要真正实施落地乃至走向成熟，跳出法律与监管两个真空地带从而实现可持续发展，不仅需要创新思想理念的支撑，更离不开健全的法律制度规制。为此，第一，应转变理念。应该从扶贫监管主体、扶贫监管范围及扶贫监管方式等多个维度去厘清区块链技术扶贫监管的内涵。扶贫监管的主体应当从单一扶贫部门相应地拓展到贫困户、监察机构以及政府职能部门等；监管范围从原先限定精准识别、帮扶以及扶贫退场等过程，延伸到整个监管链条，从最初的贫苦户识别开始到最终的脱贫发展；监管方式从以政府的命令为主的控制型监管，过渡到行为与功能监管，强调多主体柔性规制。第二，制定法律制度。建议对主权区块链技术应用于扶贫监管进行立法，理顺与现有的法律制度的关系并进行对接，对监管平台所遇到的普遍问题进行界定并以法律形式确定下来，如对区块链技术应用过程中造成的损失、窃取贫困户隐私信息等是否属于网络犯罪，将具体问题用法律制度确定下来，以达到有法可依的目的；明确政府在主权区块链中的法律地位，政府在其中充当背后管理者的角色，对与扶贫过程中的正确价值观相违背的行为，进行干预，从而使干预合法化。第三，政府要加强顶层设计，系统谋划主权区块链在扶贫监管中的应用前景，出台区块链应用于扶贫监管的法律、法规以及相关政策文件。同时，可以在一些扶贫示范区尝试用“监管沙盒”的方式，探索出区块链应用于扶贫监管的法律配套模式，研究出一套实用的应用条例，从而更好地明确各方权责利。

---

① 张静：《区块链技术对民法的影响——以知识产权制度为例》，《现代管理科学》2019年第1期。

② Robert Herian, *Regulating Block Chain: Critical Perspectives in Law and Technology*, London: Routledge, 2019, p. 168.

## 第六节 区块链应用于扶贫过程监管的讨论

区块链技术与扶贫监管相结合，很大程度上能够提高监管的精准化、透明化以及智能化。未来，随着去中心化自治组织（DAO）、去中心化自动企业（DAC）和去中心化应用（DAPP）的发展，区块链技术将成为连接人类与机器的中介，最终逐渐变得更加智能化。因此，我们试图从以下几方面探讨区块链技术与人工智能相结合的可行性，打造一个更加智能化的监管模式。众所皆知，AI（人工智能）应用集数据、算法以及计算能力三大要点于一身，而这些可以和区块链技术数据不可篡改、智能合约等特征进行完美结合。因此，一方面，从应用层着手，区块链技术能够保证所获得的信息不被篡改，使数据真实可靠，在数据层为 AI 运作提供实时可靠的数据，从而为 AI 自动化业务处理和智能化决策传输提供可信的数据；另一方面，数据层将 AI 植入智能合约，使区块链上的智能合约更加智能，因为智能合约本身是实现某种算法的代码，因此，二者之间可以相互兼容。同时，将经 AI 训练的监管模型和全过程运行机制存放在区块链上，可以保证模型与机制的安全性，降低 AI 应用遭受不法分子攻击的风险，而其智能模型能使开发出的应用平台更加智慧化。将二者结合开发出的平台应用于扶贫监管，不仅能够实时记录数据信息、权力痕迹以及数据异常，还具有如下功能：若出现非正常现象，其能够自动地对全网广播详情，告知所有网络节点；同时，能够智能化处理权力异常现象并自动上报给相关的监管机构，对全网节点数据进行分析计算，对可能发生的异常现象进行跟踪预警等。当然，随着人工智能与区块链技术的发展与逐渐成熟，二者结合开发出的智能平台，其扩展性应用领域将不仅仅局限于扶贫领域的监管。因此，人工智能监管，是区块链监管的迭代升级，也是挖掘区块链潜在应用价值的未来方向。

# 第十章 迈向区块链时代的相对贫困治理

根据新华社发布的会议公报，在 2019 年 10 月 31 日闭幕的党的十九届四中全会上，习近平总书记明确指出要建立解决相对贫困的长效机制。这说明，党中央高度重视贫困工作，提出了“解决相对贫困”这一审时度势的反贫困战略。要解决相对贫困，缩小城乡差距、完善社会支持体系、鼓励多元力量参与、健全社会保障制度、阻断贫困代际传递、夯实基本公共服务等举措当然必不可少，但是，运用新技术手段来提高治理的效率，增强治理的效果，也十分重要。区块链，恰是能够担此使命的新兴技术。

## 第一节 区块链治理相对贫困的价值意蕴

研究发现，相对贫困阶段仍然存在“精准识别、精确帮扶、透明监管和科学考核”等方面的问题，而区块链技术对解决这些问题具有无可比拟的优势。区块链技术来源于中本聪发明的比特币。[①] 随后，其重要性日益得到政府和社会的关注，人们将它与人工智能、虚拟现实放在一起，称为影响未来发展的三大并列技术之一。贵阳是较早关注并系统诠释区块链技术的城市，其典型表现是 2016 年 12 月发布的《贵阳区块链发展和应用》白皮书。后来，在 2018 年 5 月召开的“两院”院士大会上习近平总书记指出：“进入 21 世纪以来……新一轮科技革命和产业变革正在重构全球创新版图、重塑全球经济结构。以人工智能、量子信息、移动通信、物联网、区块链为代表的新一代信息技术加速突破应用。”[②] 2019 年 10 月 24 日，习近平同志在中央政治局第十八次集体学习时再次

① 井底望天等主编《区块链与大数据：打造智能经济》，人民邮电出版社，2017，序言第 3 页。

② 《习近平谈治国理政》第 3 卷，外文出版社，2020，第 245 页。

强调："要把区块链作为核心技术自主创新的重要突破口，明确主攻方向，超前规划布局，加大投入力度，着力攻克一批关键核心技术，和，极推动区块链技术多领域、多场景应用。"① 当前，区块链技术与人工智能、物联网、大数据等信息技术深度融合，不断拓展在金融改革、政务服务、社会民生等领域的应用场景，促进信息技术革新、传统产业变革与社会治理创新。同年 10 月召开的党的十九届四中全会更是明确指出，要加快推动区块链技术的应用和产业创新的发展。事实上，这次会议还强调要运用区块链的技术特征，提高社会治理的智能化、精细化和法治化水平。贫困治理是社会治理的重要工作，是区块链技术应用于社会治理的主要场域，因此，从区块链的角度来探讨贫困治理，具有重要的价值和意义。本章所指的基于区块链技术的相对贫困治理，主要是指相对贫困的精准识别、精确帮扶、透明监管和科学评价（见图 10－1）。

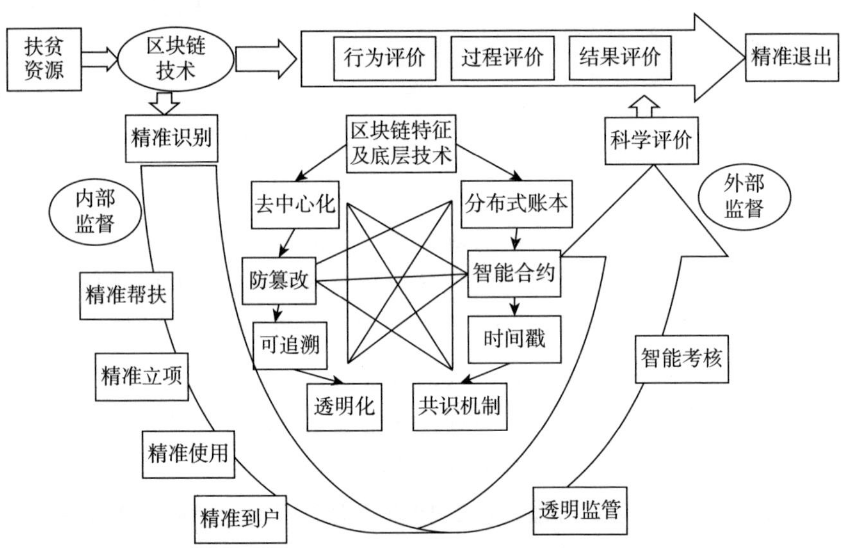


**图 10－1　区块链技术条件下相对贫困治理过程**

学界的相关研究已注意到区块链技术运用到贫困治理的重大意义，主要聚焦于区块链技术应用于贫困治理"识别、帮扶、监管、考核或评估"四大环节的必要性、可行性与困境。例如，湛泳、唐世一指出，可

① 《习近平关于网络强国论述摘编》，中央文献出版社，2021，第 122 页。

以借助区块链技术的“共识机制、防篡改性、可追溯性和共监管”等特征，来优化精准扶贫的全过程，实现扶贫项目和资金的全流程管理。[①]冯果、吴双认为，区块链技术能够迎合扶贫对象的实际尤其是金融需求，多维度识别扶贫对象并建立扶贫诚信体系，有效克服贫困治理面临的“精准化不够”“透明度不高”“监管不到位”等难题。[②] 笔者发现，区块链中的块数据在增强对象识别的精准性、项目安排的针对性、资源配置的有效性和效果评估的科学性方面，有较高的价值。[③] 戚学祥对区块链技术在精准扶贫四个核心环节“识别、帮扶、监管和考核”中的应用优势进行了系统探讨。[④] 虽然区块链是比大数据开放程度更高、共享程度更强的新技术，但将其应用于精准扶贫领域，也会遭遇技术条件未成熟、基础设施不完善、人才资源较匮乏等困境。[⑤]

尽管如此，区块链技术在相对贫困治理中的价值是不容置疑的。之所以如此，是因为共识机制、防篡改机制、共监管机制和可追溯机制是区块链的四大核心机制，这些机制让贫困治理的大数据在一个个块内形成开放、共享、连接的区块，进而产生更大的区块链网状结构，有利于推进相对贫困治理的透明化、智能化、精准化、科学化和公平性，其必将成为2020年后相对贫困治理的主要技术手段和支撑。然而，从现有的研究动态来看，学界研究区块链技术的应用主要涉及市场、金融信任机制建立、部分政府职能的监管机制以及用户信息共享机制等方面，应用于扶贫的研究相对较少。即使有，也主要集中于金融扶贫方面，在相对贫困治理领域几乎是空白，这突显出本书的原创性、前瞻性与重要性。总的来说，本章拟运用区块链技术，在以下几个方面取得突破：一是研究视角从单向度的“内容研究”转向“内容关系”的多维度研究，推

---

① 湛泳、唐世一：《区块链技术促进精准扶贫的创新机制研究》，《宁夏社会科学》2018年第3期。

② 冯果、吴双：《技法融合：应用区块链实现金融精准扶贫的法治进路》，《上海政法学院学报》（法治论丛）2018年第2期。

③ 谢治菊：《块数据在农村精准扶贫中的应用及反思——兼与“条时代”大数据应用相比较》，《南京农业大学学报》（社会科学版）2017年第5期。

④ 戚学祥：《精准扶贫+区块链：应用优势与潜在挑战》，《理论与改革》2019年第5期。

⑤ 胥爱欢、李红燕：《区块链技术在我国金融精准扶贫领域的应用》，《金融理论探索》2017年第5期。

动贫困治理成为一门多学科交叉融合研究的领域；二是研究重点从现有的相对贫困理论体系建构与政策设计，转向技术介入的价值探讨与实践路径，转向区块链技术介入贫困治理的必要性、重要性、必然性与应用性；三是研究方法从经验研究、传统研究走向基于区块链的大数据扶贫研究，重点在于构建基于区块链的相对贫困识别、匹配、监管与评价机制。

## 第二节 相对贫困的核心要素及治理特征

贫困是个体不能维持正常物质生活和精神生活的一种状态，有制度成因，也有非制度成因。随着经济社会的发展，贫富分化带来的相对排斥和相对剥夺问题越发明显。① 这让人们意识到，吃不饱、穿不暖仅仅是贫困的基本问题，那些在物质、精神和生活条件上比他人匮乏的人，也是贫困者，是相对贫困者。② 而相对贫困不仅是以收入、消费来衡量经济福利的方式③，其更多地强调一种脆弱性、无发言权、社会排斥等社会层面的“相对剥夺感”，重点表现在收入差距的不断拉大导致部分低收入人口在资源配置、市场竞争、社会参与、生产生活、个人权利等方面的边缘化和弱势化。④ 可见，不论从哪个角度看，相对贫困都涉及个体的主观感受，并反映了个体对贫困认知的发展过程。⑤ 可以认为，与其说相对贫困与财富、收入在不同阶层之间的分配有关，还不如说与个人的价值观和获得感紧密相连。⑥ 因此，相对贫困的标准会

---

① 刘欢：《从绝对到相对转变视域下的中国农村脱贫新探析——基于精准扶贫背景的分析》，《软科学》2017 年第 5 期。

② S. A. Stouffer et al. , *The American Soldier*: *Adjustment to Army Life*, Princeton, N J: Princeton University Press, 1949, p. 56.

③ 乌德亚·瓦格尔：《贫困再思考：定义和衡量》，刘亚秋译，《国际社会科学杂志》（中文版）2019 年第 3 期。

④ 张永丽、徐腊梅：《中国农村贫困性质的转变及 2020 年后反贫困政策方向》，《西北师范大学学报》（社会科学版）2019 年第 5 期。

⑤ 关信平：《论现阶段我国贫困的复杂性及反贫困行动的长期性》，《社会科学辑刊》2018 年第 1 期。

⑥ 高强、孔祥智：《论相对贫困的内涵、特点难点及应对之策》，《新疆师范大学学报》（哲学社会科学版）2020 年第 3 期。

随着社会经济发展、个体收入水平的变化而变化，具有较强的主观性。

为何2020年后，我国的贫困治理要从绝对贫困转向相对贫困？首先，就应然状态而言，贫困与人类社会的分化是相伴而生的，只要社会分化和社会分层难以消失，贫困问题就会存在，只不过其发生的概率，在经济条件越好的国家越低罢了。其次，从实然状态来看，随着经济的增长和社会的进步，贫困的标准会处于动态调整中。正所谓“贫困是一个难以捉摸的、模糊的、不断变化的概念”①，“相对贫困是永恒存在的，是更为真实的贫困表现形式，并受城乡一体化、劳动力流动和产业布局不均衡等因素的影响”。② 再次，如果按照“一达标两不愁三保障”的脱贫标准，“一达标两不愁”容易实现，但“教育、医疗、住房”“三保障”涉及顶层的体制机制问题，难以在短时间内完全有效实现，故相对贫困人口会长期存在。更有甚者指出，贫困线的调整本身就意味着贫困人口的动态变化。③ 最后，从社会建构的角度来看，相对贫困产生于相对剥夺感，这种感觉是个体在与他人的比较中产生的一种主观感受。正因如此，随着绝对贫困的逐渐消失，理论界与实务界对2020年后贫困问题的基本共识是“相对贫困将会成为扶贫开发的重点”。正如张永丽和徐腊梅所指出的，2020年后，中国的反贫困政策将从收入贫困向多维贫困、从绝对贫困向相对贫困转变。④

既然相对贫困是2020年后的贫困状态，那么，相对贫困的测量标准是什么呢？研究发现，相对贫困线越来越多地被用于贫困比较研究中，现有的测量方法既有独立的相对贫困线分布，又有比较独立的相对贫困线衡量。⑤ 按照国际标准，相对贫困的测量一般以社会中位收入的某个比例为标准，例如，欧盟成员国的相对贫困标准是中位收入的60%，世

---

① 谭诗斌：《现代贫困学导论》，湖北人民出版社，2012，第25页。

② 孙久文、夏添：《中国扶贫战略与2020年后相对贫困线划定——基于理论、政策和数据的分析》，《中国农村经济》2019年第10期。

③ 鲜祖德等：《中国农村贫困标准与贫困监测》，《统计研究》2016年第9期。

④ 张永丽、徐腊梅：《中国农村贫困性质的转变及2020年后反贫困政策方向》，《西北师范大学学报》（社会科学版）2019年第5期。

⑤ T. Mehdi, “Poverty Comparisons with Common Relative Poverty Lines,” *Communications In Statistics-Theory And Methods* 4 (2017): 2029 - 2036.

界银行的标准是中位收入的三分之一，有的是中位收入的一半。[①] 其中，将中位收入的一半作为相对贫困线的标准，被越来越多地应用于贫困研究中。有人提出了一种综合考核绝对贫困和相对贫困的多维方法，该方法除了有利于相对贫困的判断之外，还可以选择一种权数来汇总经济增长对穷人的影响以及绝对贫困线和相对贫困线的范围，这一测试适用于5个中等收入和4个低收入非洲国家的分配变化，这些国家在过去20年中经历了不同的增长影响。[②] 有人提出从模糊法的角度来测量相对贫困，该方法将“剥夺感”这一维度引入到分析中，也就是通过适当加权“剥夺感”这一指标来修正相对贫困测量的分散性和相关性。[③] 有人引入了生活标准概念，作为衡量相对贫困的另一种方法，并将其解释能力与基于收入的贫困量度在德国人口主观健康状况方面进行比较。[④] 另有人从健康状况和主观幸福感的角度，对相对贫困进行了间接测量。例如，有学者测量了孟加拉国农村居民的主观幸福感，进而探讨其对相对贫困的影响。结果表明，过去几年，与邻居相比，当收入增加的时候，被调查者的满意度是增加的，相反满意度是下降的。当用被调查者的绝对收入而非相对收入来比较的时候，这样的影响却不显著，这说明，居民的主观幸福感对相对贫困是有影响的。[⑤] M. Saito 等利用日本老年学评估研究（JAGES）的数据进行横断面分析，这些数据来自日本24个市镇具有独立功能的65岁居民，他们用三个维度的13个项目来考核物质条件的相对剥夺感，结果发现，大约28%的日本老年人表示，他们缺乏一些生活必需品（非货币贫困）。回归分析显示，相对贫困与男性和女性的自评健康差与抑郁症状有关，这些关系比生活在相对贫困（经济贫困）中的

① 李永友、沈坤荣：《财政支出结构、相对贫困与经济增长》，《管理世界》2007年第11期。

② S. Bibi, J. Y. Duclos, A. Verdierchouchane, “Assessing Absolute and Relative Pro-poor Growth, with an Application to Selected African Countries,” *Social Science Electronic Publishing* 7 (2015): 1-43.

③ G. Betti, V. Verma, “Fuzzy Measures of the Incidence of Relative Poverty and Deprivation: A Multi-dimensional Perspective,” *Statistical Methods & Applications* 2 (2008): 225-250.

④ T. K. Pfoertner et al., “Income or Living Standard and Health in Germany: Different ways of Measurement of Relative Poverty with Regard to Self-rated Health,” *International Journal of Public Health* 4 (2011): 373-384.

⑤ M. N. Asadullah, N. Chaudhury, “Subjective Well-being and Relative Poverty in Rural Bangladesh,” *Journal of Economic Psychology* 5 (2012): 940-950.

人要强。由此认为，作为健康的社会决定因素之一，贫困应该从一个多层面的角度来评估，不仅应包括货币状况，还应包括作为物质基础的非货币条件。[①]

在相对贫困阶段，贫困治理具有如下特征。一是贫困人口结构会发生变化。相对贫困阶段的贫困人口，是指低于社会中位收入或平均收入某个比例的人群。这群人中，有一部分是精准扶贫阶段的临界贫困人口，有一部分是通过政府兜底暂时脱贫的“老弱病残”人群和因病、因残、因学、因灾等问题重新返贫的人群，另有一部分“懒人”，还有一部分因城乡救助标准不统一而游离在城乡之间的边缘人口。要对这几部分人群进行精准帮扶，对他们的家庭和子女进行系统救助，就应该使用更加精准的技术工具。[②] 二是减贫工作从运动式走向常规化治理。2020 年以后，像“第一书记”“扶贫工作队”这样的帮扶主体撤出后，现行体制下独立的部门管理和分割的部门利益难以有效发挥扶贫资源的效益。在此背景下，如何保持扶贫政策的连贯性与扶贫成效的可持续性，值得深思，这就必然要求贫困治理工作从运动式向常规化转变。三是贫困治理模式将从碎片化走向协同治理。贫困问题是一个整体性问题，而不是单单的经济问题，这就要求摒弃碎片化的治理模式，探索多部门共同参与、协同治理的新模式。过去精准扶贫治理也是全社会高度协同参与的治理，但这种参与行政性色彩浓厚，亟须将其内化为一种常态化的治理结构，进行制度层面的创建和供给侧结构的改革。四是减贫工作的多维性比较明显。相对贫困阶段的多维性主要体现在以下五个方面：致贫原因更加复杂和多元，减贫目标是解决相对贫困户的医疗、卫生、教育、健康、养老等综合问题，对象以转型贫困群体和潜在贫困群体为主，减贫过程由注重数量向注重质量和贫困户的获得感转变，减贫驱动力由外力推动向外在帮扶与内生发展并重转变。[③] 五是注重分类施策。相对贫困阶段，减贫战略应走向城乡一体化，更多关注特殊困难群体，并

---

① M. Saito et al.,“Relative Deprivation, Poverty, and Subjective Health: JAGES Cross-Sectional Study,” *PLOS ONE* 10 (2014): 1 - 9.

② 孙久文、夏添：《中国扶贫战略与 2020 年后相对贫困线划定——基于理论、政策和数据的分析》，《中国农村经济》2019 年第 10 期。

③ 孙久文等：《我国集中连片特困地区的战略判断与发展建议》，《管理世界》2019 年第 10 期。

对提升脱贫群体向上流动的能力采取开发式减贫举措，对特殊群体采取精准式减贫政策，还应采取综合措施解决城乡一体化进程中的“真空地带”。[①]

## 第三节 区块链治理相对贫困的未来面向

目前，我国的相对贫困治理呈现“多元化的外力援助”与“自发式的内生动力”并存、“笼统式的整体扶贫”与“特殊性的具体案例”呼应、“‘一刀切’的扶贫方式”与“个性化的扶贫需求”结合等特征。但相对贫困治理是一个系统、长期、缓慢的过程，各环节之间的协作共进、合作共生关系，使得任何一个环节出错，都将影响整体治理成效。而作为一种新兴的信息技术，区块链技术将为建立解决相对贫困的长效治理机制提供技术支撑与分析工具。与大数据技术相比，区块链技术应用于相对贫困治理的优势在于：让识别更加精准、帮扶更加精确、监管更加透明、考核更加科学（见图 10－2）。

### 一 利用区块链技术精准识别治理对象

传统的贫困对象识别是以民主评议、建档立卡为主，这可能存在两个明显的缺陷：前者带有情感倾向，后者易产生造假行为。这就需要运用区块链技术来精准识别。区块链技术为何能做到精准识别？因为区块链技术可以通过以下方式来识别。第一，身份识别。为弄清识别对象的贫困程度、贫困原因和贫困类别，可以建立基于区块链技术的大数据管理平台，扶贫工作者需要将所有待选的贫困户以及相关的数据及时准确地录入区块链技术系统，这些数据不仅要包括他们的收入和支出等显性量化指标，还要结合贫困成因的其他相关数据，如存款、医疗、劳动力人口等其他隐私指标，让扶贫干部适时掌握贫困人口的动态情况，作出科学决策，实现贫困人口识别的精准化。第二，溯源识别。区块链技术可追溯、防篡改的特征以及具有共识机制的底层技术，可使识别中的数

---

① 汪三贵、曾小溪：《后 2020 贫困问题初探》，《河海大学学报》（哲学社会科学版）2018 年第 2 期。

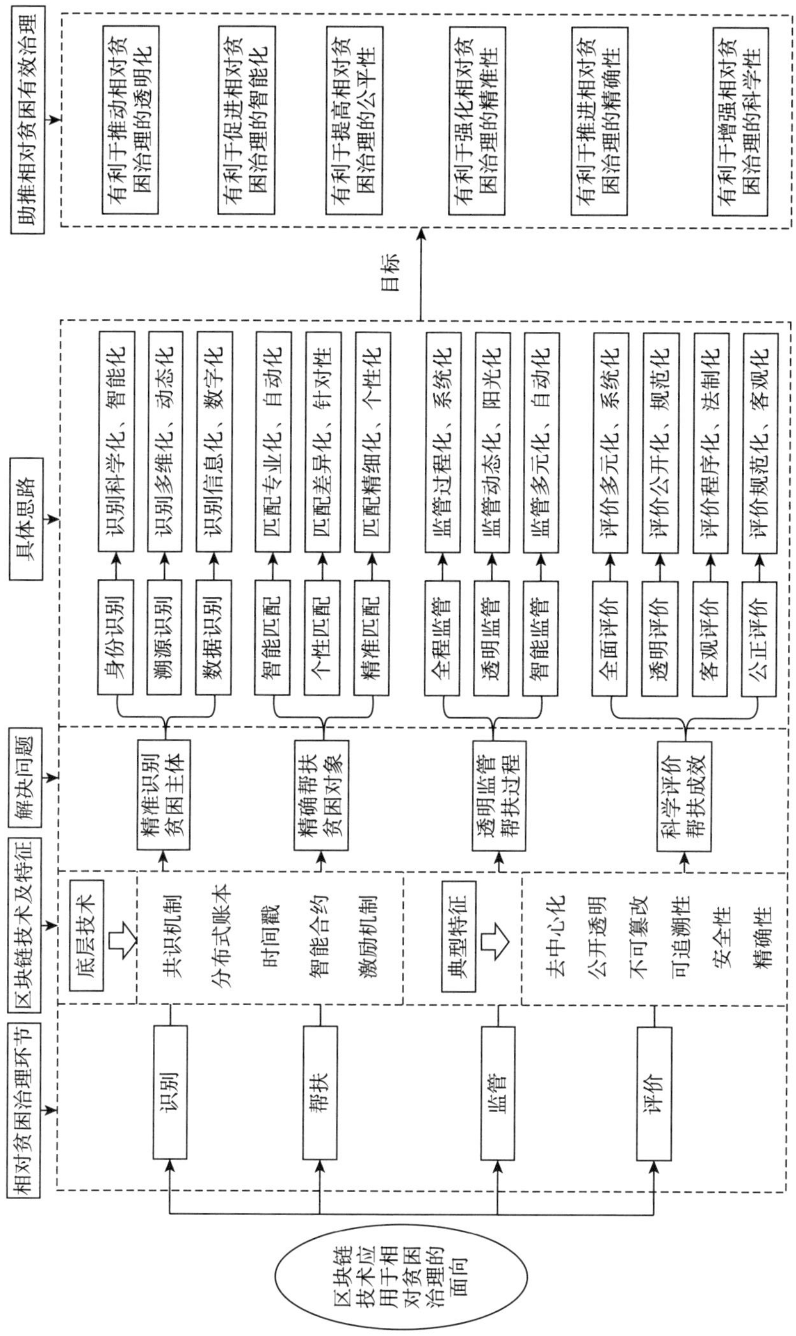


**图 10－2　区块链治理相对贫困的未来面向**

据采集、民主评议、建档立卡、评估审核等每个环节，都进行透明化、规范化操作。然后，区块链技术的可追溯性可以保证识别的多维性与动态性优势，将符合进入和退出条件的贫困户信息都记录在数据链上，确保进入和退出的精准性。第三，数据识别。数据识别的前提条件是数据的完整性、可靠性与科学性。基于区块链技术的大数据平台，可以让房管、社保、税务、民政、工商等领域的数据信息实现共享，可以防止记录被篡改，实现数据平台的真正融合。同时，利用区块链“去中心化”形成的共识机制，综合考虑贫困户的收入、支出、健康、教育以及劳动力人口等数据，与相对贫困标准进行综合比较评判，采用多维动态标准识别贫困户，可以真正做到识别的数字化与信息化，确保识别的精准性。

## 二 利用区块链技术精确匹配治理资源

资金、项目和人员是相对贫困治理的重要资源，但无论是资金、项目还是人员，区块链技术都能增强其匹配的有效性。因为在相对贫困治理过程中，区块链技术的可追溯机制可以实时记录扶贫数据，有效聚合致贫原因，关联分析致贫信息，及时传递政策精神，这可以让贫困人口的帮扶需求得到及时关注，让相对贫困治理信息得到及时更新，从而提高资源匹配的有效性。具体来说，区块链技术可以实现治理资金的智能匹配、治理项目的个性匹配、治理人员的精准匹配。第一，智能匹配扶贫资金。建立基于区块链技术的大数据平台时，可在帮扶资金模块设立专门的程序代码，通过程序代码设定帮扶资金的使用、流向、转换和限制规则，进而实现资金的自动化拨款、智能化匹配和全程化追踪。第二，个性匹配扶贫项目。由于缺乏到户机制和对致贫原因、扶贫需求的了解，传统的扶贫项目往往难以到户，例如，极贫人口无法承担产业项目和危房改造配套资金，也无力在金融扶贫中提供抵押和担保。区块链技术能在一定程度上解决此问题，因为基于区块链技术的数据组合在空间呈网状分布，可以实现因人施法、因户施策、因村施略，开展针对性、差异化、个性化的帮扶项目。第三，精准匹配帮扶干部。由于信息不对称、帮扶机制有差异，帮扶干部的工作经验、知识文化难以有效转化为帮扶资源，在脱贫攻坚战场上发挥作用。区块链技术可将干部的基本情况、知识背景、专业特长、学历状况和工作经验等记录在节点上；然后，通过自动匹配贫困村的贫困诱因和帮扶需求，精准选拔扶贫干部；进而，对照帮扶对象的条件，强化帮扶设计，细化帮扶方案，补齐帮扶短板，培训帮扶技能，培育帮扶责任，最终实现人员的精准匹配。

## 三　利用区块链技术精细监管治理过程

扶贫资金的使用状况直接关系到精准扶贫的效率和效果，涉及扶贫资金的投入、分配、拨付、使用等环节。将区块链技术应用于相对贫困治理，其核心在于“共监管”，共监管的意思是指，每个链条节点上的人，既是参与者又是监管者，既是信息供给者又是信息把关者，即共同监管、共同治理。这样一来，数据运行的技术风险、伦理风险、信用风险、信息风险等安全风险，都将最大限度地被扼杀在摇篮中。具体来说，区块链技术的精细监管，主要体现在三个方面。第一，全程监管。传统的贫困治理模式容易出现资源使用的“优亲厚友、违法违规”现象，区块链技术的“去中心化”“防篡改”“可追溯性”等特征，说明每个节点都是中央问责器，整个链条没有一个中心控制程序，各区块输入的信息就可以被其他区块查验，能够促进区块间的相互沟通，实现治理过程的全程监管。第二，透明监管。在区块链技术条件下，相关参与方可通过分布式账本，深度查看、实时记录与动态追踪扶贫资金的使用明细和扶贫项目的运行情况；还可利用区块链的共识机制，广泛动员节点人口，有效募集扶贫资金，深度参与监管过程，时时跟踪资金流向，真正实现资金使用的公开化与透明化。第三，智能监管。通过创建“双链”即“监管链与扶贫链”来实现治理过程的智能监管。监管链用于记录帮扶过程，区块链技术的公开透明和不可篡改性可以保证帮扶主体在帮扶过程中的行为真实可靠；扶贫链用于记录贫困群体的信息及所需资源，与监管链相区分。通过跨链对比，即对比监管链中的帮扶记录和扶贫链中贫困群体的综合信息及所需的帮扶资源，最大限度地发挥扶贫资源的效益，提升扶贫资源使用的透明度，及时做好风险防范，减少返贫率，实现监管的智能化。

## 四　利用区块链技术科学考核治理结果

目前的扶贫考核容易导致信息失真和考核结果不公开，影响扶贫工作的进展，也使得基层政府更看重上级的考核工作，而非实践意义上的扶贫工作，把更多的精力放在准备材料、核对数据、文本汇报等方面。区块链技术主要通过以下途径实现考核的科学化。第一，全面考核。将区块链技术运用于相对贫困治理成效的考核，除了传统的自上而下的考核方式外，还可把社会意见纳入考核体系，考核内容更加重视贫困户的切身感受和扶贫干部的真实声音，让人民群众为扶贫干部、村干部和扶贫工作"打分"，从而形成多元主体、多元渠道、多维指标的考核体系，系统、全面、客观呈现考核标准、考核内容和考核结果。第二，透明考核。区块链技术条件下的考核机制，参与主体是多元的，有扶贫对象、扶贫干部、社会组织、上级部门等；考核标准、内容、过程和结果也在各节点人员和社会公众的监督之下，这能够提高考核结果的透明度。第三，客观考核。近年来，"被脱贫""假脱贫""数字脱贫""脱贫数字"等问题深深地困扰着脱贫攻坚工作，这些贫困治理中的形式主义与科学评价标准的缺乏、客观考核依据的缺位和系统考核手段的缺失有莫大的关系，影响贫困人口有序进出。前述提及，区块链技术可让贫困治理的全过程形成一组真实、可靠、可追溯的数据，而这些数据的更改，需要超过全网节点51%的人同意。如有人私自更改或更改时节点同意人数没过半，更改的行为就会在全网广播，这就可以有效防止伪造数据、虚假指标等问题，实现对扶贫工作的全程记录、真实记录和动态记录，确保考核结果的客观性。第四，公正考核。区块链技术可利用现有的技术特性，打破目前只对"帮扶责任人"进行考核的局限，同时对受扶人尤其是弄虚作假和懒人群体进行考核，这有利于激发贫困户的内生动力，实现考核的公正性。

当然，任何技术的发展，都会带来一定的应用风险。区块链的应用风险随着区块链等信息技术的发展、应用领域的延伸以及社会认知与控制程度的加深而逐渐显现，区块链应用于相对贫困治理的风险，主要有技术风险、社会风险、法律风险和政治风险。在技术风险方面，区块链自身的技术缺陷所引发的内部风险以及物联网、量子计算、人工智能等先进技术的快速发展带给区块链应用的外部风险，比较明显；在社会风险方面，区块链技术与社会系统中的某些因子如人口、资源、财富、文化、习俗等结合以后，会引发社会问题，产生社会矛盾；在法律风险方面，区块链技术是新兴技术，目前的使用还处于无法可依的状态；在政治风险方面，区块链技术的“去中心化”特征与我国权力高度集中的政治体制相悖，因此将“去中心化”的区块链技术应用于贫困治理领域，具有一定的政治风险。[①] 仔细思考，上述风险有些是可预判、可认知、可管控的。因此，应加强区块链技术应用于贫困治理领域的风险预判与危机预警，这样才能有效控制区块链技术的危害性和破坏力，继而发挥区块链的技术优势。为了做到这一点，需要有以下的保障路径：一是健全法律法规体系，优化政策设计，让区块链技术的应用、数据的开放共享、被监管者的隐私保护等都有法可依、有据可查；二是建立基于区块链技术的精准扶贫大数据平台，按照区块链技术的要求，优化数据标准、数据结构和数据格式，实现区块链大数据平台与原有大数据平台的无缝对接；三是加强区块链人才队伍建设，强化决策者的区块链意识，培育执政者的区块链素养，提升监管者的区块链水平，培训扶贫者的区块链技术，增加受益者的区块链知识；四是营造大数据、区块链、人工智能、云计算等新技术应用的文化环境，为区块链应用于相对贫困治理提供保障。

① 戚学祥：《超越风险：区块链技术的应用风险及其治理》，《南京社会科学》2020年第1期。

# 参考文献

## 一　中文著作

阿马蒂亚·森：《以自由看待发展》，任赜、于真译，中国人民大学出版社，2002。

安东尼·吉登斯：《民族—国家与暴力》，胡宗泽等译，生活·读书·新知三联书店，1998。

安东尼·吉登斯：《亲密关系的变革——现代社会中的性、爱和爱欲》，陈永国、汪民安等译，社会科学文献出版社，2001。

陈刚：《块数据的理论创新与实践探索》，《中国科技论坛》2015 年第 4 期。

《陈云文选》第 2 卷，人民出版社，1995。

陈振明等：《政府工具导论》，北京大学出版社，2009。

陈振明主编《公共政策分析》，中国人民大学出版社，2003。

达雷尔·韦斯特：《数字政府：技术与公共领域绩效》，郑钟扬译，科学出版社，2011。

大数据战略重点实验室：《块数据 2.0：大数据时代的范式革命》，中信出版社，2016。

大数据战略重点实验室：《块数据 3.0：秩序互联网与主权区块链》，中信出版社，2017。

大数据战略重点实验室：《块数据：大数据时代真正到来的标志》，中信出版社，2015。

大数据战略重点实验室：《重新定义大数据——改变未来的十大驱动力》，机械工业出版社，2017。

格雷厄姆·沃拉斯：《政治中的人性》，朱曾汶译，商务印书馆，1995。

亨利·勒菲弗：《空间与政治》，李春译，上海人民出版社，2008。

胡颖峰：《论吉登斯的生活政治观》，《社会科学辑刊》2009 年第 4 期。

黄仁宇：《万历十五年》，生活·读书·新知三联书店，1997。

霍布斯：《利维坦》，黎思复、黎廷弼译，商务印书馆，1985。

加迈克尔·豪利特、M. 拉米什：《公共政策研究：政策循环与政策子系统》，庞诗等译，生活·读书·新知三联书店，2006。

井底望天等主编《区块链与大数据：打造智能经济》，人民邮电出版社，2017。

克里斯·安德森：《长尾理论 2.0》，乔江涛、石晓燕译，中信出版社，2009。

拉塞尔·M. 林登：《无缝隙政府——公共部门再造指南》，汪大海、吴群芳等译，中国人民大学出版社，2002。

李普斯基：《基层官僚：公职人员的困境》，苏文贤、江吟梓译，台湾学富文化事业有限公司，2010。

《马克思恩格斯选集》第 2 卷，人民出版社，1995。

马克斯·H. 布瓦索：《信息空间：认识组织、制度和文化的一种框架》，王寅通译，上海译文出版社，2000。

马克斯·韦伯：《马克斯·韦伯社会学文集》，阎克文译，人民出版社，2010。

马克斯·韦伯：《支配社会学》，康乐、简惠美译，广西师范大学出版社，2010。

马梅、朱晓明、周金黄、季家友、陈宇：《支付革命——互联网时代的第三方支付》，中信出版社，2014。

米歇尔·福柯：《规训与惩罚》，刘北成、杨远婴译，生活·读书·新知三联书店，2007。

欧文·E. 休斯：《公共管理导论》，张成福、马子博等，中国人民大学出版社，2015。

全钟燮：《公共行政的社会建构：解释与批判》，孙柏瑛等译，北京大学出版社，2008。

日本日立东大实验室：《社会 5.0：以人为中心的超级智能社会》，沈丁心译，机械工业出版社，2020。

孙建北：《贫困与扶贫》，中共中央党校出版社，2004。

谭诗斌：《现代贫困学导论》，湖北人民出版社，2012。

特里·L. 库珀：《行政伦理学：实现行政责任的途径》，张秀琴译，中国人民大学出版社，2010。

涂子沛：《数据之巅：大数据革命，历史、现实与未来》，中信出版社，2014。

王曙光：《中国扶贫：制度创新与理论演变（1949—2020）》，商务印书馆，2020。

维克多·迈尔-舍恩伯格、肯尼思·库克耶：《大数据时代：生活、工作与思维的大变革》，盛杨燕、周涛译，浙江人民出版社，2013。

文建龙：《中国共产党与中国扶贫事业——改革开放以来扶贫重心转移的路径与动因》，社会科学文献出版社，2018。

习近平：《摆脱贫困》，福建人民出版社，2014。

《习近平扶贫论述摘编》，中央文献出版社，2018。

许建兵、宋喜存、李慧芳主编《公共政策分析》，吉林大学出版社，2016。

薛泽通：《当代中国基层公务员的心态建设》，中共中央党校出版社，2007。

严强主编《公共政策学》，社会科学文献出版社，2008。

叶广俊主编《现代儿童少年卫生学》，人民卫生出版社，1999。

张岩松：《发展与中国农村反贫困》，中国财政经济出版社，2004。

赵国栋等：《大数据时代的历史机遇——产业变革与数据科学》，清华大学出版社，2013。

郑建君：《基层公务员心理状况实证研究》，中国社会科学出版社，2013。

## 二 中文论文

IUD 中国领导决策案例研究中心：《甘肃精准扶贫大数据平台建设走在最前列》，《领导决策信息》2015 年第 47 期。

阿班·毛力提汗：《中国共产党反贫困理论与实践》，《毛泽东邓小平理论研究》2006 年第 11 期。

白永秀、宁启：《易地扶贫搬迁机制体系研究》，《西北大学学报》（哲学社会科学版）2018 年第 4 期。

蔡玉卿：《大数据驱动式社会监督：内涵、机制与路径》，《河南社会科学》2019 年第 8 期。

曹燕:《政策工具视角下的基础教育公平:回顾与前瞻——基于1979—2016年基础教育公平政策的文本分析》,《教育科学》2017年第4期。

陈爱雪、刘艳:《层次分析法的我国精准扶贫实施绩效评价研究》,《华侨大学学报》(哲学社会科学版)2017年第1期。

陈大超、迟爽:《改革开放以来我国高校师德政策变迁的文本分析——基于政策工具视角》,《现代教育管理》2020年第7期。

陈恩伦、陈亮:《教育信息化观照下的贫困地区教育精准扶贫模式探究》,《中国电化教育》2017年第3期。

陈恩伦、郭璨:《以教师精准培训推动教育精准扶贫》,《中国教育学刊》2018年第1期。

陈刚:《块数据的理论创新与实践探索》,《中国科技论坛》2015年第4期。

陈冠宇、张劲松:《弥合数据、精准、扶贫之间的链接缝隙——精准扶贫第三方评估大数据运用及发展》,《上海行政学院学报》2018年第6期。

陈辉:《社会工作参与精准扶贫的路径选择》,《中共福建省委党校学报》2017年第3期。

陈家建:《项目制与基层政府动员——对社会管理项目化运作的社会学考察》,《中国社会科学》2013年第2期。

陈升、刘泽:《大数据驱动下的政府治理机制研究:以精准扶贫为例》,《重庆大学学报》(社会科学版)2019年第6期。

陈潭:《大数据驱动社会治理的创新转向》,《行政论坛》2016年第6期。

陈潭、杨孟:《"互联网+"与"大数据×"驱动下国家治理的权力嬗变》,《新疆师范大学学报》(哲学社会科学版)2016年第5期。

陈向明、王志明:《义务教育阶段教师培训调查:现状、问题与建议》,《开放教育研究》2013年第4期。

陈振明、和经纬:《政策工具研究的新进展》,《东南学术》2006年第6期。

代蕊华、于璇:《教育精准扶贫:困境与治理路径》,《教育发展研究》2017年第7期。

戴玉：《“公务员辞职潮”来了吗?》，《南风窗》2015 年第 8 期。

邓金霞：《多重转型社会公务员通用能力新增长点探索》，《行政论坛》2016 年第 3 期。

邓维杰：《精准扶贫的难点、对策与路径选择》，《农村经济》2014 年第 6 期。

杜宇骁等：《哈佛大学 Datatags 数据分级系统研究及启示》，《图书馆杂志》2019 年第 8 期。

段从宇、伊继东：《教育精准扶贫的内涵、要素及实现路径》，《教育与经济》2018 年第 5 期。

段鹏、孙宗一、董新凯：《大数据助推扶贫监管的创新模式与有效路径探析——以江苏省为例》，《现代管理科学》2018 年第 12 期。

鄂璠：《当“S 学生”遇到“Y 老师”：用凌云方法破解壮“智”难题》，《小康》2018 年第 6 期。

樊博：《推进开放政府数据：提升政府部门大数据能力》，《学海》2018 年第 2 期。

樊博、陈璐：《政府部门的大数据能力研究——基于组织层面的视角》，《公共行政评论》2017 年第 1 期。

房玥晖等：《2010—2012 年中国 6～17 岁儿童青少年生长迟缓和消瘦状况》，《卫生研究》2018 年第 1 期。

封清云等：《大数据支持的甘肃省教育精准扶贫科学决策研究》，《电化教育研究》2017 年第 12 期。

冯果、吴双：《技法融合：应用区块链实现金融精准扶贫的法治进路》，《上海政法学院学报》（法治论丛）2018 年第 2 期。

付少平、赵晓峰：《精准扶贫视角下的移民生计空间再塑造研究》，《南京农业大学学报》（社会科学版）2015 年第 6 期。

傅树京：《构建与教师专业发展阶段相适应的培训模式》，《教育理论与实践》2003 年第 6 期。

高聪颖：《扶贫搬迁安置区农民可持续生计问题研究》，《中共福建省委党校学报》2016 年第 9 期。

高亢、赵晓辉：《推进大数据战略构筑网络强国——专访国家信息化专家咨询委员会委员宁家骏》，《中国产经》2015 年第 12 期。

高莉娟、王斌:《贫困地区精准教育扶贫的实现机制探究》,《未来与发展》2017 年第 11 期。

高奇琦、陈建林:《大数据公共治理:思维、构成与操作化》,《人文杂志》2016 年第 6 期。

高奇琦、阙天南:《区块链在城市治理中的空间与前景》,《电子政务》2020 年第 1 期。

高强、孔祥智:《论相对贫困的内涵、特点难点及应对之策》,《新疆师范大学学报》(哲学社会科学版)2020 年第 3 期。

高书国:《大数据时代的数据困惑——教育研究的数据困境》,《教育科学研究》2015 年第 1 期。

高小平:《借助大数据科技力量寻求国家治理变革创新》,《中国行政管理》2015 年第 10 期。

龚云:《十八大以来公务员心态有何变化》,《人民论坛》2017 年第 8 期。

苟天来、唐丽霞、王军强:《国外社会组织参与扶贫的经验和启示》,《经济社会体制比较》2016 年第 4 期。

顾小清、黄景碧、朱元锟:《让数据说话:决策支持系统在教育中的应用》,《开放教育研究》2010 年第 5 期。

关信平:《论现阶段我国贫困的复杂性及反贫困行动的长期性》,《社会科学辑刊》2018 年第 1 期。

管汉晖、刘冲、辛星:《中国的工业化:过去与现在(1887—2017)》,《经济学报》2020 年第 3 期。

郭倩、刘英:《区块链技术助力乡村产业振兴的应用研究》,《中国市场》2021 年第 7 期。

王军、吴海燕:《“互联网 +”背景下精准扶贫新方式研究》,《改革与战略》2016 年第 12 期。

韩兆柱、杨洋:《整体性治理理论研究及应用》,《教学与研究》2013 年第 6 期。

韩志明:《从“互联网 +”到“区块链 +”:技术驱动社会治理的信息逻辑》,《行政论坛》2020 年第 4 期。

韩志明:《治理技术及其运作逻辑——理解国家治理的技术维度》,《社会科学》2020 年第 10 期。

何华征：《论大数据时代精准扶贫的数据伦理问题》，《现代经济探讨》2019 年第 7 期。

何玲玲、付秋梅：《政策工具视角下中国精准扶贫政策文本量化分析》，《江汉大学学报》（社会科学版）2020 年第 4 期。

何秀荣：《改革 40 年的农村反贫困认识与后脱贫战略前瞻》，《农村经济》2018 年第 11 期。

胡鞍钢、童旭光：《中国减贫理论与实践——青海视角》，《清华大学学报》（哲学社会科学版）2010 年第 4 期。

胡键：《大数据与公共管理变革》，《行政论坛》2016 年第 6 期。

胡兰：《农村教育精准扶贫推进策略研究》，《中国成人教育》2018 年第 16 期。

胡业飞、孙华俊：《政府信息公开与数据开放的关联及治理逻辑辨析——基于"政府—市场—社会"关系变迁视角》，《中国行政管理》2021 年第 2 期。

胡志平：《精准扶贫：文献综述及研究展望》，《上海行政学院学报》2019 年第 3 期。

黄承伟：《中国扶贫开发道路研究：评述与展望》，《中国农业大学学报》（社会科学版）2016 年第 5 期。

黄萃、赵培强、苏竣：《基于政策工具视角的我国少数民族双语教育政策文本量化研究》，《清华大学教育研究》2015 年第 5 期。

黄红华：《政策工具理论的兴起及其在中国的发展》，《社会科学》2010 年第 4 期。

黄健：《大数据推进教育精准扶贫》，《中国教育网络》2018 年第 5 期。

黄巨臣：《农村教育扶贫"项目制"：运作逻辑、执行困境及应对策略》，《宁夏社会科学》2018 年第 2 期。

黄少安：《改革开放 40 年中国农村发展战略的阶段性演变及其理论总结》，《经济研究》2018 年第 12 期。

黄晓春：《技术治理的运作机制研究：以上海市 L 街道一门式电子政务中心为案例》，《社会》2010 年第 4 期。

黄晓春、嵇欣：《技术治理的极限及其超越》，《社会科学》2016 年第 11 期。

黄新华、陈宝玲：《政府规制的技术嵌入：载体、优势与风险》，《探索》2019年第6期。

黄征学、高国力、滕飞、潘彪、宋建军、李爱民：《中国长期减贫，路在何方？——2020年脱贫攻坚完成后的减贫战略前瞻》，《中国农村经济》2019年第9期。

季飞、杨康：《大数据驱动下的反贫困治理模式创新研究》，《中国行政管理》2017年第5期。

冀昊悦、高迎、卢山：《基于大数据技术的精准教育扶贫研究》，《科技风》2019年第22期。

蒋余浩、贾开《区块链技术路径下基于大数据的公共决策责任机制变革研究》，《电子政务》2018年第2期。

焦汉泰、白雪冰、李世荣：《区块链技术在精准扶贫领域应用的创新与思考——以安徽省区块链应用实践为例》，《山西农经》2019年第7期。

柯清超：《大数据与智慧教育》，《中国教育信息化》2013年第24期。

劳莘、成竹：《智能合约：基于区块链的人资匹配》，《企业管理》2019年第5期。

雷明、李浩、邹培：《小康路上一个也不能少：新中国扶贫七十年史纲（1949—2019）——基于战略与政策演变分析》，《西北师大学报》（社会科学版）2020年第1期。

雷望红：《论精准扶贫政策的不精准执行》，《西北农林科技大学学报》（社会科学版）2017年第1期。

李拔豪：《"区块链+"在精准脱贫乡村振兴领域应用研究》，《信息系统工程》2020年第4期。

李长娟：《偏远农村地区教师培训的实践探微与路径突破》，《教学与管理》2015年第36期。

李春成、钱怡青：《执法机关公务员职业伦理困境研究——以S机关为例》，《福建行政学院学报》2017年第2期。

李春仙、李香菊：《基于大数据案例分析的社会性监管创新研究》，《广西社会科学》2018年第12期。

李利文：《模糊性公共行政责任的清晰化运作——基于河长制、湖长制、街长制和院长制的分析》，《华中科技大学学报》（社会科学版）2019年第1期。

李利文：《软性公共行政任务的硬性操作——基层治理中痕迹主义兴起的一个解释框架》，《中国行政管理》2019年第11期。

李棉管：《技术难题、政治过程与文化结果——“瞄准偏差”的三种研究视角及其对中国“精准扶贫”的启示》，《社会学研究》2017年第1期。

李文：《贫困地区农村寄宿制小学儿童膳食营养状况评估》，《中国农村经济》2008年第3期。

李文、汪三贵、王姮：《贫困地区寄宿制学生营养餐项目效果评估》，《农业技术经济》2011年第6期。

李祥：《民族地区教育对口支援政策七十年回顾与展望——基于政策要素与政策工具的二维分析》，《西南民族大学学报》（人文社科版）2020年第2期。

李小云、许汉泽：《2020年后扶贫工作的若干思考》，《国家行政学院学报》2018年第1期。

李晓园、钟伟：《大数据驱动中国农村精准脱贫的现实困境与路径选择》，《求实》2019年第5期。

李晓园、钟伟：《中国治贫70年：历史变迁、政策特征、典型制度与发展趋势——基于各时期典型扶贫政策文本的NVivo分析》，《青海社会科学》2020年第1期。

李兴洲：《公平正义：教育扶贫的价值追求》，《教育研究》2017年第3期。

李延：《精准扶贫绩效考核机制的现实难点与应对》，《青海社会科学》2016年第3期。

李阳、于滨铜：《“区块链+农村金融”何以赋能精准扶贫与乡村振兴：功能、机制与效应》，《社会科学》2020年第7期。

李永友、沈坤荣：《财政支出结构、相对贫困与经济增长》，《管理世界》2007年第11期。

李振宇、张昭、刘浩：《农村教育结构变迁与收入贫困改善的系统研究》，《国家行政学院学报》2018年第2期。

梁永：《贫困地区乡镇公务员消极工作心态探析》，《中共山西省委党校学报》2010 年第 2 期。

梁志峰、左宏、彭鹏程：《基于大数据的政府决策机制变革：国家治理科学化的一个路径选择》，《湖南社会科学》2017 年第 3 期。

林乘东：《教育扶贫论》，《民族研究》1997 年第 3 期。

凌忠云：《脱贫攻坚的镇远答卷》，《当代贵州》2019 年第 19 期。

刘航、柳海民：《教育精准扶贫：时代循迹、对象确认与主要对策》，《中国教育学刊》2018 年第 4 期。

刘欢：《从绝对到相对转变视域下的中国农村脱贫新探析——基于精准扶贫背景的分析》，《软科学》2017 年第 5 期。

刘建义：《大数据驱动政府监管方式创新的向度》，《行政论坛》2019 年第 5 期。

刘娟：《我国农村扶贫开发的回顾、成效与创新》，《探索》2009 年第 4 期。

刘军豪、许锋华：《教育扶贫：从“扶教育之贫”到“依靠教育扶贫”》，《中国人民大学教育学刊》2016 年第 2 期。

刘小鹏等：《空间贫困研究及其对我国贫困地理研究的启示》，《干旱区地理》2014 年第 1 期。

刘学敏、李强：《国家精准扶贫工作成效第三方评估的几个问题》，《全球化》2017 年第 8 期。

刘雅静：《容错纠错机制：概念厘定、价值意蕴与实践路径》，《知行铜仁》2017 年第 2 期。

刘泽、陈升：《大数据驱动下的政府治理机制研究——基于 2020 年后精准扶贫领域的返贫阻断分析》，《重庆大学学报》（社会科学版）2020 年第 5 期。

刘泽刚：《大数据隐私的身份悖谬及其法律对策》，《浙江社会科学》2019 年第 12 期。

龙彦亦、刘小珉：《易地扶贫搬迁政策的“生计空间”视角解读》，《求索》2019 年第 1 期。

卢冲、庄天慧：《精准匹配视角下驻村干部胜任力与贫困村脱贫成效研究》，《南京农业大学学报》（社会科学版）2016 年第 5 期。

卢真金：《教师专业发展的阶段、模式、策略再探》，《课程·教材·教法》2007年第12期。

陆汉文：《落实精准扶贫战略的可行途径》，《国家治理》2015年第38期。

吕建兴、曾小溪、汪三贵：《扶持政策、社会融入与易地扶贫搬迁户的返迁意愿——基于5省10县530户易地扶贫搬迁的证据》，《南京农业大学学报》（社会科学版）2019年第3期。

罗庆、李小建：《国外农村贫困地理研究进展》，《经济地理》2014年第6期。

罗贤春、李阳晖《我国电子政务信息资源共建共享模式》，《图书馆理论与实践》2006年第4期。

罗兴佐：《完善驻村干部制度助推乡村振兴》，《中国农业大学学报》（社会科学版）2019年第3期。

骆正林：《空间理论与大数据时代网络空间的建构》，《现代传播》（中国传媒大学学报）2019年第1期。

马文杰：《教学反思：教师专业成长的应然选择》，《教育探索》2012年第10期。

马振邦等：《人穷还是地穷？空间贫困陷阱的地统计学检验》，《地理研究》2018年第10期。

孟程、张莉：《贫困人口识别精准度强化路径研究——基于区块链技术》，《边疆经济与文化》2019年第8期。

孟天广：《政府数字化转型的要素、机制与路径——兼论“技术赋能”与“技术赋权”的双向驱动》，《治理研究》2021年第1期。

孟志华、李晓冬：《精准扶贫绩效的第三方评估：理论溯源、作用机理与优化路径》，《当代经济管理》2018年第3期。

莫光辉：《精准扶贫：中国扶贫开发模式的内生变革与治理突破》，《中国特色社会主义研究》2016年第2期。

莫光辉、张玉雪：《大数据背景下的精准扶贫模式创新路径——精准扶贫绩效提升机制系列研究之十》，《理论与改革》2017年第1期。

倪星、原超：《地方政府的运动式治理是如何走向“常规化”的？——基于S市市监局“清无”专项行动的分析》，《公共行政评论》2014年第2期。

宁静等：《易地扶贫搬迁减少了贫困脆弱性吗？——基于8省16县易地扶贫搬迁准实验研究的PSM－DID分析》，《中国人口·资源与环境》2018年第11期。

彭小兵、龙燕：《基于政策工具视角的我国消费扶贫政策分析》，《贵州财经大学学报》2021年第1期。

彭小霞：《多元协同扶贫模式之构建：特征、现实必要性与路径选择》，《湖北社会科学》2019年第9期。

彭亚平：《技术治理的悖论：一项民意调查的政治过程及其结果》，《社会》2018年第3期。

彭知辉：《论我国地方政府大数据建设的方式、困境及对策：以块数据建设为例》，《广东行政学院学报》2016年第2期。

蒲实、袁威：《中国共产党的百年反贫困历程及经验》，《行政管理改革》2021年第5期。

戚学祥：《超越风险：区块链技术的应用风险及其治理》，《南京社会科学》2020年第1期。

戚学祥：《精准扶贫＋区块链：应用优势与潜在挑战》，《理论与改革》2019年第5期。

乔越、陆燕萍、胡平：《我国政府部门间信息共享的动态实施模式研究》，《情报杂志》2009年第12期。

秦立公、王清荣：《数字化技术支撑的广西精准扶贫网格化管理模式》，《社会科学家》2020年第4期。

邱建生、方伟：《乡村主体性视角下的精准扶贫问题研究》，《天府新论》2016年第4期。

渠敬东：《项目制：一种新的国家治理体制》，《中国社会科学》2012年第5期。

渠敬东、周飞舟、应星：《从总体支配到技术治理——基于中国30年改革经验的社会学分析》，《中国社会科学》2009年第6期。

渠鲲飞、左停：《协同治理下的空间再造》，《中国农村观察》2019年第2期。

任超、谢小芹：《论精准扶贫的技术治理》，《长白学刊》2018年第1期。

任剑涛：《曲突徙薪：技术革命与国家治理大变局》，《江苏社会科学》

2020 年第 5 期。

任亚杰、陈树文、曹阳阳、李帅彤：《大数据时代精准扶贫实践探析》，《大连民族大学学报》2016 年第 6 期。

任友群、郑旭东、冯仰存：《教育信息化：推进贫困县域教育精准扶贫的一种有效途径》，《中国远程教育》2017 年第 5 期。

邵奇峰、金澈清、张召、钱卫宁、周傲英：《区块链技术：架构及进展》，《计算机学报》2018 年第 5 期。

邵忠祥：《农村学生营养餐实施对教师工作影响研究》，《现代中小学教育》2016 年第 7 期。

邵忠祥：《农村义务教育学生营养餐满意度调查研究》，《基础教育研究》2018 年第 11 期。

沈费伟：《大数据时代"智慧国土空间规划"的治理框架、案例检视与提升策略》，《改革与战略》2019 年第 10 期。

沈费伟：《技术能否实现治理——精准扶贫视域下技术治理热的冷思考》，《中国农业大学学报》（社会科学版）2018 年第 5 期。

史军：《从互动到联动：大数据时代政府治理机制的变革》，《中共福建省委党校学报》2016 年第 8 期。

史耀疆：《农村义务教育学生营养改善计划实施前的现状分析和政策建议——来自西北 122 所贫困农村小学的调查》，《教育与经济》2012 年第 1 期。

斯丽娟、尹苗、杨富强：《以大扶贫格局打破双重扶贫悖论——改革开放 40 年扶贫政策创新》，《兰州大学学报》（社会科学版）2018 年第 5 期。

宋丽红：《转型时期我国基层政府公务员心理健康问题的主要表现》，《哈尔滨师范大学社会科学学报》2012 年第 1 期。

苏昕、赵琨：《发展性福利视域下中国贫困的可持续治理》，《山西大学学报》（哲学社会科学版）2019 年第 6 期。

孙爱东、胡锦武：《禁令之下公务员心态调查》，《决策探索》（上半月）2014 年第 2 期。

孙国峰、郑亚瑜：《精准扶贫下农村反贫困末端治理的可持续性研究》，《理论与改革》2017 年第 3 期。

孙久文、夏添：《中国扶贫战略与2020年后相对贫困线划定——基于理论、政策和数据的分析》，《中国农村经济》2019年第10期。

孙久文、张静、李承璋：《我国集中连片特困地区的战略判断与发展建议》，《管理世界》2019年第10期。

孙立平：《改革前后中国国家、民间统治精英及民众间互动关系的演变》，《中国社会科学季刊》1994年第1期。

孙萌：《精准扶贫要杜绝四种不良心态》，《领导科学》2017年第27期。

唐任伍：《以大数据助力国家治理现代化》，《中国人力资源社会保障》2017年第1期。

陶贝儿、蒋灵德：《大数据背景下社区邻里空间重构研究——以苏州华通社区为例》，《城市住宅》2019年第3期。

汪磊、伍国勇：《精准扶贫视域下我国农村地区贫困人口识别机制研究》，《农村经济》2016年第7期。

汪磊、许鹿、汪霞：《大数据驱动下精准扶贫运行机制的耦合性分析及其机制创新——基于贵州、甘肃的案例》，《公共管理学报》2017年第3期。

汪三贵、郭子豪：《论中国的精准扶贫》，《贵州社会科学》2015年第5期。

汪三贵、胡骏：《从生存到发展：新中国七十年反贫困的实践》，《农业经济问题》2020年第2期。

汪三贵、曾小溪《后2020贫困问题初探》，《河海大学学报》（哲学社会科学版）2018年第2期。

王北生、冯宇红：《“国培计划”实施中的现实困境及其突破》，《中国教育学刊》2015年第10期。

王芳、陈锋《国家治理进程中的政府大数据开放利用研究》，《中国行政管理》2015年第11期。

王贵楼：《当代空间政治理论的主导逻辑与“一带一路”倡议的内在契合》，《教学与研究》2018年第6期。

王宏新、邵俊霖、张文杰：《政策工具视角下的中国闲置土地治理—192篇政策文本（1992～2015）分析》，《中国行政管理》2017年第3期。

王嘉毅、封清云、张金：《教育与精准扶贫精准脱贫》，《教育研究》2016 年第 7 期。

王丽娟等：《中国九省农村寄宿制学校初一学生铁营养状况》，《卫生研究》2016 年第 6 期。

王蒙：《后搬迁时代易地扶贫搬迁如何实现长效减贫？——基于社区营造视角》，《西北农林科技大学学报》（社会科学版）2019 年第 6 期。

王佩享、李兰：《公务员压力与心理健康现状调查》，《决策》2012 年第 7 期。

王茜：《关于运用大数据助推精准扶贫的提案》，《中国科技产业》2016 年第 4 期。

王曙光、王丹莉：《中国扶贫开发政策框架的历史演进与制度创新（1949—2019）》，《社会科学战线》2019 年第 5 期。

王婷、李文：《贫困地区农村寄宿小学生膳食营养状况调查》，《中国学校卫生》2009 年第 2 期。

王晓毅：《精准扶贫与驻村帮扶》，《国家行政学院学报》2016 年第 3 期。

王欣亮、魏露静、刘飞：《大数据驱动新时代乡村治理的路径建构》，《中国行政管理》2018 年第 11 期。

王钰：《以大数据分析技术促教育精准扶贫》，《电子技术与软件工程》2017 年第 23 期。

王战军、乔刚《大数据驱动的教育研究新范式》，《北京大学教育评论》2018 年第 1 期。

翁俏倩、王林：《大数据环境下民生审计问题研究——以福建省精准扶贫审计为例》，《财会研究》2019 年第 9 期。

乌德亚·瓦格尔：《贫困再思考：定义和衡量》，刘亚秋译，《国际社会科学杂志》（中文版）2003 年第 1 期。

吴比、张灿强《实施乡村振兴战略对农村金融的需求》，《农村金融研究》2017 年第 12 期。

吴业苗：《乡村业态演变与共享新业态建构》，《天府新论》2019 年第 3 期。

鲜祖德等：《中国农村贫困标准与贫困监测》，《统计研究》2016 年第 9 期。

向雪琪、林曾:《我国教育扶贫政策的特点及作用机理》,《云南民族大学学报》(哲学社会科学版) 2018 年第 3 期。

肖峰:《论信息技术时代的三大认识论悖论》,《创新》2016 年第 1 期。

肖庆华、毛静:《贵州省集中连片特困地区教育扶贫的现状、问题及路径》,《经济与社会发展》2014 年第 3 期。

谢倩、王子成、周明星:《新中国成立 70 年乡村教师支持政策文本量化分析——基于政策工具视角》,《现代教育管理》2020 年第 4 期。

谢治菊:《大数据驱动下的教育精准扶贫——以长顺县智慧教育扶贫项目为例》,《湖南师范大学教育科学学报》2019 年第 1 期。

谢治菊:《大数据时代公务员心态建设探讨》,《中南大学学报》(社会科学版) 2018 年第 4 期。

谢治菊:《大数据优化政府决策的机理、风险及规避》,《行政论坛》2018 年第 1 期。

谢治菊:《大数据与重大公共决策风险治理》,《河海大学学报》(哲学社会科学版) 2019 年第 5 期。

谢治菊:《共同体视域下教育精准扶贫的实践探索与行动逻辑》,《苏州大学学报》(教育科学版) 2019 年第 4 期。

谢治菊:《教育五层级阻断贫困代际传递:理论建构、中国实践与政策设计》,《湖南师范大学教育科学学报》2020 年第 1 期。

谢治菊:《块数据在农村精准扶贫中的应用及反思——兼与“条时代”大数据应用相比较》,《南京农业大学学报》(社会科学版) 2017 年第 5 期。

谢治菊:《论贫困治理中人的发展——基于人类认知五层级的分析》,《中国行政管理》2018 年第 10 期。

谢治菊:《论区块链技术在贫困治理中的应用》,《学术前沿》2020 年第 5 期。

谢治菊:《农村精准扶贫中的大数据应用困境及改进策略》,《中共福建省委党校学报》2017 年第 8 期。

谢治菊:《人类认知五层级与生态移民社会适应探讨——基于 HP 村的实证调查》,《吉首大学学报》(社会科学版) 2018 年第 3 期。

谢治菊、范飞:《大数据驱动民生监察的价值、逻辑与图景——以“T 县民生监察大数据平台"为例》,《中国行政管理》2020 年第 12 期。

谢治菊、范飞:《区块链扶贫监管:优势、风险和路径展望》,《电子政务》2020 年第 10 期。

谢治菊、夏雍:《大数据精准帮扶贫困地区教师的实践逻辑——基于 Y 市"大数据 + 教师专业发展支持系统"的分析》,《现代远程教育研究》2019 年第 5 期。

胥爱欢、李红燕《区块链技术在我国金融精准扶贫领域的应用》,《金融理论探索》2017 年第 5 期。

徐京平、邢兰若:《精准扶贫的现实困境与治理逻辑——基于互联网 + 视角》,《经济问题探索》2021 年第 2 期。

徐晓林、李卫东:《基于云计算的推送式公共服务模式研究》,《行政科学论坛》2014 年第 2 期。

徐月宾、刘凤芹、张秀兰:《中国农村反贫困政策的反思——从社会救助向社会保护转变》,《中国社会科学》2007 年第 3 期。

许怀雪、秦玉友:《政策工具视角下农村师资补充政策研究——基于 2001—2018 年农村师资补充政策文本的分析》,《教师教育研究》2019 年第 6 期。

薛海平、王蓉:《义务教育教师绩效奖金、教师激励与学生成绩》,《教育研究》2016 年第 5 期。

严苏凤、梁崇科:《校本教研:新课程背景下教师继续教育模式探究》,《理论导刊》2009 年第 4 期。

杨槐:《我国政府信息资源增值利用的机制创新》,《重庆科技学院学报》2010 年第 8 期。

杨嵘均:《论网络空间草根民主与权力监督和政策制定的互逆作用及其治理》,《政治学研究》2015 年第 3 期。

杨志军:《运动式治理悖论:常态治理的非常规化——基于网络"扫黄打非"运动分析》,《公共行政评论》2015 年第 2 期。

姚松、曹远航:《新时期中央政府教育精准扶贫政策的逻辑特征及未来走向—基于政策工具的视角》,《湖南师范大学教育科学学报》2019 年第 4 期。

易柳:《改革开放 40 年中国扶贫政策的演化与前瞻—立足国家层面政策

文本的分析》，《西南民族大学学报》（人文社科版）2018年第4期。

尹逊波、吴勃英：《新教师成长的三个阶段》，《中国大学教学》2015年第11期。

余应鸿：《乡村振兴背景下教育精准扶贫面临的问题及其治理》，《探索》2018年第3期。

俞建芬：《精准扶贫视域下乡村教师培训的困境与出路》，《教育科学论坛》2018年第13期。

袁勇、王飞跃：《区块链技术发展现状与展望》，《自动化学报》2016年第4期。

岳振：《大数据、大扶贫推动贵州新跨越》，《当代贵州》2015年第44期。

曾洁、贺书：《基于大数据及GIS的贵安新区精准扶贫"1+N+8"云平台设计与分析》，《智能计算机与应用》2016年第4期。

湛泳、唐世一：《区块链技术促进精准扶贫的创新机制研究》，《宁夏社会科学》2018年第3期。

张红彬、张会平：《加快数据开放共享　推动政府管理创新——2017中国数博会"数据开放共享与政府管理创新论坛"会议综述》，《中国行政管理》2017年第9期。

张建人、阳子光、凌辉：《中小学教师工作压力、工作满意度与职业倦怠的关系》，《中国临床心理学杂志》2014年第5期。

张进良、李保臻：《大数据背景下教师数据素养的内涵、价值与发展路径》，《电化教育研究》2015年第7期。

张静：《大数据时代下的精准扶贫思考》，《经营管理者》2016年第32期。

张俊、赵丽汝：《精准扶贫下的农民工继续教育机制创新》，《中国成人教育》2018年第7期。

张克中：《贫困理论研究综述》，《减贫与发展研究》2014年第4期。

张亮、李楚翘：《区块链经济研究进展》，《经济学动态》2019年第4期。

张茂林：《我国贫困人口的资源生态空间特征与开发性扶贫移民》，《人口与经济》1996年第4期。

张仁汉：《视听新媒体协同监察体系建设研究——以国家文化安全为视

角》，《社会科学战线》2016 年第 6 期。

张述存：《打造大数据施政平台，提升政府治理现代化水平》，《中国行政管理》2015 年第 10 期。

张永丽、徐腊梅：《中国农村贫困性质的转变及 2020 年后反贫困政策方向》，《西北师范大学学报》（社会科学版）2019 年第 5 期。

郑建君：《基层公务员角色压力与工作倦怠的心理健康调节作用》，《哈尔滨工业大学学报》（社会科学版）2015 年第 1 期。

郑瑞强、曹国庆：《基于大数据思维的精准扶贫机制研究》，《贵州社会科学》2015 年第 8 期。

郑瑞强、王英：《精准扶贫政策初探》，《财政研究》2016 年第 2 期。

郑石明、要蓉蓉、魏萌：《中国气候变化政策工具类型及其作用—基于中央层面政策文本的分析》，《中国行政管理》2019 年第 12 期。

钟晓华：《可行能力视角下农村精准扶贫的理论预设、实现困境与完善路径》，《学习与实践》2016 年第 8 期。

钟涨宝、李飞：《插花贫困地区村庄的不同主体在精准扶贫中的心态分析》，《西北农林科技大学学报》（社会科学版）2017 年第 2 期。

周付军、胡春艳：《政策工具视角下“双一流”政策工具选择研究—基于政策工具和建设要素双维度的分析》，《教育学报》2019 年第 3 期。

周利敏、钟海欣：《社会 5.0、超智能社会及未来图景》，《社会科学研究》2019 年第 6 期。

周雅颂：《数字政府建设：现状、困境及对策——以“云上贵州”政务数据平台为例》，《云南行政学院学报》2019 年第 2 期。

朱婉菁：《区块链技术驱动社会治理创新的理论考察》，《电子政务》2020 年第 3 期。

左春伟、吴帅：《乡村振兴战略中绩效目标的价值与困境——基于中央和 17 省级区划乡村振兴指导性政策文件的 NVivo 质性研究》，《西藏大学学报》（社会科学版）2019 年第 2 期。

左娇蕾、胡小琪：《我国农村寄宿制学校学生营养状况及干预策略》，《中国学校卫生》2010 年第 9 期。

## 三　报纸文献

黄欣荣：《大数据时代的哲学变革》，《光明日报》2014 年 12 月 3 日。

李裴：《以诗点亮脱贫攻坚群英谱》，《光明日报》2019 年 10 月 21 日。

刘尤罕、王珂园：《一鼓作气，打赢脱贫攻坚战——写在第六个国家扶贫日》，《新华每日电讯》2019 年 10 月 18 日。

陆娅楠：《2017 年我国农村贫困人口去年再减 1289 万》，《人民日报》2018 年 2 月 7 日。

罗海兰：《贵阳大数据助力长顺教育扶贫》，《贵阳日报》2017 年 9 月 4 日。

麻宝斌：《全方位提升地方政府执行力》，《学习时报》2016 年 7 月 25 日。

田雯雯：《部分县精准扶贫成“精准填表”，形式主义怪圈怎么破?》，《人民日报》2017 年 12 月 18 日。

习近平：《在全国脱贫攻坚总结表彰大会上的讲话》，《人民日报》2021 年 2 月 26 日。

姚东：《贵州省共有 66 个贫困县 去年贫困人口有 493 万》，《贵州都市报》2016 年 10 月 12 日。

张玉庆、栾江：《以区块链技术助推精准扶贫升级加力》，《天津日报》2019 年 11 月 20 日。

周根山：《党的十九大以来严查扶贫领域腐败和作风问题——全国共查处问题 13.31 万个，处理 18.01 万人》，《中国纪检监察报》2018 年 12 月 31 日。

## 四　网络资料

《扶贫标准大幅提高 上亿贫困人口受》，新华网，2012 年 6 月 23 日，http://news.xinhuanet.com/politics/2012-06/23/c_112273956.htm。

《关于治理扶贫领域腐败和作风问题 习近平总书记这样说》，中央纪委国家监委网站，2018 年 8 月 31 日，http://www.ccdi.gov.cn/toutiao/201808/t20180830_178781.html。

《广东审计整改追缴财政资金逾 46 亿元》，中国新闻网，2017 年 7 月 25 日，

http://finance.sina.com.cn/roll/2017-07-25/doc-ifyihrwk2305220.shtml。

郭超：《扶贫办主任刘永富：2017的扶贫资金有7.3亿被冒领挪用》，凤凰网，2018年3月7日，http://news.ifeng.com/a/20180307/56544152_0.shtml。

《国家发展改革委召开脱贫攻坚领导小组会议研究部署巩固拓展脱贫攻坚成果工作》，国家发展改革委网站，2021年1月29日，http://www.ndrc.gov.cn/fzggw/wld/cl/lddt/202101/t20210129_1266341.html。

《国务院办公厅关于印发乡村教师支持计划（2015-2020年）的通知》，中国政府网，2015年6月8日，http://www.gov.cn/zhengce/content/2015-06/08/content_9833.htm。

胡印斌：《学生营养餐问题频发，孩子的健康不容轻忽》，光明网，2018年9月5日，http://guancha.gmw.cn/2018-09/05/content_30997263.htm。

黎文婕：《学生营养餐屡变“问题餐”如何才能让孩子们吃饱吃好?》，界面新闻网，2018年9月13日，http://www.jiemian.com/article/2462999.html。

利求同：《大数据卖的就是隐私》，国匠城网站，2015年7月30日，http://bbs.caup.net/read-htm-tid-32736-page-1.html。

《〈人类减贫的中国实践〉白皮书》，中国政府网，2021年4月6日，http://www.gov.cn/zhengce/2021-04/06/content_5597952.htm。

沈栖：《中国反贫困成就举世瞩目》，东方网，2017年8月22日，http://pinglun.eastday.com/p/20170822/u1ai10802239.html。

汤正：《如何保障学生营养餐安全？大数据有办法》，中国IDC圈网站，2019年5月15日，http://bigdata.idcquan.com/dsjjs/162757.shtml。

习近平：《在决战决胜脱贫攻坚座谈会上的讲话》，中国政府网，2020年3月6日，http://www.gov.cn/xinwen/2020-03/06/content_5488175.htm。

《习近平论扶贫工作——十八以来重要论述摘编》，中国共产党新闻网，2015年12月1日，http://theory.people.com.cn/n/2015/1201/c83855-27877446.html。

向定杰：《贵州铜仁探索运用大数据让学生吃上放心营养餐》，快资讯网站，2019年9月21日，http://www.360kuai.com/pc/94d307bbd707abe9b?cota=3&kuai_so=1&sign=360_57c3bbd1&refer_scene=so_1。

许腾飞：《股级干部贪3500多万，感叹“为什么没有人发现”》，新浪网，2018年11月28日，http://news.sina.com.cn/c/2018-11-28/doc_ihmutuec4494178.shtml。

杨通航、范冬勤：《镇远着力打好教育扶贫“组合拳”》，贵阳网，2019年5月28日，http://www.gywb.cn/content/2019-05/28/content_6129952.htm。

余飞：《莫让精准扶贫陷入“精准填表”泥潭》，中国青年网，2017年6月5日，http://news.youth.cn/jsxw/201706/t20170605_9967998.htm。

《中共中央 国务院关于实现巩固拓展脱贫攻坚成果同乡村振兴有效衔接的意见》，中国政府网，2021年3月22日，http://www.gov.cn/zhengce/2021-03/22/content_5594969.htm。

周亮：《区块链技术可以成为问责制和透明度的工具》，电子发烧友网，2018年11月30日，http://www.elecfans.com/blockchain/823768.html。

周燕玲：《贵州铜仁：大数据追踪学生营养餐 精准定位贫困户》，中国新闻网，2019年5月24日，http://www.chinanews.com/sh/2019/05-24/8846226.shtml。

## 五 外文文献

H. Jeong, G. Biswas, Mining Student Behavior Models in Learning-by Teaching Environments (Educational Data Mining 2008, The 1st International Conference on Educational Data Mining, Montreal, June 20-21, 2008).

Agathe Merceron, Kalina Yacef, Educational Data Mining: A Case Study Conference on Artificial Intelligence in Education (Artificial Intelligence in Education-Supporting Learning through Intelligent and Socially Informed Technology, Proceedings of the 12th International Conference on Artificial Intelligence in Education, AIED 2005, Amsterdam, July 18 - 22, 2005).

B. K. Baradwaj, S. Pal, "Mining Educational Data to Analyze Students' Performance," (*IJACSA*) *International Journal of Advanced Computer Science and Applications* 6 (2011).

J. Naren et al. , "Application of Data Mining in Educational Database for Predicting Behavioural Patterns of the Students," *International Journal of Engineering and Technology* 3 (2014).

V. J. Rayward-Smith , "Statistics to Measure Correlation for Data Mining Applications," *Computational Statistics &Data Analysis* 8 (2007).

Lewis Oscar, *The Culture of Poverty*, New YorkScientific, 1966.

J. Jensen et al. , "Allocation of CO2 Emissions Permits: A General Equilibrium Analysis of Policy Instruments," *Journal of Environmental Economics & Management* 2 (2000).

Anne Schneider, HelenIngram, "Behavioral Assumptions of Policy Tools," *The Journal of Politics* 2 (1990).

Michael Lipsky, *Street-level Bureaucracy: Dilemmas of the Individual in Public Services*, New York: Russell Sage Foundation, 2010.

William Galston, *Liberal Purposes: Goods, Virtues, and Duties in the Liberal State*, Cambridge University Press, 1991.

K. Otsuka, J. P. Estudillo, T. Yamano, "The Role of Labor Markets and Human Capital in Poverty Reduction: Evidence from Asia and Africa," *Asian Journal of Agriculture & Development* 1 (2010).

R. Sims, "Interactivity: A Forgotten Art?" *Computers in Human Behavior* 10 (1997).

J. Qadir, A. Ali, R. ur Rasool, "Crisis Analytics: Big Data-driven Crisis Response," *Journal of International Humanitarian Action* 1 (2016).

A. Gervais et al. , On the Security and Performance of Proof of Work Blockchains, ACM Conference on Computer & Communications Security, 2016.

J. Jalan, M. Ravallion, "Spatial Poverty Traps?" *Policy Research Working Paper Series* 12 (1997).

J. Burkew and S. Jaynet, "Spatial Disadvantages or Spatial Poverty Traps: Household Evidence from Rural Kenya," MSU International Development Working, 2008.

E. Funk, J. Riddell, F. Ankel , "Block Chain Technology: A Data Framework to Improve Validity, Trust, and Accountability of Information Exchange in

Health Professions," *Education Academic Medicine* 12 (2018).

S. Nakamoto, "Bitcoin: APeer-to-peer Electronic Cash System," https://bitcoin. org/bitcoi n. pdf.

M. Swan, "Blockchain: Blueprint for a New Economy," USA: O'Reilly Media Inc, 2015.

S. A. Stouffer, E. A. Suchman, L. C. Devinney, *The American Soldier: Adjustment to Army Life Princeton*, N. J. : Princeton University Press, 1949.

T. Mehdi, "Poverty Comparisons with Common Relative Poverty Lines," *Communications In Statistics-Theory And Methods*, 2017 (3/4).

B. Zheng, "*Statistical Inference for Poverty Measures with Relative Poverty Lines*," *Journal of Econometrics* 2 (2001).

S. Bibi, J. Y. Duclos, A. V. Chouchane, "Assessing Absolute and Relative Pro-poor Growth, with an Application to Selected African Countries," *Economics* 1 (2012).

T. K. Pfoertner, H. J. Andress, C. J*anssen*, "Income or Living Standard and Health in Germany: Different Ways of Measurement of Relative Poverty with Regard to Self-rated Health," *International Journal of Public Health* 4 (2011).

M. N. Asadullah, N. Chaudhury, "Subjective Well-being and Relative Poverty in Rural Bangladesh," *Journalof Economic Psychology* 5 (2012).

E. Durkheim, *The Division of Labor in Society* , New York: Free Press, 1933.

Jim Rudd et al. , "Education for a Smarter Planet: The Future of Learning ," http://www. redbooks. ibm. com/redpapers/pdfs/redp4564. pdf.

M. Swan, *Blockchain: Blueprint for a New Economy*, USA: O'Reilly Media Inc, 2015.

M. Foucault, *The Birth of Biopolitics: Lectures at the Collège De France*, 1978 - 1979, Palgrave Macmillan, 2010.

# 附录　部分访谈对象情况一览表

| 序号 | 访谈日期 | 姓名 | 性别 | 民族 | 年龄 | 文化程度 | 政治面貌 | 身份 | 访谈人 | 访谈时长（分钟） |
|---|---|---|---|---|---|---|---|---|---|---|
| 1 | 2018 年 1 月 18 日 | LMM | 男 | 彝族 | 35 | 本科 | 群众 | 三变办主任 | 谢治菊 | 56：34：00 |
| 2 | 2018 年 1 月 19 日 | ZMM | 女 | 彝族 | 40 | 文盲 | 群众 | 搬迁户 | 谢治菊 | 47：18：00 |
| 3 | 2018 年 1 月 19 日 | WMM | 男 | 彝族 | 45 | 小学 | 群众 | 搬迁户 | 谢治菊 | 57：12：00 |
| 4 | 2018 年 1 月 20 日 | HH | 男 | 彝族 | 38 | 本科 | 党员 | 副乡长 | 谢治菊 | 95：12：00 |
| 5 | 2018 年 3 月 22 日 | HMH 等 | / | / | / | / | / | 乡长、副乡长（集体座谈） | 谢治菊 | 86：31：00 |
| 6 | 2018 年 3 月 22 日 | ZMM | 男 | 汉族 | 40 | 本科 | 党员 | 校长 | 谢治菊 | 105：45：00 |
| 7 | 2018 年 3 月 22 日 | CMM | 男 | 汉族 | 45 | 文盲 | 群众 | 贫困户（辍学学生家长） | 谢治菊 | 57：23：00 |
| 8 | 2018 年 3 月 22 日 | WMM | 男 | 汉族 | 57 | 小学 | 群众 | 非贫困户 | 兰　英 | 45：13：00 |
| 9 | 2018 年 3 月 23 日 | PYK | 男 | 汉族 | 49 | 初中 | 党员 | 村主任 | 谢治菊 | 95：34：00 |
| 10 | 2018 年 3 月 23 日 | WDS | 女 | 汉族 | 44 | 初中 | 群众 | 非贫困户 | 朱绍豪 | 32：12：56 |
| 11 | | CDS | 女 | 汉族 | 52 | 文盲 | 群众 | 非贫困户 | 朱绍豪 | 30：34：23 |
| 12 | | BHD | 男 | 汉族 | 81 | 小学 | 群众 | 非贫困户 | 王　曦 | 35：12：45 |
| 13 | | KFL | 女 | 汉族 | 52 | 小学 | 群众 | 非贫困户 | 王　曦 | 36：45：56 |
| 14 | | QPX | 女 | 汉族 | 47 | 小学 | 群众 | 非贫困户 | 兰　英 | 25：25：01 |
| 15 | | XZB | 男 | 汉族 | 79 | 初中 | 党员 | 非贫困户 | 兰　英 | 28：18：39 |
| 16 | 2018 年 5 月 23 日 | WZF | 女 | 布依族 | 36 | 本科 | 群众 | 英语老师 | 兰　英 | 41：23：00 |
| 17 | | MMF | 男 | 布依族 | 52 | 本科 | 党员 | 校长 | 谢治菊 | 75：33：00 |
| 18 | | BWP | 男 | 布依族 | 33 | 本科 | 党员 | 数学老师 | 李科生 | 29：12：00 |
| 19 | | ZFX | 女 | 汉族 | 30 | 本科 | 群众 | 英语老师 | 兰　英 | 25：34：00 |

续表

| 序号 | 访谈日期 | 姓名 | 性别 | 民族 | 年龄 | 文化程度 | 政治面貌 | 身份 | 访谈人 | 访谈时长（分钟） |
|---|---|---|---|---|---|---|---|---|---|---|
| 20 | 2018年5月23日 | LMM | 女 | 汉族 | 45 | 本科 | 党员 | 校长 | 谢治菊 | 34：12：00 |
| 21 | | CMY | 女 | 布依族 | 38 | 本科 | 群众 | 语文老师 | 兰　英 | 18：23：00 |
| 22 | | CTY | 男 | 汉族 | 41 | 本科 | 群众 | 语文老师 | 兰　英 | 28：32：00 |
| 23 | | CCY | 男 | 汉族 | 38 | 本科 | 党员 | 数学老师 | 肖鸿禹 | 43：12：00 |
| 24 | | LLL | 女 | 汉族 | 34 | 本科 | 群众 | 英语老师 | 肖鸿禹 | 45：23：00 |
| 25 | | LD | 女 | 布依族 | 33 | 本科 | 群众 | 英语老师 | 肖鸿禹 | 31：34：00 |
| 26 | | WPG | 男 | 汉族 | 33 | 本科 | 群众 | 化学老师 | 王　曦 | 23：12：00 |
| 27 | 2018年5月23日 | LZQ | 男 | 汉族 | 37 | 本科 | 群众 | 物理老师 | 王　曦 | 27：45：00 |
| 28 | 2018年6月5日 | ZJ | 男 | 汉族 | 47 | 硕士 | 党员 | 教育局局长 | 谢治菊 | 79：46：00 |
| 29 | 2018年6月5日 | FP | 女 | 汉族 | 49 | 硕士 | 党员 | 校长、书记 | 谢治菊<br>李科生<br>李本东 | 38：44：00 |
| 30 | | CQH | 女 | 汉族 | 43 | 硕士 | 党员 | 数学组组长 | | |
| 31 | | LHJ | 男 | 汉族 | 42 | 本科 | 群众 | 化学组组长 | | |
| 32 | 2018年9月6日 | WMX<br>XSW<br>QRT<br>LHZ | 男<br>女<br>女<br>女 | 不详 | 不详 | 本科 | 不详 | 德育主任<br>副校长<br>校长<br>副校长 | 谢治菊 | 65：21：00 |
| 33 | 2018年11月23日 | LKJ | 男 | 侗族 | 38 | 本科 | 群众 | 办事员 | 谢治菊 | 67：56：00 |
| 34 | 2018年11月23日 | JYP | 女 | 汉族 | 53 | 博士 | 党员 | 大数据局副局长 | 谢治菊 | 45：12：00 |
| 35 | 2018年11月24日 | ZM | 男 | 汉族 | 36 | 硕士 | 党员 | 公务员局副局长 | 谢治菊 | 75：45：00 |
| 36 | 2019年2月14日 | ZFX | 男 | 汉族 | 53 | 初中 | 党员 | 村主任 | 夏雍 | 44：56：00 |
| 37 | 2019年2月14日 | GSX | 男 | 穿青人 | 46 | 小学 | 群众 | 贫困户 | 夏雍 | 48：03：00 |
| 38 | 2019年2月14日 | WX | 男 | 穿青人 | 37 | 本科 | 党员 | 人大主席 | 谢治菊 | 140：15：00 |
| | | WZX | 男 | 汉族 | 53 | 本科 | 党员 | 驻村第一书记 | 谢治菊 | |
| 39 | 2019年2月14日 | XQP | 男 | 白族 | 35 | 小学 | 群众 | 贫困户 | 谢治菊 | 28：46：00 |
| | | XQH | 男 | 白族 | 55 | 文盲 | 群众 | 贫困户 | 谢治菊 | |
| 40 | 2019年2月15日 | LY | 女 | 汉族 | 45 | 文盲 | 群众 | 贫困户 | 谢治菊 | 45：51：00 |
| | | MSY | 女 | 汉族 | 42 | 文盲 | 群众 | 贫困户 | 谢治菊 | |
| | | ZXQ | 女 | 汉族 | 37 | 文盲 | 群众 | 贫困户 | 谢治菊 | |

续表

<table>
<tr><th>序号</th><th>访谈日期</th><th>姓名</th><th>性别</th><th>民族</th><th>年龄</th><th>文化程度</th><th>政治面貌</th><th>身份</th><th>访谈人</th><th>访谈时长（分钟）</th></tr>
<tr><td>41</td><td>2019年2月15日</td><td>ZGG</td><td>男</td><td>穿青人</td><td>48</td><td>初中</td><td>党员</td><td>村支书</td><td>谢治菊</td><td>50：48：00</td></tr>
<tr><td>42</td><td>2019年2月15日</td><td>JLG</td><td>男</td><td>仡佬族</td><td>48</td><td>大专</td><td>党员</td><td>村支书</td><td>谢治菊</td><td>51：05：00</td></tr>
<tr><td rowspan="2">43</td><td rowspan="2">2019年2月15日</td><td>ZJ</td><td>男</td><td>穿青人</td><td>30</td><td>小学</td><td>群众</td><td>贫困户</td><td>谢治菊</td><td rowspan="2">24：48：00</td></tr>
<tr><td>ZXY</td><td>男</td><td>穿青人</td><td>35</td><td>小学</td><td>群众</td><td>贫困户</td><td>谢治菊</td></tr>
<tr><td>44</td><td>2019年2月15日</td><td>XSH</td><td>男</td><td>穿青人</td><td>53</td><td>高中</td><td>群众</td><td>主任助理</td><td>夏雍</td><td>36：19：00</td></tr>
<tr><td>45</td><td>2019年2月15日</td><td>ZYG</td><td>男</td><td>穿青人</td><td>62</td><td>初中</td><td>党员</td><td>村主任</td><td>夏雍</td><td>36：39：00</td></tr>
<tr><td>46</td><td>2019年2月16日</td><td>KDJ</td><td>男</td><td>穿青人</td><td>55</td><td>高中</td><td>党员</td><td>村支书</td><td>夏雍</td><td>60：06：00</td></tr>
<tr><td>47</td><td>2019年2月16日</td><td>LCG</td><td>男</td><td>穿青人</td><td>50</td><td>文盲</td><td>群众</td><td>贫困户</td><td>夏雍</td><td>43：59：00</td></tr>
<tr><td rowspan="2">48</td><td rowspan="2">2019年2月16日</td><td>SS</td><td>男</td><td>汉族</td><td>30</td><td>高中</td><td>党员</td><td>村主任</td><td>谢治菊</td><td rowspan="2">文件丢失</td></tr>
<tr><td>CXL</td><td>男</td><td>汉族</td><td>34</td><td>本科</td><td>党员</td><td>乡镇副书记</td><td>谢治菊</td></tr>
<tr><td rowspan="2">49</td><td rowspan="2">2019年2月16日</td><td>LYL</td><td>男</td><td>穿青人</td><td>64</td><td>小学</td><td>群众</td><td>贫困户</td><td>谢治菊</td><td rowspan="2">43：46：00</td></tr>
<tr><td>QJF</td><td>女</td><td>汉族</td><td>70</td><td>文盲</td><td>群众</td><td>贫困户</td><td>谢治菊</td></tr>
<tr><td rowspan="2">50</td><td rowspan="2">2019年2月16日</td><td>XSR</td><td>男</td><td>汉族</td><td>54</td><td>小学</td><td>群众</td><td>贫困户</td><td>谢治菊</td><td>43：43：00</td></tr>
<tr><td>DCH</td><td>男</td><td>穿青人</td><td>42</td><td>中专</td><td>党员</td><td>村支书</td><td>谢治菊</td><td>65：58：00</td></tr>
<tr><td rowspan="2">51</td><td rowspan="2">2019年2月17日</td><td>GSR</td><td>男</td><td>汉族</td><td>50</td><td>大专</td><td>党员</td><td>村支书</td><td>谢治菊</td><td rowspan="2">50：59：00</td></tr>
<tr><td>YXW</td><td>男</td><td>汉族</td><td>67</td><td>初中</td><td>党员</td><td>村主任</td><td>谢治菊</td></tr>
<tr><td>52</td><td>2019年2月17日</td><td>SDY</td><td>男</td><td>穿青人</td><td>44</td><td>小学</td><td>群众</td><td>贫困户</td><td>谢治菊</td><td>27：39：00</td></tr>
<tr><td rowspan="2">53</td><td rowspan="2">2019年2月17日</td><td>XJJ</td><td>男</td><td>汉族</td><td>33</td><td>小学</td><td>群众</td><td>搬迁户</td><td>谢治菊</td><td rowspan="2">67：25：00</td></tr>
<tr><td>GHY</td><td>女</td><td>穿青人</td><td>35</td><td>初中</td><td>群众</td><td>非贫困户</td><td>谢治菊</td></tr>
<tr><td rowspan="3">54</td><td rowspan="3">2019年2月17日</td><td>WY</td><td>男</td><td>彝族</td><td>40</td><td>本科</td><td>党员</td><td>驻村第一书记</td><td rowspan="3">谢治菊<br>兰　英</td><td rowspan="3">75：04：00</td></tr>
<tr><td>WXY</td><td>男</td><td>彝族</td><td>52</td><td>本科</td><td>党员</td><td>驻村第一书记</td></tr>
<tr><td>WJ</td><td>女</td><td>彝族</td><td>34</td><td>硕士</td><td>党员</td><td>镇长助理</td></tr>
<tr><td>55</td><td>2019年2月15日</td><td>WDJ</td><td>男</td><td>汉族</td><td>41</td><td>小学</td><td>群众</td><td>贫困户</td><td>兰英</td><td>35：05：00</td></tr>
<tr><td>56</td><td>2019年2月15日</td><td>ZWX</td><td>女</td><td>彝族</td><td>48</td><td>文盲</td><td>群众</td><td>贫困户</td><td>兰英</td><td>7：06：00</td></tr>
</table>

续表

| 序号 | 访谈日期 | 姓名 | 性别 | 民族 | 年龄 | 文化程度 | 政治面貌 | 身份 | 访谈人 | 访谈时长（分钟） |
|---|---|---|---|---|---|---|---|---|---|---|
| 57 | 2019 年 2 月 15 日 | XAQ | 男 | 穿青人 | 49 | 小学 | 群众 | 贫困户 | 兰英 | 9：16：00 |
| 58 | 2019 年 2 月 17 日 | XWS | 男 | 穿青人 | 54 | 小学 | 群众 | 贫困户 | 兰英 | 39：33：00 |
| 59 | 2019 年 2 月 18 日 | WRL | 男 | 彝族 | 29 | 本科 | 党员 | 扶贫站站长 | 谢治菊 | 78：27：00 |
| 60 | 2019 年 2 月 18 日 | DYZ | 男 | 汉族 | 31 | 本科 | 党员 | 驻村干部 | 谢治菊 | 89：51：00 |
| | | SR | 男 | 汉族 | 24 | 本科 | 群众 | 驻村干部 | 谢治菊 | |
| 61 | 2019 年 2 月 18 日 | ZML | 男 | 汉族 | 68 | 初中 | 党员 | 非贫困户 | 谢治菊 | 47：35：00 |
| 62 | 2019 年 2 月 18 日 | LZQ | 男 | 彝族 | 38 | 小学 | 群众 | 搬迁户 | 谢治菊 | 49：53：00 |
| | | ZFM | 女 | 彝族 | 38 | 文盲 | 群众 | 搬迁户 | 谢治菊 | |
| 63 | 2019 年 2 月 18 日 | YWZ | 男 | 苗族 | 41 | 文盲 | 群众 | 贫困户 | 夏雍 | 31：34：00 |
| 64 | 2019 年 2 月 18 日 | WXQ | 男 | 汉族 | / | 初中 | 群众 | 非贫困户 | 夏雍 | 37：55：00 |
| 65 | 2019 年 2 月 18 日 | HDM | 女 | 汉族 | 45 | 初中 | 群众 | 村主任 | 夏雍 | 28：55：00 |
| 66 | 2019 年 2 月 18 日 | ZK | 男 | 彝族 | 46 | 文盲 | 群众 | 贫困户 | 夏雍 | 16：23：00 |
| 67 | 2019 年 2 月 19 日 | ZX | 男 | 汉族 | 26 | 本科 | 党员 | 村文书 | 谢治菊 | 83：23：00 |
| 68 | 2019 年 2 月 19 日 | LFW | 男 | 彝族 | 53 | 初中 | 党员 | 贫困户 | 谢治菊 | 31：51：00 |
| 69 | 2019 年 2 月 19 日 | WCX | 男 | 布依族 | 53 | 小学 | 党员 | 贫困户 | 兰英 | 文件丢失 |
| 70 | 2019 年 2 月 19 日 | LMY | 男 | 汉族 | 35 | 文盲 | 群众 | 贫困户 | 夏雍 | 19：41：00 |
| 71 | 2019 年 2 月 20 日 | CY | 男 | 汉族 | 49 | 初中 | 群众 | 贫困户 | 夏雍 | 48：18：00 |
| 72 | 2019 年 2 月 20 日 | LCL | 男 | 布依族 | 57 | 小学 | 群众 | 非贫困户 | 夏雍 | 14：09：00 |
| 73 | 2019 年 2 月 20 日 | WTQ | 女 | 布依族 | 63 | 文盲 | 群众 | 贫困户 | 夏雍 | 20：26：00 |

续表

| 序号 | 访谈日期 | 姓名 | 性别 | 民族 | 年龄 | 文化程度 | 政治面貌 | 身份 | 访谈人 | 访谈时长（分钟） |
|---|---|---|---|---|---|---|---|---|---|---|
| 74 | 2019年2月20日 | RYF | 男 | 汉族 | 59 | 小学 | 群众 | 非贫困户 | 夏雍 | 13：27：00 |
| 75 | 2019年2月20日 | ZZZ | 男 | 汉族 | 57 | 初中 | 党员 | 村支书 | 谢治菊 | 57：01：00 |
| 76 | 2019年2月20日 | SGX | 男 | 汉族 | 34 | 大专 | 党员 | 驻村第一书记 | 谢治菊 | 78：38：00 |
| 77 | 2019年2月20日 | YH | 男 | 汉族 | 55 | 大专 | 党员 | 村支书 | 谢治菊 | 84：42：00 |
| | | AYX | 男 | 汉族 | 54 | 初中 | 党员 | 村主任 | 谢治菊 | |
| 78 | 2019年2月21日 | WT | 男 | 布依族 | 33 | 大专 | 党员 | 镇副书记 | 谢治菊 | 85：25：00 |
| 79 | 2019年2月21日 | CXF | 男 | 汉族 | 43 | 大专 | 党员 | 社区主任 | 谢治菊 | 76：58：00 |
| 80 | 2019年2月21日 | CRL | 男 | 汉族 | 60 | 小学 | 党员 | 搬迁户 | 谢治菊 | 29：31：00 |
| | | LYZ | 男 | 汉族 | 46 | 中专 | 群众 | 社区人员 | 谢治菊 | |
| 81 | 2019年2月21日 | LQB | 男 | 布依族 | 45 | 初中 | 党员 | 村主任 | 夏雍 | 72：23：00 |
| 82 | 2019年2月21日 | HSY | 男 | 汉族 | 56 | 初中 | 群众 | 社区人员 | 夏雍 | 28：00：00 |
| 83 | 2019年2月21日 | ZY | 男 | 汉族 | 53 | 小学 | 群众 | 搬迁户 | 夏雍 | 64：47：00 |
| | 2019年2月21日 | LYR | 男 | 汉族 | 52 | 小学 | 群众 | 搬迁户 | 夏雍 | |
| 84 | 2019年2月21日 | ZZR | 男 | 汉族 | 53 | 小学 | 群众 | 搬迁户 | 夏雍 | 29：31：00 |
| 85 | 2019年2月22日 | LD | 男 | 汉族 | 40 | 本科 | 党员 | 镇副书记 | 谢治菊 | 52：03：00 |
| 86 | 2019年2月22日 | TCF | 男 | 汉族 | 50 | 初中 | 群众 | 合作社负责人 | 谢治菊 | 113：58：00 |
| 87 | 2019年2月22日 | YTS | 男 | 苗族 | 65 | 初中 | 党员 | 村主任 | 谢治菊 | 41：03：00 |
| 88 | 2019年2月22日 | QRX | 男 | 汉族 | 72 | 小学 | 群众 | 非贫困户 | 谢治菊 | 34：20：00 |
| 89 | 2019年2月22日 | QJH | 男 | 汉族 | 43 | 初中 | 群众 | 非贫困户 | 谢治菊 | 41：12：00 |

续表

| 序号 | 访谈日期 | 姓名 | 性别 | 民族 | 年龄 | 文化程度 | 政治面貌 | 身份 | 访谈人 | 访谈时长（分钟） |
|---|---|---|---|---|---|---|---|---|---|---|
| 90 | 2019年2月23日 | PYK | 男 | 汉族 | 50 | 初中 | 党员 | 村主任 | 谢治菊 | 107：31：00 |
| 91 | 2019年2月23日 | LBH | 男 | 汉族 | 51 | 初中 | 群众 | 合作社销售员 | 谢治菊 | 43：33：00 |
| 92 | 2019年2月23日 | ZLL | 男 | 苗族 | 55 | 文盲 | 群众 | 非贫困户 | 谢治菊 | 40：51：00 |
| 93 | 2019年4月6日 | YYY | 男 | 汉族 | 46 | 本科 | 党员 | 扶贫站站长 | 谢治菊 | 95：31：00 |
|  |  | ZJ | 男 | 汉族 | 31 | 中专 | 党员 | 扶贫站人员 |  |  |
|  |  | WMM | 女 | 汉族 | 31 | 中专 | 党员 | 扶贫站人员 |  |  |
| 94 | 2019年4月6日 | CG | 男 | 汉族 | 39 | 本科 | 党员 | 驻村第一书记 | 谢治菊 | 130：07：00 |
| 95 | 2019年4月7日 | GKY | 男 | 汉族 | 39 | 本科 | 党员 | 司法局科员 | 谢治菊 | 77：53：00 |
| 96 | 2019年5月26日 | LZ | 女 | 汉族 | 36 | 本科 | 党员 | 社区主任 | 谢治菊 | 134：00：00 |
| 97 | 2019年5月27日 | ZYB | 男 | 汉族 | 34 | 小学 | 群众 | 搬迁户 | 夏雍 | 46：00：00 |
| 98 | 2019年5月27日 | HJQ | 女 | 汉族 | 45 | / | 党员 | 县纪委副书记 | 谢治菊 | 74：45：00 |
| 99 | 2019年5月27日 | DF | 女 | 汉族 | 34 | 中专 | 群众 | 县大数据中心副主任 | 谢治菊 | 92：07：00 |
|  |  | CG | 男 | 汉族 | 37 | 中专 | 党员 | 县大数据中心工作人员 | 谢治菊 |  |
| 100 | 2019年5月27日 | XZQ | 男 | 汉族 | / | 本科 | 党员 | 社区支书 | 谢治菊 | 135：19：00 |
| 101 | 2019年5月27日 | FL | 男 | 汉族 | 31 | 本科 | 党员 | 街道办副主任 | 谢治菊 | 85：02：00 |
| 102 | 2019年5月26日 | LZ | 男 | 汉族 | 36 | 本科 | 党员 | 社区主任 | 兰英 | 54：13：00（集体讲解） |
| 103 | 2019年5月26日 | ZMM | 女 | 汉族 | 68 | 文盲 | 群众 | 搬迁户 | 兰英 | 51：07：00 |
| 104 | 2019年5月26日 | LLY | 女 | 汉族 | 43 | 文盲 | 群众 | 搬迁户 | 兰英 | 21；09：00 |
| 105 | 2019年5月27日 | LY | 男 | 汉族 | 40 | 本科 | 党员 | 乡干部 | 兰英 | 37：15：00 |

续表

| 序号 | 访谈日期 | 姓名 | 性别 | 民族 | 年龄 | 文化程度 | 政治面貌 | 身份 | 访谈人 | 访谈时长（分钟） |
|---|---|---|---|---|---|---|---|---|---|---|
| 106 | 2019年5月27日 | WJP | 男 | 汉族 | 34 | 小学 | 群众 | 人口专干 | 兰英 | 89：26：00 |
| | | ZQG | 男 | 汉族 | 47 | 初中 | 群众 | 村监察干部 | 兰英 | |
| 107 | 2019年5月27日 | XYJ | 男 | 苗族 | / | 中专 | 党员 | 村支书 | 兰英 | 115：42：00 |
| 108 | 2019年5月27日 | TCL | 男 | 汉族 | 35 | 初中 | 群众 | 贫困户 | 兰英 | 59：06：00 |
| 109 | 2019年5月28日 | DQB | 男 | 汉族 | 33 | 初中 | 群众 | 扶贫工厂老板 | 谢治菊 | 48：02：00 |
| 110 | 2019年5月28日 | LSF | 男 | 汉族 | 79 | 高中 | 群众 | 非贫困户 | 谢治菊 | 43：36：00 |
| | | HDZ | 女 | 汉族 | 70 | 文盲 | 群众 | | 谢治菊 | |
| 111 | 2019年5月28日 | YW | 男 | 汉族 | 30 | 本科 | 党员 | 教育局工作人员 | 谢治菊 | 70：10：00 |
| | | LMM | 男 | 汉族 | 45 | 本科 | 党员 | | 谢治菊 | |
| | | YMM | 男 | 汉族 | 52 | 本科 | 党员 | | 谢治菊 | |
| 112 | 2019年5月28日 | LLF | 男 | 汉族 | 45 | 本科 | 党员 | 镇党委书记 | 谢治菊 | 39：29：00 |
| 113 | 2019年5月28日 | 曹怡 | 女 | 汉族 | 24 | 本科 | 群众 | 扶贫站站长 | 谢治菊 | 79：58：00 |
| 114 | 2019年5月28日 | CY | 男 | 汉族 | / | 大专 | 党员 | 镇长 | 兰英 | 16：11：00 |
| 115 | 2019年5月28日 | LJC | 男 | 汉族 | 43 | 本科 | 党员 | 校长 | 兰英 | 114：53：00 |
| 116 | 2019年5月28日 | LZ | 男 | 汉族 | 39 | 本科 | 党员 | 社会救助局局长 | 兰英 | 55：44：00 |
| 117 | 2019年5月28日 | TDF | 女 | 汉族 | 50 | 初中 | 群众 | 工厂工人 | 兰英 | 29：33：00 |
| 118 | | LYK | 男 | 汉族 | 45 | / | 群众 | 工厂经理 | 兰英 | |
| 119 | 2019年5月28日 | SH | 男 | 汉族 | 57 | 高中 | 党员 | 村支书 | 夏雍 | 49：20：00 |
| 120 | 2019年5月28日 | DPY | 男 | 汉族 | 38 | 本科 | 党员 | 副局长 | 夏雍 | 36：20：00 |
| 121 | 2019年5月28日 | YBL | 男 | 汉族 | 41 | 小学 | 群众 | 贫困户 | 夏雍 | 18：56：00<br>44：09：00 |
| 122 | 2019年5月28日 | HLL | 女 | 汉族 | 33 | 本科 | 党员 | 心理咨询师 | 谢治菊 | 63：37：00 |

续表

| 序号 | 访谈日期 | 姓名 | 性别 | 民族 | 年龄 | 文化程度 | 政治面貌 | 身份 | 访谈人 | 访谈时长（分钟） |
|---|---|---|---|---|---|---|---|---|---|---|
| 123 | 2019 年 5 月 29 日 | LAJ | 女 | 汉族 | 42 | 本科 | 党员 | 扶贫办副主任 | 谢治菊 | 154：11：00 |
| | | ZS | 女 | 汉族 | 37 | 本科 | 党员 | 扶贫办工作人员 | 谢治菊 | |
| 124 | 2019 年 5 月 30 日 | LMJ | 男 | 苗族 | 46 | 高中 | 党员 | 社区书记 | 夏雍 | 53：34：00 |
| 125 | 2019 年 5 月 30 日 | MJD | 男 | 苗族 | 38 | 本科 | 党员 | 党工委书记 | 夏雍 | 66：32：00 |
| 126 | 2019 年 5 月 30 日 | LB | 男 | 苗族 | 35 | 大专 | 群众 | 扶贫站站长 | 兰英 | 50：08：00 |
| 127 | 2019 年 5 月 30 日 | LZR | 男 | 汉族 | 39 | 本科 | 党员 | 移民局副局长 | 兰英 | 50：02：00 |
| 128 | 2019 年 5 月 30 日 | LXH | 男 | 苗族 | 43 | 本科 | 党员 | 人社局副局长 | 谢治菊 | 150：59：00 |
| 129 | | TL | 男 | 侗族 | 35 | 本科 | 党员 | 人社局副局长 | 谢治菊 | |
| 130 | | CT | 女 | 汉族 | 39 | 本科 | 党员 | 人社局工作人员 | 谢治菊 | |
| 131 | | WXM | 女 | 苗族 | 34 | 本科 | 党员 | 人社局工作人员 | 谢治菊 | |
| 132 | 2019 年 5 月 30 日 | LXH | 男 | 布依族 | 36 | 本科 | 党员 | 扶贫办副主任 | 谢治菊 | 41：06：00 |
| 133 | 2019 年 5 月 30 日 | XLY | 男 | 苗族 | 43 | 本科 | 党员 | 电教站站长 | 谢治菊 | 57：43：00 |
| | | LZZ | 男 | 苗族 | 48 | 本科 | 党员 | 电教站副站长 | 谢治菊 | |
| 134 | 2019 年 5 月 30 日 | LGR | 男 | 苗族 | 46 | 本科 | 党员 | 社会救助局局长 | 谢治菊 | 92：00：00 |
| 135 | 2019 年 5 月 30 日 | LMG | 男 | 苗族 | 43 | 大专 | 党员 | 驻村第一书记 | 夏雍 | 72：71：00 |
| 136 | 2019 年 5 月 30 日 | ZR | 男 | 汉族 | / | / | 党员 | 挂职县副书记 | 谢治菊 | 113：19：00 |
| | | WTX | 男 | 汉族 | / | / | 党员 | 挂职镇副书记 | | |
| | | CL | 女 | 汉族 | / | / | 党员 | 驻村干部 | | |
| | | ZPA | 男 | 汉族 | / | / | 党员 | 驻村第一书记 | | |
| | | LSL | 男 | 汉族 | / | / | 党员 | 驻村第一书记 | | |
| 137 | 2019 年 5 月 31 日 | MHD | 男 | 苗族 | 47 | 本科 | 党员 | 扶贫办主任 | 谢治菊 | 76：32：00 |
| | | YDF | 男 | 苗族 | 32 | 本科 | 党员 | 扶贫办工作人员 | 谢治菊 | |
| | | LXH | 男 | 苗族 | 37 | 本科 | 党员 | 扶贫办副主任 | 谢治菊 | |
| 138 | 2019 年 5 月 31 日 | XJG | 男 | 苗族 | 44 | 本科 | 党员 | 副县长 | 谢治菊 | 79：35：00 |

续表

| 序号 | 访谈日期 | 姓名 | 性别 | 民族 | 年龄 | 文化程度 | 政治面貌 | 身份 | 访谈人 | 访谈时长（分钟） |
|---|---|---|---|---|---|---|---|---|---|---|
| 139 | 2019 年 5 月 31 日 | LY | 男 | 水族 | 38 | 本科 | 党员 | 副校长 | 谢治菊 | 10：55：00 |
| 140 | 2019 年 5 月 31 日 | YCF | 男 | 苗族 | 50 | 本科 | 群众 | 县农办主任 | 谢治菊 | 46：53：00 |
| 141 | 2019 年 5 月 31 日 | PCG | 男 | 苗族 | 40 | 本科 | 党员 | 工信局副局长 | 谢治菊 | 65：01：00 |
| 142 | 2019 年 6 月 1 日 | YLB | 男 | 苗族 | 78 | / | 党员 | 原村支书 | 谢治菊 | 29：38：00 |
| 143 | 2019 年 6 月 1 日 | YWH | 男 | 白族 | 37 | 大专 | 党员 | 村支书 | 谢治菊、夏雍 | 54：15：00 |
| 144 | 2019 年 6 月 3 日 | YSW | 男 | 苗族 | 39 | 本科 | 党员 | 乡镇党委书记 | 谢治菊 | 90：17：00 |
| 145 | 2019 年 6 月 3 日 | HJW | 男 | 汉族 | 39 | 本科 | 党员 | 驻村第一书记 | 谢治菊 | 130：44：00 |
| 146 | 2019 年 6 月 4 日 | NJ | 男 | 侗族 | 46 | 大专 | 群众 | 公司副总经理 | 谢治菊 | 40：35：00 |
| 147 | 2019 年 6 月 4 日 | ZZF | 男 | 汉族 | / | 本科 | 党员 | 县扶贫办副主任 | 谢治菊 | 79：19：00 |
| 148 | 2019 年 6 月 4 日 | YAP | 男 | 侗族 | 42 | 本科 | 党员 | 县教育局副局长 | 谢治菊 | 40：38：00 |
|  |  | PLZ | 男 | 侗族 | 30 | 本科 | 党员 | 扶贫专员 | 谢治菊 | 67：41：00 |
| 149 | 2019 年 6 月 4 日 | HSH | 男 | 侗族 | 35 | 本科 | 党员 | 大数据专员 | 谢治菊 | 31：31：00 |
| 150 | 2019 年 6 月 4 日 | LXM | 女 | 苗族 | / | 大专 | 群众 | 会计 | 谢治菊 | 29：36：00 |
| 151 | 2019 年 6 月 4 日 | ZXD | 男 | 侗族 | 49 | 硕士 | 党员 | 综合部部长 | 谢治菊 | 67：18：00 |
| 152 | 2019 年 6 月 4 日 | JJH | 女 | 侗族 | 35 | 大专 | 党员 | 社区工作人员 | 夏雍 | 40：00：00<br>20：00：00 |
|  |  | LCQ | 男 | 汉族 | / | / | 群众 | 公司总经理 | 夏雍 | 24：01：00 |
| 153 | 2019 年 6 月 5 日 | TGJ | 男 | 侗族 | 43 | / | 党员 | 镇党委书记 | 谢治菊 | 42：04：00 |
| 154 | 2019 年 6 月 5 日 | PSD | 男 | 苗族 | 47 | 初中 | 党员 | 村支书 | 夏雍 | 41：05：00 |

续表

| 序号 | 访谈日期 | 姓名 | 性别 | 民族 | 年龄 | 文化程度 | 政治面貌 | 身份 | 访谈人 | 访谈时长（分钟） |
|---|---|---|---|---|---|---|---|---|---|---|
| 155 | 2019 年 6 月 13 日 | XB | 男 | 汉族 | 51 | 本科 | 党员 | 数据中心主任 | 谢治菊等 | 113：56：00 |
| | | LYQ | 男 | 汉族 | 37 | 本科 | 党员 | 数据中心处长 | | |
| 156 | 2019 年 6 月 13 日 | LWZ | 男 | 汉族 | 49 | 博士 | 党员 | 区数据局局长 | | 96：36：00<br>71：02：00 |
| 157 | 2019 年 6 月 13 日 | ZYJ | 男 | 汉族 | 40 | 硕士 | 群众 | 数据公司经理 | | |
| 158 | 2019 年 12 月 23 日 | CGR | 男 | 汉族 | 57 | 本科 | 党员 | 支教副校长 | 谢治菊 | 139：19：00 |

图书在版编目(CIP)数据

大数据时代的贫困治理 / 谢治菊著. -- 北京 : 社会科学文献出版社, 2023.10

ISBN 978-7-5228-2113-9

Ⅰ.①大… Ⅱ.①谢… Ⅲ.①扶贫-研究-中国 Ⅳ.①F126

中国国家版本馆 CIP 数据核字 (2023) 第 170225 号

大数据时代的贫困治理

著　　者 / 谢治菊

出 版 人 / 冀祥德
责任编辑 / 胡庆英
文稿编辑 / 陈　冲　孙玉铖
责任印制 / 王京美

出　　版 / 社会科学文献出版社 · 群学出版分社 (010) 59367002
地址: 北京市北三环中路甲 29 号院华龙大厦　邮编: 100029
网址: www. ssap. com. cn
发　　行 / 社会科学文献出版社 (010) 59367028
印　　装 / 三河市尚艺印装有限公司

规　　格 / 开 本: 787mm × 1092mm　1/16
印 张: 17.75　字 数: 274 千字
版　　次 / 2023 年 10 月第 1 版　2023 年 10 月第 1 次印刷
书　　号 / ISBN 978-7-5228-2113-9
定　　价 / 128.00 元

读者服务电话: 4008918866